D1688447

Franz von Bayern

Zuschauer in der ersten Reihe

Franz von Bayern

Zuschauer in der ersten Reihe

Erinnerungen

In Zusammenarbeit mit
Marita Krauss

C.H.Beck

Mit 66 Abbildungen

Die ersten beiden Auflagen dieses Buches erschienen 2023.

3., durchgesehene Auflage. 2023
© Verlag C.H.Beck oHG, München 2023
www.chbeck.de
Umschlaggestaltung: Kunst oder Reklame, München
Umschlagabbildung: Herzog Franz von Bayern vor
Schloss Herrenchiemsee, 2013, Foto Daniel Grund
Satz: Fotosatz Amann, Memmingen
Druck und Bindung: CPI – Ebner & Spiegel, Ulm
Gedruckt auf säurefreiem und alterungsbeständigem Papier
Printed in Germany
ISBN 978 3 406 79708 8

myclimate
klimaneutral produziert
www.chbeck.de/nachhaltig

Inhalt

Zu diesem Buch *von Marita Krauss* · IX

I. Eine Jugend im Schatten des Nationalsozialismus · 1
Jugendeindrücke in Kreuth · 1
Als Flüchtlingsfamilie in Ungarn · 5
Die Wittelsbacher im KZ Sachsenhausen · 10
«Flossenbürg war die ärgste Station» · 17
Über das KZ Dachau nach Ammerwald · 21

II. Begegnungen mit einer neuen alten Welt · 29
«Es war nicht so, dass man hätte anknüpfen können an die Zeit vor der Verhaftung» · 29
«Damals habe ich Karl May gelesen»: Schule in Ettal und Fribourg · 38
«Immer korrekt angezogen»: erste Aufgaben als Repräsentant des Hauses · 43
«Das war nicht mehr sein Bayern»: die schwierige Heimkehr meines Vaters · 45
«Meine Mutter war der ruhende Pol der Familie» · 51
Der Großvater – Kronprinz Rupprecht von Bayern und seine Welt · 57

III. Wiederaufbau und Neubeginn · 69
«Der Wiederaufbau der Residenz begleitete mich viele Jahrzehnte» · 69
Faszinierende Künstler und das Münchner Kulturleben · 72

«Ein wesentlicher Antrieb war meine Neugier» –
von Salzburg nach Donaueschingen und zur neuen
Musik · 78
«Hock di unter die Bar, dass man di net sieht»:
Jazz in München · 81

IV. Der eigene Weg zur Modernen Kunst · 84
    Begegnungen mit Kubin · 84
    «Das war für mich ein großes Entdecken» · 86
    «Das wunderbare New York» – der große
    Aufbruch 1962 · 88
    Das Museum of Modern Art und der
    International Council · 92
    Blanchette Rockefeller · 98
    «Die Kraft, mit erstrangigen Meisterwerken zu
    leben» · 102
    Vom Ausstellen und Sammeln in München · 104
    Der Galerie-Verein – «eine wunderbare
    Quatschbude» · 112
    Die Olympischen Spiele, das «Denkloch» und mehr · 117
    Die Pinakothek der Moderne · 119
    Perspektiven: das Kunstareal · 121

V. Internationale Verwandtschaftsverbindungen · 125
    Weiße Rosen aus Schottland: das Stuart-Erbe,
    «ein charmantes historisches Kuriosum» · 125
    «Inter pares» unterwegs: die Fahrt mit der
    «Agamemnon» · 128
    Der Ungarnaufstand 1956 – eine Zäsur · 132
    «Nie in ein östliches Land» – Konsequenzen des
    Kalten Krieges · 134
    «Lauter neue Welten» · 136
    Familiennetzwerke · 139
    Königliche Besuche mit und ohne Protokoll · 145

VI. Repräsentant der Familie · 149
　　«Die Kontakte zu den Ministerpräsidenten waren immer sehr eng» · 149
　　Als Vertreter der Familie in der ersten Reihe · 158
　　Wissenschaft, Wirtschaft, Geistesleben · 164
　　Bayerns Tradition – Bayerns Öffnung zur Welt · 172
　　«Das Bild der Familie muss immer wieder neu erfunden werden» · 174
　　1500 Gäste im Jahr: die Nymphenburger Empfänge · 178
　　Diskussion im kleinen Kreis: die Berchtesgadener Gespräche · 181
　　Die Ritterorden · 182
　　Der Hilfsverein Nymphenburg · 185

VII. Das Haus, seine Aufgaben, seine Darstellung · 190
　　Der Wittelsbacher Ausgleichsfonds · 190
　　Die Kunstsammlungen der Wittelsbacher Landesstiftung · 194
　　Keine weiß-blauen Flaggen in der Pfalz · 198
　　«Ludwig II. wurde zu einer Entdeckung» – die großen historischen Ausstellungen · 200
　　Die bayerische Geschichtslandschaft · 205

VIII. Die Beziehungen zu den Kirchen · 208
　　Evangelische Christen, die Ökumene und die jüdischen Gemeinschaften · 208
　　Begegnungen mit Benediktineräbten, Jesuitenpatres und Münchner Kardinälen · 210
　　«Ein Podium für Diskussionen»: die Katholische-Akademie · 217
　　Die Idee der Vielfalt in der katholischen Kirche – eine große Hoffnung · 219

IX. Beobachter des Zeitgeschehens · 222
  «Wir waren weiße 1930er Jahrgänge»: die Wieder-
  bewaffnung · 222
  «Keiner hat ihn überstrahlt» –
  Kennedys Ermordung · 224
  «Es flogen faule Eier» – 1968 · 225
  «Die ganze Welt schaute atemlos zu»: die Mond-
  landung · 228
  «Es war nicht absehbar, ob russische Panzer
  rollen würden» – der Fall der Mauer · 231
  «Die Natur ist ungeheuer verwundbar» –
  Klimaveränderung, Waldsterben, Naturschutz · 232
  «Man konnte es zuerst nicht fassen» – 9/11 · 235

X. Persönliche Schlaglichter · 238
  «Wenige Dinge veränderten mich abrupt» · 238
  Privatheit · 245
  Ein Foto von Erwin Olaf · 251
  Von Mäusen, Fischen und Hunden · 254

XI. Das Spektrum des Lebens von Älterwerden bis
  Zukunft · 258
  Älterwerden. Anerkennung. Bayerns Perspektiven.
  Diskretion. Ehre. Ehrgeiz. Einsamkeit. Eitelkeit. Familien-
  chef. Freiheit. Freundschaft. Generationenübergabe.
  Glaube. Grenzen. Humor. Konflikte. Kreativität. Krisen.
  Leistung. Maßstäbe. Position. Selbstwertgefühl. Spiel-
  regeln in der Demokratie. Stress. Toleranz. Träume. Tratsch.
  Verantwortung. Versäumte Chancen. Vertrauen. Vorbilder.
  Werte. Würde. Zufriedenheit. Zukunft

Glossar · 280
Bildnachweis · 303
Dank · 304

Zu diesem Buch

Als Franz Bonaventura Adalbert Maria Prinz von Bayern am 14. Juli 1933 auf die Welt kam, verkündeten keine Salutschüsse die Geburt eines bayerischen Thronfolgers, wie es noch 15 Jahre vorher üblich gewesen wäre. Doch die bayerische Monarchie war 1918 untergegangen, der letzte König, Ludwig III., 1921 gestorben. Der junge Freistaat Bayern ging mit dem ehemaligen Königshaus glimpflicher um als beispielsweise die österreichischen Nachbarn mit den Habsburgern. So bot seit 1923 der Wittelsbacher Ausgleichsfonds der Familie Wittelsbach eine finanzielle Basis. Im März 1933 hatten jedoch die Nationalsozialisten die Macht übernommen, und es begannen schwierige Zeiten für das ehemalige bayerische Königshaus: Kronprinz Rupprecht von Bayern, Heerführer im Ersten Weltkrieg und Großvater des kleinen Prinzen, lehnte den Nationalsozialismus ab; er wurde nach der Aufdeckung des bayerischen monarchistischen Widerstands 1939 verhört und ging mit seiner Familie nach Italien ins Exil, sein Sohn Prinz Albrecht wich mit der Familie nach Ungarn aus. Nach dem Attentat vom 20. Juli 1944 konnten sich nur Kronprinz Rupprecht und sein Sohn Heinrich der Verhaftung entziehen, die anderen Familienmitglieder kamen in Gestapohaft.

Dennoch schildert Herzog Franz von Bayern seine frühe Jugend zunächst als Idylle; dies spiegeln auch die Fotos aus jener Zeit, wie sie sich in dem von der Mutter liebevoll geführten Album finden: Im oberbayerischen Kreuth, in Budapest und auf den Schlössern der ungarischen Verwandtschaft im Exil gab es viele Spielgefährten für den kleinen Prinzen, seine zwei älteren Schwestern und den jüngeren Bruder. Die Idylle endete jedoch abrupt mit der Verhaftung im ungarischen Schloss Somlóvár und dem Weg der «Sonderhäftlinge» durch die Konzentrationslager Sachsenhausen, Flossenbürg und Dachau. Die Familie konnte zwar zusammenbleiben und war nicht mit anderen zusammen in Lagerbaracken untergebracht, doch die Kinder lebten in Flossenbürg mit Leichenbergen vor dem Fenster und mit der ständigen Drohung, liquidiert zu werden. «Geheult wird nicht!», gab der Vater für diese Situation als Maxime aus. Erst einige Monate nach Kriegsende 1945 und der Befreiung aus der Haft wuchs für den zwölfjährigen Franz langsam wieder das Gefühl, dass es Zukunft geben würde, dass man für ein nächstes Weihnachten oder Ostern planen könnte.

Herzog Franz von Bayern berichtet über diese Zeit ganz ohne Bitterkeit: Es sei zwar etwas turbulent losgegangen, aber dann habe er eine großartige Aufbruchszeit erlebt: den Wiederaufbau, die Möglichkeit zu reisen, Kunst und Musik. Diese ersten Jahrzehnte nach dem Krieg sind dem heute fast Neunzigjährigen noch sehr präsent. Dass Erinnerung ein dynamischer Prozess ist, machten die 25 Gespräche deutlich, die ich mit Herzog Franz und seinem Lebensgefährten Thomas Greinwald seit März 2021 in Schloss Nymphenburg führte und die letztlich die rund 1000 Seiten ergaben, die diesem Buch zugrunde liegen. Als Historikerin war ich angetreten, Erinnerungswege durch Fragen begehbar zu machen, Geschehenes ans Licht zu holen und Impulse zu setzen. Die Schleier der freundlichen Diskretion des Herzogs, der seit seiner Jugend gewöhnt ist, jedes Wort abzuwägen, sich höchst ungern öffentlich präsentiert und ohnehin zum Understatement neigt, lagen stets über den Erzählungen. Es wurde dennoch eine aufregende gemeinsame Reise durch die Vergangenheit, in deren Verlauf Vertrauen und tieferes Verständnis wuchsen. Die beiden Hündinnen Beppi und Bella begleiteten uns bei unseren oft heiteren, doch stets intensiven Gesprächen; sie ließen sich freudig kraulen, fanden es aber auch etwas langweilig, dass nur geredet wurde.

Das Leben, über das der Herzog berichtete, begann nach 1945

neu: Im ungarischen Exil als Flüchtlingskind war er ganz ohne den bayerischen Hintergrund aufgewachsen; nun kam der Heranwachsende am Tisch des Großvaters in Leutstetten oder bei Veranstaltungen in München mit den Spitzen der bayerischen Politik, der Kulturszene, des Klerus in Kontakt und wurde als Repräsentant der Familie kreuz und quer durch Bayern zu Ortsjubiläen oder Festgottesdiensten geschickt. In Ungarn habe er zwar vor allem durch seine Mutter viel über Verwandtschaftsverhältnisse gelernt, so Herzog Franz heute, aber keine Vorstellung davon gehabt, dass seine Familie etwas Besonderes sein könnte. Von der Wittelsbacher Tradition erfuhr er erst nach und nach, auch nicht in der Schule im Benediktinergymnasium in Ettal; da habe er Karl May gelesen und sich nicht für Wittelsbacher Herzöge interessiert.

Nach einigen Jahren in einem Collège in der französischen Schweiz legte der Prinz 1952 sein Abitur in Ettal ab, studierte danach in Zürich und erhielt 1960 sein Diplom als Volkswirt. Dass er dieses Studium jemals für einen Beruf nutzen würde, stand damals schon nicht mehr zur Diskussion, zu viele andere Aufgaben erwarteten ihn. Die Wittelsbacher nehmen bis heute in Bayern eine besondere Position ein – in der Öffentlichkeit, in der Gesellschaft, im Bereich der Museen. Denn ein wichtiger Teil der Kunstwerke der Glyptothek, der Antikensammlung, der Pinakotheken stammt aus den Sammlungen König Ludwigs I. und gehört den Wittelsbacher Stiftungen, in die Kronprinz Rupprecht die Sammlungen 1923 einbrachte, um sie für die Museen zu erhalten. Hier fand Prinz Franz viele Aufgaben, die ihn forderten.

Bald entdeckte er für sich aber nicht nur die Kunst der Vergangenheit: Der Großvater war ein fulminanter Kunstkenner, zeitgenössische Kunst und Musik interessierten ihn jedoch nicht; das galt auch für den Vater. Für Prinz Franz hingegen, jung, neugierig und auch etwas rebellisch, erschlossen sich in Ablösung von der Familie die Moderne Kunst und Musik. Den großen Aufbruch bedeutete für ihn 1962 die erste Reise nach New York, die er sich durch den Verkauf seiner Briefmarkensammlung finanzierte. Hier faszinierte ihn das hohe intellektuelle Niveau der Künstler, Sammler und Mäzeninnen im Umkreis des Museum of Modern Art. Als ich für das Glossar dieses Buches die Biografien der Menschen recherchierte, mit denen sich Prinz Franz in den USA anfreundete, wurden für mich der enorme Kunstverstand, der große Reichtum und die beeindruckenden mäzenatischen Traditionen dieser US-amerikanischen Szene zumindest in Umrissen erkennbar. Seit 1972 gehörte Prinz Franz dem internationalen Beirat des Museum of Modern Art, dem International Council, an und er wurde bis 1989 für rund 16 Jahre dessen erster aus Deutschland stammender Präsident. Längst war er zu einem international anerkannten Kenner, Sammler und Protektor der zeitgenössischen Kunst geworden, die damals in Bayern noch wenig Anklang fand. Mit seinen Mitstreitern und Mitstreiterinnen vom Münchner Galerie-Verein kämpfte der Prinz dafür, auch in München die Türen für die Moderne Kunst zu öffnen. Der Kampf war 2002 mit der Eröffnung der Pinakothek der Moderne gewonnen. Das Museum beherbergt nun auch wesentliche Teile der eigenen umfänglichen Kunstsammlungen des Herzogs. In seiner Wohnung in Nymphenburg ist die Kunst sehr präsent: In den hohen Gängen und Räumen hängen großformatige Bilder zeitgenössischer Kunst von hoher Strahlkraft. Dieser Kunstkosmos ist ständig in Bewegung, es werden Bilder ausgetauscht und umgehängt. Stagnation ist nach wie vor nicht im Sinne des Hausherrn.

Es ging und geht im Leben von Herzog Franz aber nicht nur um die Kunst. Als Mitglied des europäischen Hochadels ist er mit allen europäischen Königshäusern verwandt, man kennt sich, man besucht sich. Ausgangspunkt war nach dem Krieg die Reise auf dem griechischen Schiff «Agamemnon», die als «Kreuzfahrt der Könige» bekannt wurde; dort ließen sich die durch Nationalsozialismus und Krieg unterbrochenen Verbindungen zu den ehemals oder weiterhin regierenden Familien wieder knüpften. Prinz Franz besuchte auch Schottland, wo zumindest von unermüdlichen Anhängern der schottischen Stuart-Dynastie die Vorstellung eines Anspruchs auf den schottischen Thron aufrechterhalten wird, eines Anspruchs, der zurzeit bei den bayerischen Wittelsbachern liegt – ein «charmantes historisches Kuriosum», wie er selbst es nennt. Auf seinen vielen Reisen lernte der Prinz auch Südamerika kennen, wo der Vater eine Hazienda erwarb, besuchte Thailand, freundete sich mit der Königsfamilie an und erlebte dort noch ein Bangkok, das heute längst unter Wolkenkratzern verschwunden ist. Als 1989 die Berliner Mauer fiel, war er beim belgischen Königspaar zu Gast und saß mit ihnen zusammen voller Spannung vor dem Fernseher in Schloss Laeken, während den ganzen Abend über internationale Staatschefs anriefen, um sich mit dem König über Strategien im Umgang mit dieser Epochenwende zu beraten. Er war zusammen mit der amerikanischen Präsidentengattin und dem jordanischen König Gast in Cape Kennedy, als eine Mondrakete startete. Neben solchen internationalen Begegnungen blieb er aber auch stets in seiner bayerischen Heimat aktiv: Er arbeitete viele Jahre in der Leitung der Katholischen Akademie Bayern mit und war als Mitglied in Kuratorien und Hochschulräten stets ein wacher und engagierter Begleiter der bayerischen Wissenschafts- und Forschungslandschaft. Sein persönlicher Ehrgeiz gilt Bayern und dessen nationaler und internationaler Bedeutung in Kunst, Kultur und Wissenschaft.

Nach dem Tod des Kronprinzen Rupprecht 1955 wurde Prinz Albrecht Chef des Hauses Wittelsbach und nahm den alten Titel Herzog von Bayern an; an eine Wiederherstellung der Monarchie glaubte er nicht mehr, darum war für ihn die Titulatur «Kronprinz» obsolet. Nun wuchsen auch für Herzog Albrechts ältesten Sohn Franz die repräsentativen Aufgaben, die das Haus Wittelsbach bis heute wahrzunehmen für seine Pflicht hält und die für dessen Sichtbarkeit in der Öffentlichkeit wichtig sind: Bei Staatsbesuchen, Staatsempfängen, großen Ausstellungseröffnungen oder wichtigen Amtseinführungen – stets sitzt ein Vertreter des Hauses Wittelsbach als Zuschauer oder Zuschauerin in der ersten Reihe. Herzog Franz sagt heute dazu: «Die Anwesenheit von Vertretern der Familie bei so vielen Veranstaltungen entwickelte sich anfangs aus historischen Gewohnheiten, die nach 1945 wieder aufgenommen wurden. Es blieb immer eine Selbstverständlichkeit und war wohl auch von staatlicher Seite so gewünscht. Ich glaube, wir waren ein bisschen Teil des Bildes von Bayern, wie es auch die offizielle Seite gerne zeigen wollte.» Zu den Rechten, die den Wittelsbachern 1923 im Wittelsbacher Ausgleichsfonds eingeräumt wurden, gehört auch das Wohnrecht in Schloss Nymphenburg, wo Herzog Franz seit den 1990er Jahren lebt. Bis heute ist die landesweite Sichtbarkeit über Einladungen nach Nymphenburg, zu den sogenannten Nymphenburger Empfängen, ebenso Teil der Repräsentation wie Hilfsprojekte des Hilfsvereins Nymphenburg und manch andere sichtbare und weniger sichtbare Spenden und Unterstützungsleistungen durch den heutigen Chef des Hauses Wittelsbach. Herzog Franz ist kein König in Bayern, doch ein von allen hoch respektierter Staatsbürger, der sich vor dem Hintergrund seiner besonderen Familientradition mit heißem Herzen für Bayern einsetzt.

Herzog Franz von Bayern ist ein geradliniger und humorvoller Mann mit breitem Interessensspektrum, bemerkenswerter Personenkenntnis, guter Beobachtungsgabe und angenehmer Distanz zu sich selbst und seiner Rolle. Es ist eine Besonderheit dieses Buches, dass er offen über seine Beziehung zu dem Juristen und Heilpraktiker Thomas Greinwald spricht, der seit über vierzig Jahren sein Leben teilt: ein gescheiter und charmanter Mann mit Esprit und Selbstironie, musikalisch, in vielen Projekten engagiert, dem Herzog ein sorgender und liebevoller Begleiter. Herzog Franz verbindet dieses Statement mit der Forderung, in unserer Zeit Liebe in ihrer Vielfalt zu akzeptieren und diese als Selbstverständlichkeit zu behandeln, statt sich hinter angeblicher «Toleranz» zu verstecken. Auf Thomas Greinwalds Initiative hin kam dieses Buch zustande; ihm war wichtig, dass der Herzog selbst seine Geschichte erzählen konnte und nicht nur über ihn geschrieben wird.

Insofern bietet dieses Buch im Spiegel der Erzählungen und Fotografien Einblicke in ein Leben zwischen Internationalität und bayerischem Patriotismus, ein Leben für die Familientradition wie für die lange verfemte zeitgenössische Kunst, ein Leben voller Respekt für gesellschaftliche Formen, aber in persönlicher Freiheit. In den Aperçus zu zentralen Begriffen, die am Ende des Buches stehen, spiegelt sich die Weisheit einer durch Bescheidenheit, klare Werte und große Offenheit beeindruckenden Persönlichkeit – Weisheit, erworben auf einem langen und ungewöhnlichen Lebensweg. Am 14. Juli 2023 wird Herzog Franz von Bayern 90 Jahre alt. Vielleicht gibt es dann doch auch Salutschüsse.

Marita Krauss München, im Herbst 2022

I.
Eine Jugend im Schatten des Nationalsozialismus

Jugendeindrücke in Kreuth

Im Juli 1933 kam ich in München auf die Welt und wuchs in Kreuth bei Tegernsee auf. Dort wohnten meine Eltern, der damalige Erbprinz Albrecht von Bayern und meine Mutter, geb. Marita Gräfin Drašković von Trakošćan. Unser Haus war ganz einfach und gemütlich. Bereits im Juli 1934 mussten die Eltern unter dem Druck der Nationalsozialisten von Kreuth nach Ungarn ausweichen, aber da war ich ein Kleinkind, und so habe ich daran keine eigene Erinnerung. Wir kamen im Frühjahr 1935 zurück, reisten jedoch 1939 Hals über Kopf wieder über Jugoslawien nach Ungarn ab.

An die Kreuther Zeit habe ich nur ganz punktuelle Erinnerungen – für mehr war ich damals noch zu klein. Ich versuche mich daher in meine damalige Kinderwelt zu versetzen und über die Bilder zu berichten, die in mir aufsteigen. Meine Eltern lebten in Kreuth sehr zurückgezogen. Vor meinem geistigen Auge sehe ich einzelne Personen, wie den Volksmusiker Kiem Pauli, der für uns eine große Rolle spielte: Er wohnte im selben Haus, spielte auf der Zither und sang, während wir zuhörten. Oft kamen auch junge Musiker zu ihm, die ihm vorsangen. Diese Volksmusik war für mich enorm reich und füllte den Raum der Musik am Anfang ganz aus. Meine Urgroßmutter Herzogin Marie-José, die Witwe meines Urgroßvaters Herzog Carl Theodor, die ich noch sehr lebendig in Erinnerung habe, lebte

Franzi mit dem Gamsbock aus der Vorderriss.

Mit Gamsbart und Lederhose. Prinz Franz in Kreuth, 1937,
aus dem Privatalbum

Papa und Franzi im Christbaumzimmer beim Gramophon.

Kindliche Entdeckungen. Prinz Albrecht und sein Sohn Franz in Kreuth, 1936,
aus dem Privatalbum

Urgrossmama Marie-José und die 4 Kinder mit Deta vor dem Oekonomiehaus auf Kiem Pauli's Bank.

Generationenbild. Herzogin Marie-José, Schwägerin von Kaiserin Elisabeth von Österreich, mit den Kindern Marie Gabrielle, Franz, Max, Marie Charlotte und der Kinderfrau Deta auf der Bank des Volksmusikers Kiem Pauli, Kreuth 1938, aus dem Privatalbum

Gute Freunde. Prinz Franz und der Familienhund Wastl in Kreuth, 1935, aus dem Privatalbum

Papa mit den Buben beim Fischen.

Ferienglück auf der Insel Hvar. Prinz Albrecht mit den beiden Söhnen Franz (l.) und Max (r.) beim Fischen an der jugoslawischen Küste, Ostern 1939, aus dem Privatalbum gleichfalls in Kreuth. Nach unserer Emigration sah ich sie nie wieder, sie starb während des Krieges. Titel wie ihrer waren für mich keine Begriffe, die irgendetwas bedeutet hätten – sie war einfach meine Urgroßmutter. Auch insgesamt hatte ich als Kind vor dem Krieg nie das Bewusstsein, dass es unsere Familie als «die Wittelsbacher» gibt und dass sie anders war als andere Familien.

Wichtig war, dass es Spielsachen gab und die Natur drumherum. So habe ich eine klare Erinnerung an die Berge und an das Wild. Ich weiß noch, wie eines Tages ein verrückt gewordener Hirsch auf der Wiese vor unserem Haus unter einem Baum stand. Der beeindruckte mich tief, weil er sich so seltsam anders verhielt als andere Tiere. Ich glaube, er hatte irgendeine Gehirnkrankheit und wurde dann geschossen. Diese Art von Bildern bleibt in diesem Alter in Erinnerung, weil sie eine tiefe Spur im kindlichen Gemüt hinterlassen.

So war es auch mit zwei Hunden, die zur Familie gehörten und in einer großen Hundehütte vor dem Haus wohnten; einer hieß Wastl. Es kam wohl öfter vor, dass man mich damals in der Früh nicht in meinem Bett finden konnte, weil ich in der Nacht verschwunden war – und man fand mich dann bei den Hunden in der Hundehütte. Dass ich dort aufwachte, daran kann ich mich selbst noch erinnern. Ich fand es sehr gemütlich – und vor allem: Ich war ja mit denen befreundet.

Als Flüchtlingsfamilie in Ungarn

Doch dann kam die Abreise. Ich hatte gerade einen Kompass geschenkt bekommen, und meine größte Sorge war, dass dieser Kompass mitreist. Wir fuhren Ende Juli 1939 zunächst nach Novi-Vindolski an die jugoslawische Adriaküste – wie in die Ferien – und verbrachten dort etwa einen Monat am Strand. Ich erinnere mich an das sehr blaue Meer, an das Fischen, an das Kahnfahren. Ende August machten wir einen Ausflug an die Plitvicer Seen, die landschaftlich wunderbar gelegen sind. Dann trafen wir uns mit Vater in

Vép in Ungarn. Am 1. September brach der Krieg aus: Er fuhr nach München zurück, und wir reisten nach Budapest. Dort lebten wir in einer kleinen Wohnung, die einem Grafen Zichy gehörte; sie sollte für fast fünf Jahre unser Zuhause werden. Vater kam Ende Dezember zu uns, kurz bevor die deutsche Grenze zuging. Er übernahm dann bis 1941 für den Prinzen Paul von Jugoslawien, der damals Regent war, die Leitung des Hofjagdwesens. Prinz Paul hatte ein sehr schönes Haus, das etwas im Landesinnern lag. Wir waren dort 1940 und besuchten dann in Vukovar die Grafen Eltz, ebenfalls Verwandte. Meine Schwestern feierten dort am 30. Mai Geburtstag. Sie sind Zwillinge, und ich erinnere mich noch an die Schokoladentorte, die es damals gab.

Es lag sicher über manchen Tagen eine besondere Spannung, aber im Grunde kapierten wir Kinder das nicht oder dachten auch nicht darüber nach. Wir waren damals die Flüchtlinge, die Mittellosen; unsere Lage war eine Peinlichkeit für alle anderen. Wir waren die einzigen Kinder, die nichts hatten. Aber man ließ uns das nicht spüren. Die ungarische Verwandtschaft meiner Mutter war unglaublich großzügig. Oben auf dem Burghügel in Budapest, wo auch wir wohnten, hatten all die adeligen Familien ihre Palais, und da gab es immer eine Gruppe von bis zu dreißig Kindern, die jeden Tag miteinander spielten. Damals entstanden sehr viele Freundschaften, von denen einige ein Leben lang gehalten haben. Ich erinnere mich an einzelne Persönlichkeiten wie den Grafen Mikes, einen Bischof. Er war sehr nett; wenn er erschien, stürzten alle Kinder auf ihn los. Er konnte sich nur mit seinem sehr großen Schirm gegen uns wehren, um nicht überrannt zu werden. Solche kleinen Begebenheiten, die mir als Kind wichtig waren, sehe ich noch vor mir.

Wir gingen ganz kurz in die deutsche Schule in Budapest. Da entstand aber sofort Druck: Wir wurden ausgefragt, was die Eltern zuhause reden, wer zu Gast ist. Dann bedrängte man uns, in die HJ und in den BDM einzutreten. Meine Schwestern wurden ziemlich übel behandelt: Die eine wurde über den ganzen Schulhof geschleift, so dass sie mit blutenden Knien nach Hause kam. Daher waren wir nach wenigen Tagen auch wieder raus aus der Schule und bekamen Privatunterricht. Ich erinnere mich an die Hauslehrerin, mit der wir noch bis vor wenigen Jahren in Verbindung standen, ein Fräulein (so sagte man damals) Farrago. Sie muss in den letzten Jahren hochbetagt gestorben sein. Sie war sehr lieb, sehr nett und sicher eine ganz gute Lehrerin – aber sie war nicht der Typ des Hauslehrers. Sie musste nur den Unterricht ersetzen, der in der Schule nicht mehr möglich war. Über die Tradition unserer Familie erfuhren wir damals nichts. Es gab keinerlei Gedanken an Vergangenheit oder Tradition oder Hoffnungen dieser Art für die Zukunft. Wir hatten einfach ganz normalen Unterricht – Lesen, Schreiben, Rechnen und was es sonst noch als Schulstoff und Aufgaben für Kinder so geben kann. Die vergangene Welt der Familie wurde nicht erwähnt. Es gab ja wohl auch für meine Eltern gar keine Hoffnung, jemals zurückzukommen, denn es war damals nicht abzusehen, wie lange das Nazi-Regime bleiben würde.

Ich weiß noch, dass wir die Ferien immer auf dem Land verbrachten. Einen Teil davon verlebten wir in Sárvár bei meinem Großonkel, Prinz Franz von Bayern, und einen anderen im Schloss Vép bei dem Grafen Fery Erdődy, dessen Sohn Lázló jetzt wieder hier bei uns lebt, und dann noch einige Zeit bei dem Prinzen Lázló Esterházy, mit dessen Kindern wir gleichfalls sehr eng befreundet waren. Da sah ich noch das Leben des ungarischen Adels, ein Leben, das es so bei uns vielleicht nie gegeben hat: Wir wurden mit zwei Pferdekutschen an der Bahn abgeholt – eine für das Gepäck, eine für uns. Auch zu Besuchen fuhren wir von einem Schloss zum anderen noch in Pferdewagen, auf die am Abend Lichter aufgesteckt wurden. Und jeden Tag, wo immer man war, fuhr man in der Früh mit einer einfachen offenen Pferdekutsche über die Felder und besuchte die Bauern bei der Arbeit. Gab es ein Fest, so kamen die Bauern – die einfachen Gutsangestellten ebenso wie der Schweinehirt, das war die Respektsperson im Dorf! – alle in Tracht, und es wurde getanzt. Zwischen dem reichen Prinzen Esterházy und den ganz einfachen Leuten, die ringsherum wohnten, bestand ein persönliches Vertrau-

Am Kindertisch auf Schloss Somlóvár. Die Kinder des Prinzen Albrecht mit Spielgefährten im ungarischen Exil. Vorderer Tisch: die Kinderfrau Deta, an ihrer rechten Seite Prinz Max Emanuel und ihr gegenüber Prinz Franz, 1944, aus dem Privatalbum

ensverhältnis. In diesem Rahmen war alles ganz traditionell geregelt: So aßen etwa die Kinder getrennt von den Eltern. Es war eine Welt, die für mich noch sehr lebendig ist, und doch wirkt sie wie ein Roman aus einer anderen Zeit. Einiges von den Gepflogenheiten dieser Jahre hat sich bei uns jedoch bis heute erhalten: Wir geben uns nicht die Hand, wenn wir uns begegnen, und wir zeigen nur selten unsere Gefühle.

So ging es bis Anfang 1944. Wir Kinder wussten zwar, dass Krieg war, hatten aber keine Vorstellung davon, was das ist. Es gab bei uns keine Bombardierungen, das Leben war für mich traumhaft, und über die Situation in der Ferne dachte ich eigentlich nicht nach. Doch dann änderte sich die Atmosphäre plötzlich: Es lag etwas in der Luft, das ich zwar spürte, aber nicht verstand. Meine Eltern zogen mit uns aus Budapest weg und ganz nach Somlóvár aufs Land.

Das Schloss Somlóvár des Grafen Peter Erdődy, er war der Bruder des Grafen Fery Erdődy, liegt in der Nähe des Plattensees in der Gegend des Vulkanbergs Somló. Wir hatten dort viele Tiere, darunter ein Schwein, das wir uns als Kinder gekauft hatten. Um das Geld dafür zusammenzubekommen, machten wir Botengänge; dafür gab es hier und da zehn Pfennige von irgendjemandem. Die sparten wir und kauften ein Ferkel. Es hieß Zotzi und wurde von uns verpflegt. Im Haus war ein sehr guter Koch, den setzten wir ständig unter Druck, uns nicht nur die Essensreste zu geben, sondern für die Zotzi auch etwas Besonderes zu kochen. So ist sie gemästet worden und war am Ende, glaube ich, zwei Meter lang – ein riesiges Schwein. Ich selbst hatte einen ganzen Tierpark: einen Kauz, zwanzig weiße Mäuse, eine Smaragdeidechse, Laubfrösche, einen Rotrückenwürger, also einen Neuntöter; der war aus dem Nest gefallen, und wir hatten ihn aufgezogen. Er war frei im Haus und draußen unterwegs, ein Familienmitglied. Wenn wir, was häufig der Fall war, im offenen Pferdewagen in die nächste Stadt Devecser fuhren, flog er mit. In diesem Ort hatte Graf Tamás Esterházy ein Schloss, in das wir oft eingeladen wurden. Da flog der Vogel in offene Fenster hinein und schaute, ob was zu holen war. Einmal gab es ein furchtbares Geschrei, weil er einer Köchin etwas aus der Pfanne gestohlen hatte; sie glaubte, es sei der Teufel, und hat furchtbar geschrien. Der Neuntöter lebte völlig frei, wohnte allerdings bei mir im Zimmer, wo er auch sein Nest hatte. Ich besaß überdies zwei Siebenschläfer und eine «gemischte» Maus, halb weiße Maus, halb Hausmaus; die lebte meistens in meiner Tasche, und ab und zu erschien sie dann plötzlich beim Essen. Zuhause hat das niemanden gestört.

Das Leben verlief völlig normal – bis bei den Eltern eine gewisse Nervosität aufkam. Wegen einer Passangelegenheit fuhren sie von Somlóvár nach Budapest; später wurde mir erzählt, der schwedische König habe uns eingeladen, von Ungarn nach Schweden zu kommen, weil die russische Front immer näher rückte. Doch das erlaubte die deutsche Besatzung nicht mehr: Die Deutschen waren im März 1944 in Ungarn einmarschiert. Auch wenn ich davon noch nichts mitbekam, denke ich im Rückblick, dass meine Eltern deswegen Anfang Oktober in Budapest waren.

Die Wittelsbacher im KZ Sachsenhausen

Sie kamen in Begleitung von zwei Herren aus Budapest zurück. Plötzlich hieß es: schnell packen und jeder darf nur einen kleinen Koffer mitnehmen. Es kam Hektik auf, und von diesem Moment an war nichts mehr normal. Ich musste meinen ganzen Tierpark in den Garten des Schlosses entlassen: Meinen Kauz setzte ich auf einen Ast, meinen Rotrückenwürger ließ ich fliegen und meine Laubfrösche, meine Siebenschläfer und alle meine Mäuse entließ ich in den Garten. Bei den zwei Herren war einer dabei – daran erinnert sich meine Schwester –, der war sehr groß und furchtbar muskulös wie ein Riese und hatte eine tiefe Stimme. Er sagte meiner Mutter, als der andere nicht dabei war: «Haben Sie irgendeinen großen Korb mit einem Deckel, wenn es geht?» Irgendwo auf dem Speicher fand sich ein Korb so wie ein großer Koffer. «Jetzt holen Sie sich einen großen Sack weiße Bohnen und einen großen Sack Zucker und einen großen Topf Honig.» All das wurde in diesen Korb verpackt. Es dauerte nicht lang, dann waren auch wir Kinder bereit mit unseren kleinen Köfferln. Doch die Abreise funktionierte zunächst nicht, denn die Gestapoleute – jene zwei Herren – wollten einen größeren Lastwagen oder etwas in dieser Art, um uns abzutransportieren. Das aber sabotierte die Wehrmacht in der nahe gelegenen Stadt Devecser. Wir blieben daher fast einen ganzen Tag länger. Es herrschte große Spannung; wir hingen irgendwo in der Luft. Ich hatte ja eine zahme Smaragdeidechse. Wunderschön! So große Augen! Die hatte ich auch in den Park des Schlosses ausgelassen. Als wir dann so lang nicht wegfuhren, gingen wir noch einmal im Park spazieren. Da kam diese Eidechse wieder, aus dem Gras heraus, wie ein Hund, und sagte Grüß Gott... Doch irgendwann kam schließlich ein Wagen, und wir reisten ab.

Zunächst hieß es, das sei eine Ehren-Schutzhaft, und wir sollten nach Bayern in ein Schloss gebracht werden, weil die Russen immer näher kamen. Ich merkte allerdings, dass meine Eltern skeptisch waren. Auf der Fahrt fuhren wir an Sárvár vorbei. Meine Mutter sagte: «Die Kinder müssen aufs Klo.» So wurde angehalten, und dadurch kamen wir noch einmal in Sárvár ins Haus, wo wir uns von meinem Großonkel Franz und meiner Tante verabschieden konnten. Die Eltern machten ihnen bei dieser Gelegenheit wahrscheinlich klar, was los war.

Wir fuhren weiter und trafen am späten Abend in Wien ein. Es regnete furchtbar. Wien hatte gerade einen Bombenangriff erlebt, viele Häuser standen in Flammen. Wir fuhren bei strömendem Regen quer durch die Stadt und sahen überall die zerstörten Häuser. Das beeindruckte mich sehr, weil ich so etwas noch nie gesehen hatte. Die Suche nach einer Unterkunft – es war zwei Uhr in der Nacht – gestaltete sich schwierig. Vieles war kaputt, das Übrige voll mit Flüchtlingen und Ausgebombten. Mein Vater schlug vor, es im Hotel Sacher zu probieren. Der Portier sah uns und sagte: «Nein, leider, wir sind bis unter den Speicher voll, es geht nichts mehr, aber gehen Sie hinüber ins Hotel Ambassador.» Daran erinnere ich mich sehr genau. Als wir dort ankamen, sagte der Portier zu meinem Vater: «Sie werden am Telefon verlangt.» Er nahm das Gespräch entgegen, und als er wiederkam, berichtete er, dass es der Portier vom Sacher war, der sagte: «Natürlich haben wir noch ein Zimmer für Sie, aber für die Herren in Ihrer Begleitung haben wir keine.» Das Ambassador war auch voll. Mein Vater teilte daher den zwei Herren mit, dass der Portier des Sacher ein Zimmer für die Kinder und die

Eltern angeboten habe, «aber Sie können nicht in unserem Zimmer schlafen». Die zwei gaben dann in ihrer Verzweiflung auf, lieferten uns im Sacher ab und fuhren selber in irgendeine Kaserne; am Schluss hieß es: «Morgen früh um sieben Uhr fahren wir weiter.» Und so geschah es auch. Noch in der Nacht riefen meine Eltern einen Onkel an, einen Grafen Wilczek, der um halb sechs in der Früh zu uns kam – das war der letzte Mensch, den wir in Freiheit sahen. Er sprach mit den Eltern und schenkte uns eine kleine Schachtel mit Pralinen. Das waren die letzten Zuckerl, die wir zu sehen bekamen. In der Früh reisten wir dann im Zug weiter nach Weimar. Dort brachte man uns vom Bahnhof aus mit einem Auto in ein Hotel; wenn ich mich recht erinnere, war es das Hotel Elefant, eines von zweien, die gleich nebeneinanderstanden. Ich ging in den Garten des Hotels, da flog über einen Zaun ein Ball; ein kleines Mädel kletterte über den Zaun, schaute mich bitterböse an, griff sich den Ball und kletterte wieder hinüber. Wir reisten weiter.

Am nächsten Tag wurden wir im Konzentrationslager Sachsenhausen abgeliefert. Wir bekamen so etwas wie ein kleines Einfamilienhaus, stark ummauert. Es standen vier solche Häuser nebeneinander – alle durch eine Mauer getrennt, und dann nochmal eine Mauer und noch eine zweite Mauer, eingeschlossen wie eine Festung, alles mit elektrisch geladenem Stacheldraht besetzt. Nachdem wir angekommen waren, stieg ich in den ersten Stock des kleinen Hauses und sah, wie unten unsere zwei Begleiter, der Kommandant und noch zwei oder drei Bewaffnete aus dem Haus gingen und in diesen ringsherum ummauerten Schlauch. Sie stiegen in einen Kübelwagen und fuhren davon. Da wusste ich: Hier komme ich lebend nimmer heraus. Das war eine klare Erkenntnis. An so eine Situation gewöhnt man sich als Kind sehr schnell, und von dem Tag an fragte man eigentlich nur noch: Irgendwann passiert es – aber wann und wie? Es gab ein paar Situationen, in denen wir dachten: Jetzt ist es so weit. Da sagte mein Vater nur ganz kurz: «Geheult wird nicht.» Das war seine innere Haltung. Und ich dachte als Kind: Aha, so ist das dann. Aber es passierte nichts, und dann wunderte man sich wieder. Sachsenhausen – da gab es keine Fragezeichen mehr. Für die gesamte Zeit unserer Gefangenschaft darf man aber nie vergessen, dass wir sogenannte «Sonderhäftlinge» waren; stets streng getrennt von allen anderen lebten wir unter falschem Namen; unserer lautete «Familie Buchholz», es mussten ja Initialen stimmen. Selbstverständlich war es uns streng verboten, jemals den echten Namen zu nennen. Wir blieben stets als ganze Familie zusammen, getrennt hätte kaum jemand von uns überlebt. Und wir konnten unsere eigene Kleidung tragen. Das ganze Grauen, das das Leben unserer Mithäftlinge bestimmte, sahen wir eigentlich erst in Flossenbürg.

Mein Vater, der sehr musikalisch war, hatte bereits in Ungarn begonnen, mit uns mehrstimmig Landler zu üben. Als wir in Sachsenhausen angekommen waren, merkten wir, dass im anderen Haus junge Mädel waren, und fingen an, unsere Landler zu pfeifen. Und aus dem anderen Haus kam die Antwort. Da wussten wir: Das sind die Halbschwestern meines Vaters, aus der zweiten Ehe meines Großvaters mit Antonia von Luxemburg. In dieser Situation sagte mein Vater zum Kommandanten: «Hören Sie, meine Schwestern sind da drüben. Können Sie uns nicht zusammenlassen?» Der Kommandant hieß Anton Kaindl; er stammte aus Bayern und verhielt sich uns gegenüber sehr entgegenkommend. Er ließ einen Zugang in die Wand schlagen; so konnten die Schwestern herüberkommen, und es ging immer hin und her. Und die Erste, die herüberkam, war das kleine Mädel, das mir im Weimarer Hotelgarten begegnet war – meine Tante Sophie, fast gleichaltrig mit mir.

Für den Kommandanten Kaindl sagte mein Vater nach dem Krieg aus, dass er uns sehr wohlwollend begegnet sei. Er wurde dennoch an die Sowjetunion ausgeliefert und kam im Gulag um. Kaindl war anfangs entsetzt darüber, dass wir in Sachsenhausen eingeliefert wurden. Ich hörte, wie er mit meinem Vater sprach und sagte: «Das kann nur ein Irrtum sein», das halte er für ausgeschlossen. Früher war er in irgendeiner militärischen Formation meinem Großvater unterstellt gewesen und hatte ihn sehr verehrt. Er war bei der Wehrmacht, wurde verwundet und 1942 als Kommandant in Sachsenhausen eingesetzt. Er riet meinem Vater, sofort an Himmler oder Hitler zu schreiben, und er garantiere dafür, dass wir innerhalb von drei Tagen wieder zuhause sein würden. Mein Vater meinte, er werde den Brief schon schreiben, aber einen langen Bart haben, bevor eine Antwort komme. Tatsächlich schrieb er den Brief, adressiert ans Reichsunsicherheitshauptamt; ich erinnere mich daran – und auch, dass er sich nicht mehr rasierte. Der Kommandant Kaindl schickte immer wieder Barbiere zu uns, damit sie meinen Vater rasieren sollten. Der aber weigerte sich und hatte am Ende wirklich einen langen Bart, als wir befreit wurden.

In den kleinen Häusern wohnten wir über Weihnachten – ich glaube, etwa zwei, drei oder vier Monate –, immer mit den Schwestern meines Vaters nebenan. Wir waren wie eine Familie miteinander. Auch erinnere ich mich, dass irgendwann eine junge Frau mit einem kahlen Kopf dazukam, sehr abgemagert, gespenstisch. Das war Irmingard, die älteste Halbschwester meines Vaters. Sie hatte bei der Verhaftung in Italien Typhus und wurde mit ihrer Mutter abgesondert; Irmingard lag in einem Lazarett, ehe man sie nach Sachsenhausen zu ihren Geschwistern schickte. So kam sie schließlich zu uns. Ihre Haare wuchsen langsam nach, aber ihr blieb ein schwerer Herzfehler. Sie wurde nicht mehr ganz gesund, jedenfalls nicht in der Zeit im KZ.

Wir lebten von dem Sack Bohnen und dem Sack Zucker, hatten einen Herd im Haus, auf dem man kochen konnte, und einen Topf. So wurde immer wieder Essen gemacht. In dem Haus war im Dach eine Schindel kaputt; dadurch entstand eine Art kleine Luke. Da schauten wir Kinder immer hinaus und sahen eine junge Frau mit einem kleinen Kind in das nächste Haus gehen. Es gab noch ein paar weitere Informationsstränge, und irgendwie bekam man so etwas davon mit, was im Lager vor sich ging. Meine Eltern hatten sehr schnell herausgefunden, dass im dritten Haus der ehemalige österreichische Bundeskanzler Kurt Schuschnigg eingesperrt war; es war dessen Frau, die mit dem Kind bei uns vorbeiging. Meine Schwestern erzählen, dass über Frau Schuschnigg immer wieder

Nachrichten bei uns ankamen. Im Haus, in dem meine Tanten lebten, fanden sich auch noch Spuren eines Vorbewohners: Auf den Rückseiten einiger kleiner billiger Stiche, die an den Wänden hingen, waren mit Bleistift Bemerkungen geschrieben, aus denen hervorging, dass der Sohn von Stalin, Jakow Dschugaschwili, vor uns dort untergebracht gewesen war; er starb 1943 in Sachsenhausen.

An Weihnachten gab es, offensichtlich mit Genehmigung oder zumindest mit Duldung des Kommandanten, sogar eine Laubsäge und Sperrholz, Buntstifte und Wasserfarben. Daraus machte meine Mutter eine Krippe, sie schnitt mit der Laubsäge viele Figuren aus und bemalte sie. Das Christkindl knetete sie aus Brot, das sie sich abgespart hatte. Diese Krippe ist sehr schön geworden. Sie reiste in einer Schachtel dann mit uns auch durch die anderen Lager und überlebte alles. Ich besitze sie heute noch.

Wir hatten eine «Deta» – eine Kinderfrau –, die mit unserer Familie ins KZ ging. Eine Gräfin Bellegarde war für meine Tanten zuständig; eigentlich war sie die Begleiterin meiner Stiefgroßmutter gewesen, bei der Verhaftung aber mit den Kindern mitgegangen. Die Gräfin Bellegarde blieb bis zum Schluss bei uns; meine Eltern konnten jedoch bei Kaindl erreichen, dass unsere Deta hinausgelassen wurde. Sie aber wollte das nicht akzeptieren. Es war eine schreckliche Szene, als sie mit Gewalt abtransportiert wurde. Sie musste unterschreiben, dass ihre ganze Familie ins KZ kommt, wenn sie ein Wort sagt, wo sie herkommt und wo wir sind. So wurde sie nach München geschickt, stieg jedoch sofort um nach Nördlingen zu meiner Großmutter mütterlicherseits, Fürstin Julie von Oettingen, um ihr genau zu berichten. Weil unsere Deta sie informiert hatte, war es meiner Großmutter möglich, uns an Weihnachten ein kleines Paket mit Keksen und einem Wachsengel zu schicken, den sie gemacht hatte. Diese Sendung kam tatsächlich an. Den Engel habe ich noch; der ist dann mit der Krippe mitgereist.

Die Eltern waren trotz der dramatischen Lage von allem Anfang an völlig souverän. Ihr Glaube gab ihnen den entscheidenden Halt. Wir beteten auch, aber nicht mehr als vorher. Es war meinen Eltern wohl bewusst, dass das als ein Zeichen von Angst zu deuten gewesen wäre. Das aber erlaubten sie sich nicht. Deswegen hielten sie ganz streng eine Art von Normalität ein, und wir beteten um keinen Deut mehr als in den unbeschwerten Jahren in Ungarn.

Mein Vater nützte als einzige Waffe seine Aggressivität und attackierte jeden, der ihm zu nahekam. Meine Mutter stand das alles durch und ließ uns nie ihre Ängste spüren. Die Eltern hatten ja die Verantwortung für uns Kinder, aber auch für die Schwestern meines Vaters, von 18 Jahren abwärts, eine hübscher als die andere. Wir hätten jede Minute des Tages getrennt werden können, doch das ist nie geschehen; ich glaube, dass mein Vater uns wirklich geschützt hat. Nur als er später in Flossenbürg schwer krank wurde, trug meine Mutter allein das alles und ihn selbst noch dazu. Sie haben die Gefahren und Nöte immer gemeistert. Meine Mutter gab uns Unterricht. Sie brachte mir auch etwas Französisch bei, das half mir sehr, diese Sprache später richtig zu lernen. Unter den gegebenen Umständen versuchte sie, den Schulunterricht weiterzuführen. Außerdem erfand sie Spiele. So erlebten wir zwar keinen Moment der Schwäche oder des Zusammenbruchs, aber ich glaube, dass sie doch einen schweren gesundheitlichen Schaden davontrug und dass gesundheitliche Probleme, die später bei ihr auftraten, im Grunde Spätfolgen des KZs waren.

Wir erlebten aber auch komische Geschichten. Das Haus, in dem wir wohnten, hatte einen Keller, und wir fanden einen Kleiderhaken, der eine Rolle hatte. So bauten wir mit einer Schnur eine Geisterbahn, die durch den Kellerraum gezogen wurde. Wir waren einmal da unten, als irgendein SS-Offizier kam, der etwas von meinen Eltern wollte. Der hörte uns und ging hinunter. Wir ließen diesen Bügel los, und der SS-Mann sauste wie ein Pfeil aus dem Haus und fuhr wieder ab, so erschrocken war der. Auch solche Bilder sind mir aus dieser Zeit geblieben. Die Wirklichkeit war für uns Kinder viel farbiger als alles, was man sich hätte ausdenken können. Vom Lager Sachsenhausen sahen wir sehr wenig. Ein paar Mal waren wir beim Zahnarzt – nicht die ganze Familie, aber jeweils eines von uns

Kindern – und fuhren durch das Lager. Daher stammt eigentlich meine einzige Erinnerung daran, da sah ich, wie so ein Lager von innen ausschaute. Auch weiß ich noch, dass einmal irgendetwas am Haus gemacht werden musste, dafür kamen sieben oder acht Häftlinge. Da erschrak ich als Kind, wie ausgemergelt sie waren – wirklich schon wie Gerippe. Das blieb mir unvergesslich.

Wir konnten unsere eigenen mitgebrachten Kleider tragen. Das war aber nicht sehr viel, und meine arme Mutter, deren Koffer auf der Fahrt nach Sachsenhausen verloren gegangen war, hatte zum Anziehen nur das, was sie am Leib trug. Sie bekam einen Trainingsanzug, und ich glaube eine Überjacke von einem ermordeten Häftling. Das blieb dann ihre Kleidung für die nächsten neun Monate.

«Flossenbürg war die ärgste Station»

Als Ende Februar die Ostfront immer näher rückte, wurden wir aus Sachsenhausen weggebracht. Die russischen Truppen müssen schon sehr nahe gewesen sein. Wir wurden in einem Bus nach Flossenbürg gefahren. Flossenbürg war eigentlich die ärgste Station. Wir kamen in einen Raum in einer Baracke. Ich konnte sie später noch lokalisieren, weil die Grundmauern noch vorhanden sind. Dort sah und hörte man alles, was im Lager vor sich ging. Das war wirklich schlimm. Mein Vater wurde krank; er bekam die blutige Ruhr und war so schwach, dass er kaum mehr gehen konnte. Also schleppte ihn meine Mutter herum. Wir waren in einem Raum zusammen, alle miteinander, auch die Schwestern meines Vaters. Gott sei Dank: Wäre mein Vater in die Krankenbaracke gekommen, hätte er das wohl nicht überlebt. Er blieb so aggressiv wie immer, und ich glaube, die haben vor ihm Angst bekommen. Das hat uns wahrscheinlich gerettet. Wenn er einen Gestapo- oder SS-Mann sah, fing er das Brüllen an. Das hörte man durch das ganze Lager, und das war das Einzige, wovor die Angst hatten: dass die anderen Häftlinge sehen, dass ein Häftling sich traut, sie anzuschreien. Es war eigentlich ein Wunder, dass keiner von denen da seine Pistole zog. So entstand etwas wie ein kleiner luftleerer Raum um unsere Gruppe, und ich glaube, das hat zu einem guten Teil auch die Rolle meines Vaters bewirkt.

In Flossenbürg gab es einen kleinen Vorraum im Freien, und wir Kinder durften da einmal hinaus. Als wir hinaustraten, sahen wir, dass vor dem Fenster Berge von Leichen aufgestapelt waren. Es hat draußen wie geschneit. Uns – meine Schwestern und mich – berührte später der Film *Schindlers Liste* so stark, weil darin dieses Schneien ebenfalls vorkommt: Am Berghang, direkt hinter unserer Baracke (es war die letzte in der Reihe) lag das Krematorium; dorthin wurden die Leichen vor unserem Fenster weitertransportiert. Da – aus dem Schornstein heraus – entstanden diese weißen, fettigen Flocken. Als die Eltern realisierten, was wir draußen sahen, erlaubten sie uns nicht mehr, hinauszugehen. Aber ich denke, dass mir dieser Moment als eine der stärksten Erinnerungen an die Zeit in den Lagern geblieben ist.

Merkwürdigerweise gehört zu den Dingen, an die ich mich ebenfalls intensiv erinnere, auch das Bellen der Hunde: überall die SS-Wachen mit diesen Hunden, die auf den Mann dressiert waren. Das war ein furchtbares Bellen. Solche Dinge bleiben einem fast traumatischer in Erinnerung als die tatsächlichen Ereignisse. Für mich hatten Hunde doch zum täglichen Leben gehört. Wir hatten Hunde gehabt, und mich hat noch nie in meinem Leben ein Hund gebissen; auch als Kind bin ich zu jedem bissigen Hund hingegangen. Und dann plötzlich diese Hunde, bei denen man wusste: da kann man nicht hin, sondern im Gegenteil, vor denen muss man Angst haben. Zu dem keifenden Bellen der Hunde, das man fast ständig hörte, kam dann das Geschrei, und ... das war furchtbar.

Ich muss ergänzen: Als wir ankamen, standen da vier oder fünf Häftlinge mit einem Kapo wie zur Begrüßung. Ein Häftling – ich glaube, er hieß Reitmeier –, der hatte irgendwie erfahren, dass wir kommen, und hatte diese Begrüßungsgruppe zusammengestellt. Er war ein Raubmörder, aber er hat uns unglaublich viel geholfen. Es gab bei uns ein Wasserbecken, so ein Abwaschbecken; das war der einzige Wasseranschluss, und der war immer wieder kaputt. Dann mussten Häftlinge kommen, um ihn zu reparieren. Bei diesen Gelegenheiten kam immer er, und wir mussten dann die zwei oder drei SS-Leute, die dabeiwaren, ablenken. Dann konnte er den Eltern mit ein paar Worten Nachrichten zukommen lassen: wer noch im Lager ist, und ich weiß nicht, was sonst noch alles. Irgendwann – aber das ist unsere Auslegung – bekamen die Wachmannschaften doch Sorge, dass in der Bevölkerung bekannt werden könnte, dass wir im Lager sind. So verlegten sie uns hinaus. Vielleicht geschah das aber auch, weil mein Vater so krank war, und vielleicht hatten die mit uns noch andere Pläne – Geiselaustausch oder weiß der liebe Gott was. Jedenfalls hieß es eines Tages: «Zusammenpacken!» Aber da war nicht sehr viel zu packen. Der Zuckersack war nicht mehr da, der Honigtopf auch nicht, und wir wurden in den Ort gebracht, in das dortige Forstamt. Da waren im ersten Stock drei Zimmer und ein Gang mit einer Glastüre abgeteilt; dort wurden wir untergebracht. Als wir ankamen, trafen wir den dortigen Förster – einen Mann namens Weber –, und er brachte uns zuerst in sein Büro. Wir hießen ja offiziell Buchholz, und es war uns bei Todesstrafe verboten, in irgendeiner Form unseren Namen zu nennen. Er führte uns in sein Büro hinein und sagte: «Herr Buchholz, setzen Sie sich da hin.» Mein Vater setzte sich hin und merkte, dass er unter einem Portrait des Prinzregenten Luitpold saß. Die Ähnlichkeit war so groß, dass das niemand übersehen konnte. Weber zeigte damit, dass er meinen Vater sofort erkannt hatte. Er war für uns eine enorme Hilfe. Immer wieder kam er, hatte einen Umhang an und ging durch, um zu schauen, ob wir Ordnung halten. Dann polterte es, und Äpfel, Birnen, Kartoffeln und ich weiß nicht was fielen unter dem Umhang heraus auf den Boden. Dann verließ er uns viel schlanker, als er gekommen war. Das sind großartige Erinnerungen. Er hat uns wohl beschützt.

Anfangs standen Wachen vor der Tür. Ich weiß nicht, ob das immer so war, glaube aber schon – denn ich erinnere mich eigentlich nur an wenige Momente außerhalb dieser Zimmer ohne Wache.

Aber es gab einen großen Garten, und wir Kinder konnten auch manchmal in diesen Garten gehen und spielen. Da flogen, es war schon Ostern, plötzlich zwei oder drei Ostereier durch die Luft; es standen Grüße drauf. Die kamen von Klosterschwestern: Sie hatten ein kleines Kloster und eine Schule nebendran und wussten offensichtlich auch genau, dass wir da interniert waren. Das hatte sich anscheinend herumgesprochen.

Aber es sind mir natürlich auch ganz andere Erinnerungen geblieben: An diesem Haus ging die Straße vorbei, die vom Bahnhof zum Lager führte. Dort kamen die Transporte aus anderen Lagern an. Danach gingen diese schrecklichen Züge am Haus vorbei – vor allem Frauen. Wir schauten immer hinunter und sahen sie. Das waren wieder schlimme Eindrücke. Es fuhr wiederholt am Haus ein Lastwagen vorbei, der die Suppe in den Steinbruch in Flossenbürg brachte, wo Häftlinge arbeiteten. Wenn er dann mit den leeren Kübeln zurückkam, lagen dazwischen die Toten, die in dem Steinbruch bei der Zwangsarbeit umgekommen oder erschossen worden waren. Diese Bilder gehörten zu den täglichen Eindrücken – und sie wurden für uns Kinder so etwas wie Alltag. Wir erlebten dies nicht traumatisch, sondern es war einfach so.

An manche Bewacher erinnere ich mich wie an graue Figuren, die kommen und gehen, und einer ist so schlimm wie der andere. Man wusste genau, man muss immer sehr auf der Hut sein. Man sah aber andere mit Hunden, die schlimm ausschauten und die auch schlimm waren. Es gab jedoch einen, und an diesen einen erinnere ich mich genau, der abgrundböse war: Wir durften einmal einen größeren Ausflug machen, ich glaube zu dritt. Meine Schwester war dabei und meine Tante Irmingard. Wir besuchten die Ruine in Flossenbürg. Wir waren am Berg, es war schönes Wetter, und ich erinnere mich, dass der uns dann von sich erzählte und damit prahlte, dass er die Säuglinge mit dem Kopf an die Wand schlägt und wie das Hirn herausspritzt. Er hat das uns Kindern offensichtlich mit Vergnügen so geschildert. Dieser Mann war wirklich böse.

Auch wenn man Leute wie ihn verachtete, so war doch die Bedrohung immer da. Im Rückblick erscheint diese Zeit fast wie ein Theater: Man wusste von einer Stunde auf die andere nicht, wie es weitergeht; man war immer auf alles gefasst, und es kam immer alles anders als erwartet – von Moment zu Moment, im Guten wie im Schlechten. Dazwischen aber war immer wieder diese widerliche Figur mit einem fast fröhlichen herzförmigen Bubengesicht – ich glaube, der Mann hieß Schiewelbein oder so ähnlich. Als er das erzählte, bin ich eigentlich nur zornig geworden auf ihn. Gar nicht, weil er solche Macht hatte, aber wie er uns das erzählte. Da entstand in mir sofort innere Gegenwehr.

Über das KZ Dachau nach Ammerwald

Dann wurde wieder spürbar, dass die russische Front immer näher rückte. Ich bilde mir ein, wir hörten schon die Kanonen. Wir wurden am 8. April in einen Lastwagen gepackt, zusammen mit anderen, und nach Dachau gebracht. Es war wieder drei Uhr nachts, und es regnete wieder. Das wiederholte sich. Meine Tante Irmingard hatte einen schweren Herzanfall auf dieser Fahrt. Wir kamen im Lager an, und der Kommandant bekam vor uns einen Tobsuchtsanfall. Er schrie, er sei achtfach überbesetzt, er habe überhaupt keinen Quadratzentimeter mehr frei – und jetzt kommt in der Nacht wieder ein Lastwagen mit Frauen und Kindern und einer Schwerkranken darunter. Wir sollen schauen, wo wir hinkommen! Das sagte er nicht zu uns, sondern zum Begleitpersonal. Ein alter SS-Mann ging vorbei, und ich schaute ihm zu: Er sah meinen Vater an und erkannte ihn; er war einer unserer ehemaligen Holzfäller. Er sagte gar nichts, aber er meinte zum Kommandanten: «Jetz regn's eana ned auf, schmeissens doch die zu denen in der Sanitätsbaracke. Da ist noch am Boden Platz frei.» Und das geschah dann auch. Die Sanitätsbaracke hatte einen großen Raum; da waren schon dreißig oder vierzig Leute drinnen – auch Kinder, Familien. Wir wurden dort einfach abgeladen. Das waren die Familien der Stalingrader Offiziere – von General Friedrich Paulus, von Walther von Seydlitz-Kurzbach und anderen; deren Frauen und Kinder, Schwiegertöchter und Enkelkinder kamen nach der Kapitulation von Stalingrad alle ins KZ Dachau. Mit ihnen blieben wir dann zusammen – und unbehelligt. Wegen des Herzanfalls meiner Tante Irmingard wurde in der Nacht sogar eine junge Ärztin geholt, die sie, so gut es ging, versorgte. Das Essen war mehr als knapp. Man bekam eine kleine, sehr dünne Scheibe Brot am Tag. Die schnitt man nochmals in ganz dünne Streifen, trocknete sie und überlegte sich, dass man einen Streifen in der Früh und dann nochmal einen am Vormittag essen würde, damit man mit der Brotscheibe bis zum Abend kam. Manchmal gab es einen Teller Suppe; dafür musste man über einen großen freien Platz gehen. Und wir wussten: Irgendwann geht es weiter. Das große Problem war, ein Gefäß zu finden, um Wasser mitzunehmen. Wir schauten alle, ob nicht irgendwo eine leere Flasche oder so etwas liegt, und ich fand auch eine.

Ein Tag ist mir besonders in Erinnerung geblieben: Es war schönes Wetter, trotzdem so eine dumpfe Stimmung, wie halt Dachau war. Da flog plötzlich ein Fasan über das Lager. Er leuchtete in der Sonne – Fasanengockel sind sehr farbenprächtig –, er leuchtete wie ein Juwel, und in dem ganzen Lagertumult wurde es plötzlich totenstill. Alle schauten wie gebannt dieses Wesen an, wie aus einer anderen Welt, das oben drüber flog. Solche Bilder behält man als Kind.

Dann hieß es wieder Abtransport – natürlich wie auch sonst immer ohne Angabe eines Ziels. Die ganze Gruppe wurde geschlossen in einen Zug gesetzt, alle in einen Waggon; auch Constanze Paulus, die alt und gebrechlich war. Auf der Fahrt erkannten die Eltern und ebenso meine Tanten plötzlich die Gegend, durch die wir fuhren, und sagten: «Das ist ja wie zuhause.» Wir kamen in die Nähe eines Bahnhofs, und das war Starnberg. Wir schauten hinaus – da war eine Böschung am Bahngleis – und sahen unten einen Radler mit einem grünen Hut. Wir erkannten meinen Vetter Rasso, den jüngeren Sohn meines Großonkels Franz. Die Familie meines Großonkels wurde nicht eingesperrt, sie war mit einem Treck aus Sárvár nach Bayern gekommen. Der Zug hielt, ziemlich lang, ich weiß nicht warum. Und meine Tanten schrien hinunter «Rasso, Rasso», der ließ sein Radl stehen, kletterte den Abhang hinauf, und sie konnten ein paar Worte mit ihm sprechen. Er erkannte, glaube ich, zwei oder drei von ihnen, aber sie sagten nicht schnell, was los war, sondern nur «hallo, hallo». Und dann kamen schon auf der anderen Seite die Stiefel. Er ließ sich den Hang einfach wieder hinunterrollen. Da war ein großes Brennesselfeld. In dem verschwand er, und die Bewacher fanden ihn nicht. Dadurch passierte ihm nichts, aber wir wurden stundenlang verhört: War da jemand? Wer war das? Wer hat geredet und wer hat was gesagt und was habt ihr gesagt? Alle waren furchtbar aufgeregt. Es hieß, der ganze Transport muss nach Dachau zurück. Doch das blieb eine leere Drohung. Nach Dachau konnte keiner der Transporte zurück, die nach Süden gingen. Alle waren angespannt bis aufs Äußerste; ich kann nicht mehr sagen, war das Angst, Empörung, Zorn – oder war es alles miteinander? Die Begleiter waren in Panik. Aber gerade das machte es natürlich so gefährlich.

Am Ende fuhr der Zug weiter nach Reutte in Tirol. Da wurden wir wieder auf Lastwagen verfrachtet und den Berg hinaufgebracht. Ich erinnere mich, dass wir an einem See hielten – dem Plansee. Da gab es ein kleines Hotel; ich glaube, es hieß «Forelle». Wir sahen Häftlinge, die im Hof im Kreis herumgingen. Wir fuhren weiter in ein eigentlich verlassenes Hotel «Ammerwald». Das war oben auf der Passhöhe zwischen Linderhof und dem Plansee. Da lebten nur noch die Wirtin, der das wohl gehörte, ihr Schwager und eine Frau in der Küche. Dort wurden wir untergebracht, in den schönen Hotelzimmern. Alles stand leer, es war nichts mehr da, auch sehr wenig zu essen. Wir waren insgesamt etwa sechzig Sippenhäftlinge. So blieben wir dort, und es passierte nichts. Nach vielleicht zehn Tagen kamen dann auf der Durchreise immer mehr merkwürdige Gestalten vorbei. Da war einmal eine grauenhafte Gruppe dabei, die Leute waren betrunken, grölten und prahlten vor uns, dass sie die Henker vom 20. Juli seien. Diese eine Gruppe ist mir unvergesslich. Irgendwann tauchte an einem Abend mit diesen Leuten, die da durchkamen, auch jene junge Ärztin auf, die meiner Tante Irmingard in Dachau geholfen hatte. Sie kam in der Nacht zu meinen Eltern ans Fenster; sie muss da hinaufgeklettert sein – wir waren im ersten Stock – und warnte sie; sie sagte: «Bitte, passt mit dem Essen auf, in der Küche liegen zwei Kilo Strychnin für Euch alle.» Das war sehr anständig von ihr; sie riskierte ihr Leben, als sie meine Eltern warnte. Von dem Moment an wartete dann die nächsten paar Tage eigentlich jeder ab, wer zuerst isst. Es kamen mehrere solche Gruppen durch, die sich irgendwohin absetzten. Da war uns allen klar, dass das Ganze seinem Ende zuging; aber es passierte nichts, und die Spannung wurde täglich größer.

Dann kam endlich die Befreiung. Es erschien ein kleiner zweirädriger Wagen mit einem ganz mageren Pferd und zwei Herren mit einer großen französischen Flagge und einem Maschinengewehr. In der Nacht davor war die gesamte SS verschwunden, nur noch ein Gestapomann und eine Frau waren zurückgeblieben. Der Gestapomann hieß Nierburg, das weiß ich noch. Die Franzosen kamen mit dem Maschinengewehr herein und fuchtelten damit herum. Nachdem sich der Gestapomann und die Frau ergeben hatten, schmissen sie die Waffe weg, es war nur der Lauf und die Blende, dahinter war nichts. Wir mussten immer wieder lachen, alles war doch auch sehr komisch. Diese Herren sagten, sie seien Offiziere, und erklärten uns für frei. Sie kamen herein, schlugen die Hitlerbilder von der Wand, und dieser Gestapomann und die Frau übergaben uns ordnungsgemäß. Nur hatten sie am Tag vorher meinen Vater gezwungen, in einer Badewanne, die irgendwo im Freien stand, wie es damals überall üblich war, unsere gesamten Papiere zu verbrennen. Also gab es keinen Fetzen offizielles Papier mehr über uns. Die zwei Offiziere waren tatsächlich Franzosen, sehr nett: Der eine ein ehemaliger General und der andere ein Bischof, das waren die Häftlinge aus dem Hotel Forelle. Dort saß eine ganze Gruppe von französischen Ministern, Generälen, Bischöfen – alles SS-Häftlinge. Mein Vater war eine Woche vorher eines Nachts aus dem Fenster gesprungen und den Berg hinunter zum Plansee gelaufen, da waren die noch nicht befreit. Er sagte ihnen: «Bitte befreit uns, wenn die Alliierten da sind, wir sitzen da droben, und es wird jeden Tag gefährlicher.» So kamen die Franzosen zu uns herauf.

Der ganze Wald war voll mit Deserteuren. Ich glaube, die große Gefahr – aber das kapierte ich als Kind noch nicht – bestand darin, dass die uns als Geiseln hätten nehmen können. Ein paar setzten sich anscheinend mit meinem Vater in Verbindung. Einer von ihnen hieß Arnold Behrens; er war ganz jung. Er und mein Vater pressten einen Pfennig in eine rohe Kartoffel und stempelten damit Entlassungspapiere für ein Dutzend Wehrmachtssoldaten, die im Wald versteckt waren. Arnold Behrens war sehr nett, er kam nach dem Krieg zu Besuch und starb erst vor kurzem. Er war Pilot, war abgeschossen worden und hatte von seinem Flugzeug nur die Uhr als Andenken behalten. Die brachte er mir als Geschenk, in einen Stein eingelassen und darunter geschrieben «Ammerwald», mit Datum; sie steht bei mir in der Bibliothek.

So waren wir nun eigentlich frei. Aber einen halben Tag später erschien die amerikanische Armee mit ich weiß nicht wie vielen Leuten, ein paar Offizieren, und meinten zu meiner Mutter, es könne jeder sagen, er habe seine Papiere verbrennen müssen. Daher erklärten sie, wir dürften nicht weg und müssten bleiben, wo wir sind. Noch war der Krieg nicht zu Ende. Damit standen wir wieder unter Militärbewachung, und es war wieder nichts mehr zum Essen da. Daher überredete mein Vater die Amerikaner – das hatte meine Mutter eingefädelt, die Englisch konnte –, dass wir mit einem amerikanischen Soldaten auf die Jagd gingen. Sie ließen mich zwei Gamsen schießen. Ich schoss später noch einen Gamsbock, aber das waren die einzigen Gamsen meines Lebens. Damit hatten wir dann doch erst einmal etwas zu Essen für die ganze Gruppe.

Nach einiger Zeit kam ein Auto aus Luxemburg, um uns abzuholen; die Großherzogin hatte erfahren, dass die Kinder ihrer Schwester, also meine Stieftanten, in Ammerwald festsaßen. Mein Vater war nicht zu Hause, ich weiß nicht mehr warum, aber er war jedenfalls nicht da, und es pressierte; da sagte meine Mutter, ohne meinen

Ammerwald, Mai 1945.
Nach unserer Befreiung aus der KZ-Haft ; Franzi, Pussi, und Papa mit langem Bart.

Befreit – aber nun unter Kontrolle der US-Armee. V. l. n. r. Marie Gabrielle, Prinz Albrecht und Prinz Franz vor einer Jagdhütte bei Ammerwald, Mai 1945, aus dem Privatalbum

Vater fahren wir nicht. So wurden meine Tanten nach Luxemburg gebracht, und wir blieben, wo wir waren. Dann schien es brenzlig zu werden. Meine Mutter hatte verstanden, dass die Gruppe nach Tirol überstellt und an die Russen übergeben werden sollte. Da sprang mein Vater wieder in der Nacht zu einem Fenster hinaus und lief nach Linderhof hinunter, wo er den Forstwart kannte. Das war ein Freund aus seiner Jugend. Der konnte dann mit Ettaler Likör die Grenzposten bestechen, und mein Vater sagte zu uns: «Nix wie weg.» Wir liefen mit unserer letzten Habe – das war das, was wir tragen konnten – in der Nacht den Berg hinunter, und ich erinnere mich an den amerikanischen Soldaten, an dem wir vorbeikamen. Der hielt

Nach erfolgreicher Pirsch. Prinz Franz durfte mit einem amerikanischen
Gewehr zwei Gamsen für die Verpflegung in Ammerwald schießen,
Mai 1945, aus dem Privatalbum

uns natürlich auf, und meine Mutter meinte, der muss doch wissen, dass wir kommen. Der Posten sagte: «Ah ja, Sie sind die Familie vom Mann mit dem Bart und der Schnapseflasch» und ließ uns vorbei. Dann versteckte uns der Forstwart Alois Lutz in Linderhof in seinem Keller, denn eigentlich standen wir ja unter amerikanischer Kontrolle. Wir lebten eine Woche lang in diesem Keller, dann trieb mein Vater tatsächlich irgendwo im Wald ein stehengelassenes Auto auf – und sogar vergrabenes Benzin dafür. So fuhren wir in der Früh um vier Uhr über Feldwege bis München. Obwohl mein Vater München natürlich gut kannte, sagte er in der Trümmerwüste, die einmal München gewesen war, mehrfach: «Ich kenne mich nicht mehr aus, ich weiß nicht mehr, wo wir jetzt sind!» Irgendwie kamen wir dann trotz der Sperrstunde in die Stadtmitte ins Palais von Kardinal Michael von Faulhaber. Er war sehr liebenswürdig; er kannte meinen Vater ja aus früherer Zeit. Allerdings war er etwas irritiert, weil mein Vater diesen langen Bart hatte, und er fragte: «Sind Sie es wirklich?» Dann lachte er und lud uns zum Frühstück ein. Es gab eine Wurstsemmel! Das war unvorstellbar – das war für uns sonst die Verpflegung für drei Tage, aber ohne Wurst. Und auch noch eine Semmel! Wir Kinder waren sprachlos. Wir aßen unsere Wurstsemmel. Kardinal Faulhaber war eine imposante Figur, groß, und sehr nett zu uns. Das beeindruckte ganz besonders meinen Bruder. Ich sah schon, wie er immer um den Kardinal herumschwänzelte und ihn von unten anschaute. Irgendwann nahm er dann seinen Mut zusammen, ging zu ihm hin, schaute hinauf und sagte: «Magst an Kaugummi?» Den hatte er kurz zuvor geschenkt bekommen, das war das Höchste, was ein Kind zu vergeben hatte, und das größte Kompliment. Faulhaber bat den amerikanischen Kommandanten zu kommen. Der Mann kam, war überaus freundlich, und von dem Moment an hatten wir plötzlich irgendein Papier. Es war Juli 1945. Wir fuhren nach Leutstetten hinaus.

II.
Begegnungen mit einer neuen alten Welt

«Es war nicht so, dass man hätte anknüpfen können an die Zeit vor der Verhaftung»

Wir kamen spät am Abend in Leutstetten an. Das Schloss war von einer Alliierten Kommission besetzt; das wussten wir schon, daher läuteten wir im Samerhof – einem Nebengebäude des Schlosses. Eine Zeit lang blieb es still, dann ging die Türe auf. Im Türrahmen standen mein Onkel Franz und sein Sohn Rasso, der eine mit einem erhobenen Beil, der andere mit einem großen Prügel; die Zeiten waren so gefährlich, dass man nie wusste, wer vor der Tür stand. Es gab viele Überfälle. So postierten sich die beiden, wenn es an der Tür läutete, um zuzuschlagen. Das war meine erste Berührung mit der Familie nach der Befreiung.

Im Samerhof nahm man uns auf und quartierte uns notdürftig ein. Es ist ein kleines Haus, und es lebten dort schon 36 Leute, weil sehr viele ehemalige Angestellte aus Sárvár mitgekommen waren, zusammen mit dem großen Gestüt. Meine Tante entdeckte aber im Speicher ein kleines Abteil, das noch frei war. Dort trennte man mit Sperrholz eine kleine Zelle oder zwei Zellen nebeneinander ab, und da wohnten wir dann – meine Eltern, meine Geschwister. Ja und dann begann die damalige Normalität. Das Hauptinteresse galt dem Garten; da wuchs vieles, was man zum Essen brauchte – und Tabak! Post gab es nicht, auch kein Telefon, keine Nachrichten, keine Eisenbahn – nichts, und nur wenige Autos. Daher tauschte man mit allem, was man hatte, um Lebensmittel zu bekommen. Zu Leutstetten gehörte ein Gutshof, die Schwaige, wo es immer wieder etwas gab – Butter oder Milch –, aber alles war streng rationiert. Was im Gutsbetrieb erwirtschaftet wurde, war abgabepflichtig. Man bekam nur das, wofür man Marken hatte.

Ständig machten Gerüchte die Runde, da echte Nachrichten rar waren. Den Gerüchten war zu entnehmen, was gefährlich war und vor allem, welche Gegenden gefährlich waren. Es gab sehr viele Raubüberfälle. Das ganze Land war voll mit «Displaced Persons», die nichts besaßen und die im Hunger versuchten, mit Gewalt irgendwo anderen das Essbare wegzunehmen. Eine sehr schwierige Zeit.

Für uns Kinder war es wieder eine neue Welt. Es war nicht so, dass man hätte anknüpfen können an die Zeit vor der Verhaftung. In Ungarn hatten wir ja noch eine absolute Friedenszeit erlebt, voller Luxus. Da hatte es alles gegeben. Jetzt plötzlich war das ganz anders. Zwar hungerten wir auch in der Nachkriegszeit nicht, aber Essen zu organisieren war plötzlich die wichtigste Aufgabe. Auch hatten wir nichts zum Anziehen bis auf völlig zerrissene Hosen. Und im Schloss saß, wie gesagt, die Alliierte Kommission. Die einzige Person, die ebenfalls da wohnte, war eine alte Dame, eine ehemalige Beschließerin des Hauses. Sie schmuggelte zwei oder drei weiße Leintücher heraus, und daraus wurde für meine Schwestern und für mich Kleidung geschneidert: ein Hemd und eine Hose, für meine zwei Schwestern Blusen und zwei Röcke. Wir bekamen auch von den Verwandten das eine oder andere: So erinnere ich mich noch, dass ich von meinem Großonkel Franz ein paar Schuhe bekam, die mir einigermaßen passten.

Langsam entwickelte sich das Leben wieder. Es dauerte für mich einige Zeit, bis ich mich wieder fragte: «Was mache ich dann an Weihnachten, oder was mache ich nächstes Ostern?» So tief saß noch das Gefühl aus dem KZ, dass es für mich keine Zukunft mehr geben würde. Reisen konnte man nicht, aber es kamen Leute durch, die unterwegs waren. Ich erinnere mich an einen sehr netten jüdischen

Freund meines Vaters, den Herrn Graf, der uns in Budapest eine Zeitlang erhalten hatte. Mein Vater war in seiner Weinhandlung angestellt und bekam dort ein Gehalt – das einzige Geld, über das wir in Ungarn verfügten. Herr Graf brachte fünf oder sechs große Fässer Wein mit aus seiner Weinhandlung, damals ein Vermögen. Er hatte ein Fuhrwerk und Pferde. Wir konnten Futter für seine Pferde organisieren, und er kam dann bis Köln hinauf, kaufte oder tauschte dort seinen Wein, erhielt neue Pferde und kam irgendwann wieder zurück. Von seiner Reise brachte er die ersten Nachrichten von Verwandten, Bekannten, anderen Familien, wir erfuhren, wer noch am Leben und wer gefallen war. Es kamen auch Leute vorbei, die ein Fahrrad besaßen und uns berichteten; auf anderen Wegen erhielten wir kaum Nachrichten über Bekannte. Sehr lebendig ist mir auch in Erinnerung geblieben, dass es im Haus ein Radio gab; jeden Samstag saßen wir Kinder und Jugendlichen aus dem Samerhof alle darum herum und hörten mit größtem Vergnügen «Die Zehn der Woche» mit Jimmy Jungermann aus dem Kellercafé des von den Amerikanern geführten «Radio München»; das war unser erster Jazz.

Als die Bahnstrecke zwischen Starnberg und München instandgesetzt worden war, gab es eine Lokomotive, die funktionierte; die fuhr dann mit ein oder zwei Güterwagen zwischen München und Starnberg hin und her. Das war der erste Bahnverkehr. Wir erfuhren, dass in München in der Aula der Universität ein Konzert stattfinden sollte: «Die Schöpfung» von Haydn. Es war die erste öffentliche Musikdarbietung in München nach dem Krieg. Wir fuhren in diesen Güterwagen, ein paar von uns Kindern drinnen, einige draußen, mit meiner Mutter nach München, liefen irgendwie vom Bahnhof zur Universität und saßen in dem Konzert. Es war ein enormer Eindruck, dass es so etwas wieder gab, und für mich war es sowieso das erste echte öffentliche Konzert.

Der Bahnhof war zerbombt, und es ging dort wüst zu: Da lehnte an jedem Pfeiler einer, da hockten die Leute am Boden – und da war ein Schwarzmarkt. Es hieß, dort würden Leute für eine Schachtel Zigaretten umgebracht; daher hatte man uns sehr gewarnt vor dieser Bahnfahrt. Es war schwierig, durch den Bahnhof durchzukommen – und auch wieder zurück. Aber wir schafften das. So waren wir einige Male in München. Meine Eltern erlebten die zerbombte Stadt als nachhaltigen Schock; es war ein Teil dieses Bayern, das nicht mehr ihr Bayern war, als sie zurückkamen: Alles war Wüste und Zerstörung. Für mich war das Teil dieser völlig auf den Kopf gestellten Welt, in der man schauen musste, dass man etwas zum Essen herbrachte, und in der wir auf dem Speicher in einem Haus wohnten. Kurzum: Nichts war mehr normal, und diese Trümmerstadt gehörte zu jener neuen, wirren Welt.

Trotzdem sind mir davon viele Detailerinnerungen geblieben: Die Ansicht der Staatsoper, von der nur noch ein großes Loch im Boden übrig war. Ein einziger riesiger Bogen stand noch, auf dem wuchs ein Baum. Ich stand fasziniert auf dem Trümmerhaufen und konnte weit, weit über verschiedene Straßen hinweg schauen: Das war nur noch flach. Diese Bilder gehörten zur damaligen Normalität. Einmal gingen wir ins Leuchtenberg-Palais, das Palais meines Großvaters Kronprinz Ruprecht. Das war ein Trümmerfeld; wir fanden noch eine Original-Türklinke. Die Wände des Treppenhauses standen noch. Durch das Treppenhaus sah man Wandteile des ehemaligen großen Speisesaals. Dort hing der große Alexanderfries von Thorvaldsen, weit oben, ganz allein. Den ließ mein Großvater später herunternehmen. Der Fries hängt heute im Foyer des Herkulessaals in der Residenz.

Mich beeindruckte auch ein weiterer Besuch bei Kardinal Faulhaber. An seinem Palais gab es einige Beschädigungen, aber die Räume waren noch weitgehend intakt. Er erzählte, dass auf ihn in der Nazizeit von der anderen Straßenseite geschossen worden war. Er überlebte, weil er sich gerade gebückt hatte, da irgendetwas in den Papierkorb gefallen war, das er heraufholen wollte. Er zeigte mir das Loch im Doppelfenster seines Schreibzimmers: Am Einschusswinkel habe man genau sehen können, aus welchem Fenster vis-à-vis geschossen worden war.

Im Sommer wurden wir zu meiner Großmutter, der Fürstin Oettingen, nach Wallerstein bei Nördlingen geschickt. Sie wohnte im sogenannten Schlösserl, einem reizenden kleinen Sommerhaus mit einem schönen Garten. Wir erlebten dort ein karges, aber normales Landleben. Im Spätsommer marschierten wir jeden Tag in der Früh um drei Uhr mit dem Leiterwagen los: Die Alleen bestanden aus Apfelbäumen. Fallobst war kostbar. Man musste immer schauen, dass man vor den anderen dort war, um wieder einen halben Leiterwagen voll Falläpfel zu bekommen. Aus denen wurde Apfelmus gekocht oder Marmelade mit Süßstoff. Ich half bei der Ernte bei Bauern mit und bekam dafür einen Liter Milch und zwei Eier – eine Sensation! Aber so war die Normalität. Ich erlebte lange Tauschketten, als es darum ging, ein Rad zu bekommen: Es war ein Fahrrad da, aber nur mit einem Rad, und das andere Rad musste ertauscht werden. Als das gelang, hatten wir ein Fahrrad.

Ich erinnere mich vage, dass es plötzlich hieß: Die Alliierte Kommission geht aus dem Schloss in Leutstetten, und wir können ins Schloss umziehen. Dann war die Rede davon, dass mein Großvater zurückkommt. Er war noch in Italien und hatte bis dahin keine Erlaubnis erhalten, zurückzukommen. Wie ich heute weiß, ging es damals in Rom wohl zu wie in einem Bienenhaus: Mein Großvater und auch der damals ganz junge Heinrich, der Halbbruder meines Vaters, der auch vor der Verhaftung der Gestapo entkommen war, führten Gespräche, schrieben Memoranden, die sie an maßgebliche Leute schickten; sie verhandelten mit den Alliierten und bis zum Papst hinauf, was aus Bayern werden sollte. Die Familie war genauso wie Otto von Habsburg in der Emigration ein Kristallisationspunkt und deswegen in dieser Stunde Null ein wichtiger Ansprechpartner. Der amerikanische General Edgar Erskine Hume, der unmittelbar dem amerikanischen Militärgouverneur von Bayern, George Patton, unterstand, setzte sich sehr für die Rückkehr meines Großvaters ein. Mit Humes Kindern bin ich bis heute in Verbindung. Im November hieß es dann: Ja, er kommt wirklich, und er kommt übermorgen Abend. Ich erinnere mich nicht genau an die Ankunft. Es gab keine Feierlichkeit, aber trotzdem erzeugte es eine ungeheure Aufregung und Aufmerksamkeit. Es war unruhig im ganzen Ort, und alles sprach darüber, dass er da war. Ich bekam ihn am gleichen Abend zu sehen – er war ein sehr imposanter alter Herr, vor dem wir Kinder zunächst furchtbare Angst hatten. Erst als man sich nach ein, zwei Wochen etwas näher kennengelernt hatte, gab es Situationen, in denen wir Kinder erlebten, dass er einen ungeheuren Sinn für Humor besaß und für sehr viel Spaß zu haben war. Da entwickelte sich etwas wie eine Freundschaft.

Mit seiner Ankunft setzte auch ein intensives politisches Leben ein; es waren eigentlich fast immer Gäste zum Essen bei ihm. Daran kann man sehen, wie sehr damals die Familie noch in die bayerische Politik eingebunden war und mitwirkte. Es gab erregte Gespräche mit zahlreichen Politikern. Zu ihnen gehörte unter anderem Wilhelm Hoegner, mit dem sich mein Vater sehr gut verstand. Mein Großvater machte auch vor uns Kindern immer wieder Bemerkungen über Dinge, die besprochen worden waren. Doch was die Gründung einer bayerischen Heimat- und Königspartei bedeutete, verstand ich damals noch nicht. Professor Max Lebsche war in dieser Sache engagiert, den ich sehr mochte. Ständig kamen Abordnungen nach Leutstetten zu meinem Großvater. Wir hörten, dass diese Partei über 50 Prozent bekommen würde und von den Amerikanern verboten worden sei. Als Kind dachte ich nicht viel drüber nach, warum das so war. Heute kann ich es verstehen: Die Amerikaner wollten kein föderalistisches Deutschland mit einem Königreich Bayern, sie wollten einen soliden Block gegen die Sowjetunion. Auch darüber wurde gesprochen.

Die Person, die sich mir aus dieser Zeit am tiefsten eingeprägt hat, war Wilhelm Hoegner. Der aus der SPD kommende Politiker war vor den Nazis in die Schweiz geflohen. Er wurde nach seiner Rückkehr sofort zu einer zentralen Figur in Bayern und von Herbst 1945 bis Dezember 1946 auch bayerischer Ministerpräsident. Sehr präsent sind mir noch die Streitgespräche zwischen Wilhelm Hoegner und meinem Vater über die bayerische Verfassung, die gerade ausgearbeitet wurde. Dabei ging es zum Beispiel darum, dass Hoegner in

Wilhelm Hoegner, die «Figur der Zeit». Der bayerische Ministerpräsident Dr. Wilhelm Hoegner (l.), der Staatssekretär im Kultusministeriums Dr. Hans Meinzolt und der Sonderminister für Entnazifizierung, Dr. Anton Pfeiffer, München 1946, Foto Poehlmann

der Verfassung verankern wollte – wie es dann auch geschehen ist –, dass jeder Bürger Bayerns an den Flüssen und Seen Zugang zum Wasser bekommen muss. Er wollte Gehwege an allen Seeufern haben, ringsherum. Mein Vater sagte: «Schon, aber in Schilfbereiche, in Rohrgebiete, da darf man nicht hinein, weil dort Rohrdommeln brüten.» Da erwiderte Wilhelm Hoegner, daran erinnere ich mich noch gut: «Ja, aber genau das ist doch so schön, und alle Bürger müssen das sehen können.» Mein Vater antwortete sarkastisch: «Ja, das sieht aber nur einer, denn dann ist die Rohrdommel nicht mehr da und kommt auch nimmer.» Solche Gespräche gab es oft.

Hoegner war für mich *die* Figur der Zeit. Zu ihm war der Kontakt meiner Familie sehr eng. Diese ganz persönliche Verbindung ist geblieben, ebenso der Austausch. Hoegner wusste enorm viel über

Ortsnamen; er fuhr mit uns in einem kleinen Fahrzeug durchs ganze Oberland und erklärte uns jeden Ortsnamen. Das waren private Ausflüge, von denen sonst niemand wusste. Man machte vielleicht irgendwo in einem Wirtshaus Halt für eine Brotzeit, wo uns wahrscheinlich die Wirte auch nicht erkannten oder nicht beachteten. Das war also ganz anonym. Hoegner muss zwar als Ministerpräsident ein Protokoll gehabt haben, um seine persönliche Freiheit zu bewahren, aber es war nie ein Protokoll mit Abstand. Dabei spielte er damals in Bayern eine beherrschende politische Rolle. Das kapierte ich als Bub nicht, aber er machte auf mich mehr Eindruck als alle anderen Politiker. Wenn heute ein Ministerpräsident in Bayern auftaucht, dann sieht das ganz anders aus. Hoegner kam zwar nicht auf dem Rad, aber mit einem kleinen Auto, und er fuhr selber. Und wenn ein Bürger etwas auf dem Herzen hatte, ging er hin und konnte mit ihm reden. Es gab noch keine protokollarischen Hürden. Ich mochte auch Hoegners Frau, die sehr nett, gescheit und witzig war. Sie konnte unglaubliche Wortgefechte führen. Ich blieb mit ihr noch lange nach Hoegners Tod in Kontakt, ebenso mit seinen Kindern. Ich bewunderte und mochte Hoegner, das war eine echte Freundschaft.

Wir kannten auch Hoegners Nachfolger Hans Ehard, und mit seiner Frau entwickelte sich noch eine langjährige Freundschaft. Lebendig sind auch meine Erinnerungen an den Münchner SPD-Oberbürgermeister Thomas Wimmer. Wimmer war schwerhörig, er hatte eine Stimme, die man von hier bis nach Pasing hörte. Er hatte die Angewohnheit, wenn er mit jemandem sprach, ihn bei einem Jackenknopf zu fassen; dann hielt er ihn fest und erzählte ihm irgendetwas ganz freundlich. Aber er tat das in einer Lautstärke, dass alle anderen dachen, er schreit ihn fürchterlich an. Ich mochte Wimmer sehr: Er war witzig, lebendig und setzte sich für vieles Wichtige ein, vor allem für das Räumen der Trümmer aus dem Krieg und die ersten Anfänge des Wiederaufbaus. Wimmer war in der Stadt sehr viel unterwegs, so auch in Nymphenburg, als am Ende des Kanals der Hubertusbrunnen aufgestellt wurde. Bei der Eröffnung erzählte er mir eine lange Geschichte. Danach fragten mich alle, was ich angestellt hab, weil sie dachten, er liest mir die Leviten.

Eines nahm ich als Kind nach dem Krieg sehr deutlich wahr: Alle waren ganz grundlegend von dem Gedanken bestimmt, überlebt zu haben. Das brachte eine unglaublich heitere Stimmung – die Leute unterhielten sich nie so gut wie in diesen schlechten Jahren. Wenn irgendwo eine Flasche Wein auftauchte, feierten fünfzig Leute ein Fest und waren vergnügt wie nie zuvor. Grundlage war dieses Gefühl, überlebt zu haben, nun könne einem nichts mehr passieren.

Ich selbst behielt aus diesen Jahren des Hungers ein verändertes Verhältnis zu Lebensmitteln. Für mich – auch wenn das vielleicht komisch klingen mag – sind Rahm oder Butter immer noch eine Kostbarkeit. Ich erlaube es bis heute nicht, dass Rahmreste weggeschüttet werden, die müssen in die Flasche zurück. Auch könnte ich nie einen noch so kleinen Rest Butter in den Abfall werfen. Und es widerstrebt mir heute noch, bei einem großen Essen oder Bankett Brot, das ich nicht aufgegessen habe, liegenzulassen. Ich nehme es mit. Solche Verhaltensweisen stecken tief in mir. Am besten werden das Menschen verstehen, die Ähnliches erlebt haben – andere mögen schmunzeln, wenn sie mir zuschauen. Bei uns war das keine Erziehungssache, sondern Erfahrung: Wenn man einmal dagesessen ist, die dünne Brotscheibe des Tages in ganz dünne Streifen geschnitten und sie getrocknet hat, damit man in der Früh zwei, mittags zwei und am Abend zwei essen und noch zwei für den Fall aufheben konnte, dass man auf den nächsten Marsch geschickt wird, dann bekommt Brot einen anderen Stellenwert. Wenn nach Kriegsende Butter oder etwas anderes, was man kaum mehr kannte, auf den Tisch kam, war das immer etwas Besonderes. Diese Erfahrungen wirken bei mir noch nach.

Einen wichtigen Einschnitt brachte für mich der November 1945: Damals kam ich nach Ettal in die Schule und war nur noch in den Ferien zuhause.

«Damals habe ich Karl May gelesen»
Schule in Ettal und Fribourg

Auch dieses Leben war für mich wieder etwas ganz Neues. In Ettal fühlte ich mich eigentlich ganz wohl. Es gab dort eine Landwirtschaft, zwar nicht üppig, aber sogar mehr zu essen als zuhause. Für mich war dieser Betrieb recht lustig. Wir hatten einen sehr guten Direktor, Pater Stephan Schaller. Der war recht handfest und gab mir auch manchmal eine Watschen, aber ohne jede Feindseligkeit. Er konnte auch lachen. Und das Zusammenleben im Internat mit aller Gaudi gefiel mir.

Wir trieben sehr viel Unfug. An einen Streich erinnere ich mich, weil er so bezeichnend war; aber leider war der nicht unser Werk, ein belgischer Freund hat ihn mir erzählt, der Schüler in einer Abtei in Belgien war. Dort starb ein Pater und wurde im Kreuzgang aufgebahrt. So etwas kam auch in Ettal vor. Aber die Buben dort sind in der Nacht hin, nahmen dem Pater die Binde herunter, steckten ihm ein Wurstbrot in den Mund und banden wieder zu. Am nächsten Tag zogen der Abt und der Konvent singend ein und sahen ihn da mit dem Wurstbrot im Mund! Bei uns gab es auch eine Tür zur Abtei oder zum Kreuzgang, die man aushakeln konnte. Wir dachten, nur wir wissen das. Später erfuhr ich zu meiner Enttäuschung, dass der ganze Konvent genau wusste, dass wir Schüler da auch durchkommen. Aber so etwas wie die Sache mit dem Wurstbrot ist uns leider nicht eingefallen.

Außer den wenigen Tagen in der Deutschen Schule in Budapest erlebte ich in Ettal den ersten geregelten Schulunterricht – vielleicht war die Zeit dort auch deswegen etwas ganz Neues, fast Aufregendes für mich. Wir hatten sehr fähige Lehrer. Einige der Patres waren gleichzeitig Universitätsprofessoren oder auch Mitglieder der Akademie der Wissenschaften. Ich war nicht gut im Auswendiglernen, und lateinische Vokabeln gehörten nicht zu meinen Stärken. Aber unser Professor konnte uns manche der lateinischen Texte in ihrer

Zwischen Barbarossa und Karl May. Prinz Franz als Schüler im Benediktinerinternat Ettal, 1949, aus dem Privatalbum

Schönheit erklären. Auch an den Griechischunterricht und die *Ilias* erinnere ich mich. Damals ging mir auf, wie schön diese Sprache ist. Wir erwarben auf diese Weise sicher eine sehr altmodische Bildung, und ich glaube schon, dass mir später oft andere Inhalte fehlten. Aber dennoch bin ich der Auffassung, dass Latein und Griechisch eine sehr gute Basis für das Erlernen aller Fremdsprachen bilden. Wer sich mit diesen Sprachen beschäftigt, erwirbt zudem ein Verständnis dafür, wo so manche Wörter herkommen und was sie eigentlich bedeuten. Dennoch wurde vielleicht zu wenig Allgemeinbildung in Ettal vermittelt, und wir lernten auch nicht, Situationen des Lebens oder gar der Politik zu analysieren. Jüngere Geschichte stand nicht auf dem Stundenplan; es ging eher um römische Feldherren und frühmittelalterliche Jahreszahlen – zeitlich erreichten wir gerade mal Barbarossa. Über die Zeit danach wurde wenig gesagt und über das 19. oder 20. Jahrhundert so gut wie überhaupt nichts. Auch über die Wittelsbacher wurde nicht gesprochen. Als Schüler interessierte mich das auch nicht besonders, damals habe ich Karl May gelesen.

In der Klasse über mir waren Max Streibl, der spätere bayerische Ministerpräsident, und Karl Albrecht von Waldstein, später als Pater Angelus Schul- und Internatsleiter von Ettal; die Väter so mancher Schulkameraden gehörten, glaube ich, der hohen Beamtenschaft aus ganz Deutschland an. In den ersten Jahren erkannte man rasch, wo jeder Bub herkommt: Es gab zwei, drei Buben aus Bauernhöfen in Niederbayern, die bekamen riesige Fresspakete. Viele andere Schüler hingegen erhielten nie ein Paket. Solche Unterschiede waren als Kind sehr spürbar. Das Leben in meiner Klasse habe ich als gesund und lustig in Erinnerung. Die Luft war durchaus sauber, Übergriffe, über die heute gesprochen wird, habe ich nicht erlebt. Und so denke ich gern an diese Jahre zurück.

Damals entstand in Ettal auch eine Theatergruppe. Ich machte mit und entdeckte, dass man sehr viel Unterricht schwänzen konnte, wenn man Kulissen malte. Weil Pater Stephan, der Direktor, großen Wert auf das Theater legte, habe ich wochenlang die halbe Unterrichtszeit mit Kulissenmalerei zugebracht. Der Hintergrund war eher schmählich: Ich musste anfangs einmal beim Krippenspiel mitmachen, mit einem Hasen im Arm. Das war eine Aufführung, bei der meine Eltern anwesend waren. Auch der Abt saß bei den Zuschauern. Mir kam der Hase aus und biss den Abt, der versuchte, ihn zu fangen. Nach diesem Auftritt war ich dann nicht mehr so gefragt als Schauspieler und zog mich aufs Kulissenmalen zurück.

Ettal blieb nicht die einzige Station meiner Schullaufbahn. Als

Folge von Unterernährung bekam ich Gelenkrheumatismus, vor allem in den Knien, und eine schwere Gelbsucht, von der ich mich sehr schlecht erholte. Die Gelbsucht wurde ausgehungert, weil es keine Medikamente gab: Ich bekam – ich weiß nicht mehr wie viele Monate lang – buchstäblich nur gekochte Kartoffeln zu essen. Und Wasser. Dann schafften es meine Eltern, dass wir Kinder im April 1947 in die Schweiz konnten. Ich wurde nach Fribourg ins Collège St. Michel gegeben; mein Bruder kam in ein anderes, Père Girard, weil die dort sagten, einer von denen ist genug. Meine Schwestern waren in wieder einem anderen Internat in Fribourg. Eine Schwierigkeit bestand darin, dass die Schweizer Behörden eine Kaution von einigen zigtausend Schweizer Franken verlangten, die wir nicht hatten. Devisen waren unerreichbar. In Zürich lebte aber ein protestantischer Pfarrer, ein Pazifist und Mitglied der religiösen Sozialisten in der Schweiz. Er erfuhr von dieser Sache und protestierte. Er sagte, wenn die Prinzessin Margaret Rose aus England kommt, dann gibt es rote Teppiche und Rosen, wenn aber die verhungerten Prinzen von Bayern kommen, wird eine Kaution verlangt. Dann kratzte er seine gesamten persönlichen Ersparnisse zusammen und stellte damit die Kaution für uns. Das war Pfarrer Paul Trautvetter. So kamen wir nach Zürich und lernten ihn dort kennen – einen unglaublich netten alten Herrn mit einer hinreißenden Frau. Ich lebte später als Student in Zürich und hatte bei ihnen eine ständige Einladung: Jeden Mittwochabend war ich bei den Trautvetters zum Essen.

Auf diese Weise kamen wir also nach Fribourg und erlebten dort diese Schweizer Rechtschaffenheit. Ich war in St. Michel, und St. Michel war mein Glück: Es war französischsprachig, und so konnte ich diese Sprache gut lernen. Wir wurden aber in der Schweiz auch mit den deutschen Verbrechen konfrontiert; das war ja alles noch ganz frisch, fast noch Gegenwart. Der Umgang damit war für mich damals nicht immer ganz einfach, wenn auch vollkommen verständlich. Wir waren im ganzen Collège nur drei deutsche Buben. Unsere Klasse wurde jede Woche einmal ins Kino geführt, und es gab fast nur Filme über deutsche Kriegsverbrechen. Dann mar-

Les collégiens de St. Michel.
Sommer 1947.

Gute Ernährung und gutes Französisch. Die Brüder Franz und Max Emanuel in Fribourg in der Schweiz, 1947, aus dem Privatalbum

schierte die Klasse geschlossen zusammen in einer Gruppe nach Hause, und ich allein hinterdrein.

In meine Zeit in St. Michel fiel auch eine erste Italienreise: Ich sang in St. Michel im Schulchor, und dieser Chor wurde zu einem Chortreffen nach Rom eingeladen. Wir fuhren mit der Familie in einem VW dorthin. Das Auto war voll, aber ich erlebte diese Reise unglaublich intensiv. Mein Vater kannte in Italien viele Menschen und hatte auch im Vatikan noch viele Freunde. In mir ist vor allem die Erinnerung an einen Besuch bei Papst Pius XII. sehr lebendig, der mit meinem Vater aus seiner Zeit als Nuntius in München befreundet war.

Wir sangen bei einer großen Papstmesse in St. Peter mit 3000 Buben. Wir hatten Palestrina, Gabrieli und weitere frühe Musik einstudiert. Nach der Messe beging der Papst die Unvorsichtigkeit, zu den Buben hinüberzugehen. Wir rissen die Barriere um und stürzten uns wie eine brüllende Horde auf den armen Papst. Die Schweizer Garde haute ihn dann irgendwie heraus, aber einige Kardinäle kamen unter die Räder. Am Ende herrschte ein ziemliches Chaos. Nachmittags fand dann unsere Audienz beim Papst statt. Der Papst sprach meinen Vater auf dieses Abenteuer an, und er lachte Tränen, als er entdeckte, dass wir beiden Buben dabei gewesen waren. Mein Vater besprach Flüchtlingsprobleme mit ihm, denn das war der eigentliche Zweck der Audienz. Ich erinnere mich, dass der Papst meinen Vater bat, nach Südamerika zu reisen, nach Brasilien, um für die Flüchtlinge dort Siedlungsland zu finden. Das ganze Land war ja voll mit Flüchtlingen, die nichts hatten, und man versuchte, ihnen die Auswanderung zu erleichtern.

In der Schweiz verbrachte ich zwei Jahre, auch meine Mutter lebte dort, und ich kam gesundheitlich wieder auf die Höhe. Dann ging ich zurück nach Ettal und machte dort 1952 mein Abitur.

«Immer korrekt angezogen»: erste Aufgaben als Repräsentant des Hauses

Als Bub hatte ich zunächst noch keine konkrete Vorstellung von der Wittelsbachischen Tradition. Das begann erst, als ich die Familie in der Öffentlichkeit vertreten musste: Ich saß irgendwo, und alle schauten mich an. Da wurde mir klar, dass ich aufpassen muss, wie ich mich benehme. Gelegenheiten dazu boten auch die Geburtstage des Großvaters – große Feste waren etwa der 80. in Leutstetten, der 85. in Nymphenburg. Damals bekam ich ein Gefühl dafür, dass ich für etwas auftreten und dastehen muss und dass die Familie eine Rolle spielt.

Bald wurde ich zu repräsentativen Verpflichtungen kreuz und quer durch Bayern geschickt und lernte, wie man sich benimmt und dass man immer korrekt angezogen sein sollte. Es wurde mir gesagt: «Wenn ein ganzer Ort ein Jahr lang für ein Jubiläum arbeitet und alles sauber und schön hergerichtet, geübt und geprobt wird, und du bist eingeladen, dann ist es das Wenigste, was du tun kannst, um deine Achtung zu zeigen, dass du dich entsprechend anziehst und nicht irgendwie daherkommst.» Auf diese Weise lernte ich nach und nach, welche Erwartungen ich zu erfüllen hatte. Besonders im Gedächtnis geblieben ist mir ein Festgottesdienst in Bad Tölz zum Jubiläum des bayerischen Bauernaufstandes von 1705, der kurz nach der Beerdigung meines Großvaters 1955 stattfand. Hoegner war als Ministerpräsident zugegen. Die Veranstalter setzten mich irgendwo auf ein riesiges Postament mit einem thronartigen Sessel und einem Betschemel. Ich kapierte nicht, was da vor sich ging, und setzte mich eben dorthin. Abt Hugo Lang hielt mit Blick auf den Tod meines Großvaters eine Predigt, in der das Haus Wittelsbach sehr oft vorkam. Hoegner reagierte in seiner Ansprache sehr scharf. Er sagte: «Staatsoberhaupt in Bayern ist der Ministerpräsident.» An das erinnere ich mich wörtlich. Ich wusste nicht, was ich angestellt hatte und begriff erst danach, dass es nicht um mich, sondern um die Predigt und meine Positionierung ging. Das waren so meine Berührungen mit der Öffentlichkeit.

Anfangs fuhr ich nicht allein zu solchen Terminen, sondern war meist in Begleitung; mein Großvater hatte immer noch eine Reihe Herren um sich: Da gab es einen Obersthofmarschall Graf Ludwig von Holnstein, einen Baron Friedrich Kreß von Kressenstein und einen Baron Franz von Redwitz; der war schon der Erzieher meines Vaters gewesen und diente meinem Großvater als eine Art Adjutant. Auch der junge Freiherr von Aretin gehörte zum Umfeld meines Großvaters. Diese Herren halfen dann auch mir; sie begleiteten mich, wenn ich irgendwo eingeladen war. Insgesamt war aber alles damals sehr viel einfacher als heute.

Für große offizielle Gelegenheiten hatte mein Großvater seinen alten großen Horch, ein phantastisches Auto. Er fuhr mit diesem repräsentativen Wagen, alle anderen nahmen das, was es gab oder was sie erwischten. Meist schaute man nur, dass man rechtzeitig ankam. So reiste ich also viel im ganzen Land herum, schon als Schüler, und dann vor allem nach dem Abitur als Student.

«Das war nicht mehr sein Bayern»: die schwierige Heimkehr meines Vaters

Für meinen Vater war die Rückkehr nach Bayern nicht einfach. Er hatte in seinem Leben bereits viel gesehen. Die Revolution 1918 erlebte er in der Residenz. Mein Großvater war an der Front. Mein Vater, damals 13 Jahre alt, war das einzige überlebende Kind aus der Ehe meines Großvaters mit Marie Gabriele in Bayern. Sie starb bereits 1912. Für ein Kind war die Situation dramatisch. Ich erinnere mich, wie er das Krachen beschrieb, als die Revolutionäre mit großen Stämmen versuchten, die Tore der Residenz einzuschlagen. Drinnen donnerten diese Stöße furchtbar gegen die Tür, und er erlebte das Gefühl der direkten Bedrohung. Er ging dann bei der Flucht meiner Urgroßeltern mit einer Tante voraus, versteckte sich hinter den Säulen an der Rückseite der Residenz und wartete, bis niemand mehr da war. Dann liefen sie über die Straße zur Garage im Marstall hinüber und beobachteten von dort aus, ob niemand auf der Straße war. Dann erst konnten der König und die Königin über die Straße gebracht werden. Er saß mit ihnen in dem Auto auf der Flucht nach Schloss Wildenwart im Chiemgau und war mit bei dem Bauern, der ihren Wagen aus dem Graben zog, in den er gestürzt war.

Das hatte er alles schon als Kind miterlebt. Die 1920er Jahre waren dann für die Familie schwierig. Mein Großvater war zwar hoch angesehen und die Veteranenvereine verehrten ihn, aber mein Vater entwickelte damals schon Skepsis gegenüber der Umgebung seines Vaters. Ihr Verhältnis war auch nicht besonders eng. Durch die Erlebnisse während der 1930er Jahre wurde er dann endgültig aus der Welt von gestern hinauskatapultiert. Seine Entfremdung von allem, was mit dem Militär zusammenhing, war sicher eine Folge dieser Zeit. Obwohl sein eigener Vater Generalfeldmarschall war und auch seine ganze Umgebung militärisch dachte, war das für den Sohn nach all diesen Erfahrungen eine völlig fremde Welt. Das ist vor diesem Hintergrund nicht selbstverständlich.

Viele Militärs der 1930er Jahre hatten schon in der Monarchie gedient und damals einen Eid auf den König abgelegt. Fünfzehn Jahre später wurde auch mein Vater eingezogen, doch dann wegen eines Magenleidens für wehrunfähig erklärt. Seinen Halbbruder Heinrich und viele andere stieß man nach dem «Prinzenerlass» von 1940 aus der Armee aus, erklärte sie für wehrunwürdig und verjagte sie mit Schande. Mein Vater musste sogar ins Exil gehen. Er hatte erlebt, wie alle Eide gebrochen wurden, immer wieder; die Leute wechselten geschmeidig die Seiten. Das soll kein Vorwurf sein – manch einer versuchte sicher auch, das Beste für Bayern zu tun. Aber in den Augen meines Vaters reihte sich eben ein Eidbruch an den anderen.

So waren für ihn die Jahre nach der Rückkehr aus dem Exil eine sehr schwere Zeit. Er kam nach vielen Jahren Abwesenheit zurück, hatte vorher ein Jahrzehnt schwerster Enttäuschungen erlebt – auch menschlich. Er kam zurück in ein Land, in dem fast alle seine wirklichen Freunde ermordet oder gefallen waren. Und an manche Leute, die überlebt hatten und auf die er damals traf, hatte er überwiegend schlechte Erinnerungen – Erinnerungen, die man nicht vergisst. Zwar gab es noch Verwandtschaft und ein paar Freunde, aber das Land hatte sich doch völlig verändert, und viele Orte waren für ihn durch die NS-Zeit kontaminiert. Er kam zurück in ein Bayern, das nicht mehr *sein* Bayern war. Die daraus resultierende Vereinsamung begleitete ihn sein ganzes Leben lang. Er hatte seine wissenschaftlichen und seine jagdlichen Interessen, auch politische Kontakte. Aber es blieb dabei: Sein Bayern war das nicht mehr. Für mich ist es erstaunlich und bewundernswert, dass er – in dessen Leben so viel drunter und drüber gegangen war – dennoch so sachlich und klug und ruhig blieb, wie er war.

Wie hoch seine Belastung war, ließ er nicht nach außen dringen. Er stürzte sich mit Vehemenz auf bestimmte Gebiete. Seine große Passion war die Jagd. Sein Forstwirtschaftsstudium hatte er in der NS-Zeit nicht abschließen können, da er sich geweigert hatte, einer NS-Organisation beizutreten. Nun verbrachte er seine Zeit damit, biologische Forschung am Rande der Jagd zu betreiben, und schrieb

Bücher, die wissenschaftlich einen hohen Rang hatten. Eigentlich wollte er auch uns Kinder völlig dafür vereinnahmen. Lange Zeit durfte man bei uns nach dem Krieg keine Gewehre haben, und auch der Forstbesitz des Wittelsbacher Ausgleichsfonds war für uns noch nicht so zugänglich. Doch in den 1950er Jahren entwickelte sich bei uns Kindern eine Beziehung zur Jagd. Dabei ging es stets auch um Forstwirtschaft und um Biologie, Leben und Verhalten des Wildes und aller anderen Tiere im Wald und um die ganze Flora. Dieses weitgefasste Interesse nahm dann im Leben meines Vaters einen immer größeren Platz ein, sind doch achtzig Prozent der Jagd eigentlich Biologie und Naturkunde. Wir jagten viel bei Ingolstadt, nördlich der Donau, wo der Wittelsbacher Ausgleichsfonds seine Forsten hat. Aber ich war auch oft bei meinem Onkel Ludwig Wilhelm in Kreuth in den Bergen. Später pachtete mein Vater ein Gebirgsrevier in Weichselboden in der Steiermark, wo ich sehr oft war. Meist ging ich auf die Pirsch, allein mit einem der Jäger, der sich im Wald auskannte. Das ist eine Lebensform für sich. Man lernt, sich in der Natur zu bewegen, lernt, wann man lautlos und möglichst wenig sichtbar sein, wann man in der richtigen Windrichtung stehen muss – das alles wächst einem immer mehr zu und wird zum Instinkt. Die Jagd machte mir als jungem Menschen Spaß. Ich lernte dabei sehr viel von meinem Vater. Er war sehr streng in allem, was jagdliche Belange anging. Dies galt natürlich für die Vorsicht im Umgang mit Waffen, aber auch im Hinblick auf Disziplin beim Ansprechen des Wildes bis zum Entschluss für einen Schuss. Das war manchmal zu viel für uns Kinder, und so brachen wir immer wieder aus, gingen zum Fischen und wurden dabei unauffindbar für meinen Vater, der uns eigentlich gerade auf die Pirsch schicken wollte.

Mein Vater war in seinem Denken und auch in seinem Geschmack überaus konservativ. Seine große Liebe gehörte, was Kunst- und Musikstile anbetraf, dem 18. und frühen 19. Jahrhundert. Als ich mit meinen modernen Bildern kam, machte er sich darüber lustig. Aber er sagte nie: Das darfst du nicht. Er versuchte auch nie, mich daran zu hindern. Er stand dem hilflos gegenüber; das war für ihn

Jagdgespräche. Herzog Albrecht, Prinz Franz und ihre Jagdtrophäen, Jagdhaus Weichselboden in der Steiermark, 1970er Jahre, Foto Ingrid Rasli

eine andere Welt, die ihm nicht zugänglich war. So gab es mit ihm darüber auch eigentlich keine Auseinandersetzungen – es war für mich eher so, dass ich manchmal versuchte, eine Gummiwand zu durchbrechen. Meine Möglichkeit, aus dieser alten Welt ab und zu auszubrechen, waren Reisen. Dann sagte ich: «Du, ich bin dann mal weg», und kam nach drei Monaten wieder, weil ich irgendwo unterwegs war, und zwar immer öfter in New York. New York war ein Ort, der ihm nichts sagte, den er auch nicht mochte. Es war nicht seine Welt. Und so wurde es meine. Sicher war ich dann oft auch zu Zeiten weg, wo er mich lieber auf irgendeiner Jagd bei sich gesehen hätte. Das waren Absetzbewegungen – mehr, als mir damals bewusst war. Aber immerhin: Er stellte sich nicht dagegen.

Nach den Erfahrungen von Exil, Krieg und KZ war man von protokollarischen Fragen sehr weit weg. Mein Vater wirkte völlig frei von Protokoll- und Rangfragen – aber er wusste sehr genau, welchen persönlichen Freiraum er für sich forderte und wann ein anderer zu weit ging. Das war bei ihm nicht möglich. Nach seiner Kehlkopfoperation konnte er im Grund nur noch flüstern, aber seine leise Stimme war unglaublich autoritätsfordernd. Das Gleiche galt auch für meinen Großvater. Wenn er ins Zimmer kam, benahm man sich anders, und man wusste genau, dass man sich manche Dinge nicht leisten durfte, nicht leisten konnte. So war es bei meinem Vater im Grunde auch. Er war sich seiner Position sehr bewusst und strahlte das auch aus. Und wenn sich ihm jemand in den Weg stellte und sagte: «Das geht jetzt nicht», so hinterfragte er das. Berechtigte Gegenargumente akzeptierte er aber, sehr vernünftig und sehr klug.

Er liebte gute Volksmusik und Gaudium, konnte nächtelang durchfeiern und hatte viel mehr Energie als ich. Er konnte auch von Herzen lachen: Wir fuhren hier einmal im VW los. Da kam ein alter Mann auf einem Radl, der schlief fest und fuhr direkt auf uns zu. Mein Vater blieb stehen und sagte: «Ich bin gespannt.» Anderthalb Meter vor dem Kühler wachte der Radlfahrer auf, kreiste irgendwie auf einem Fuß, bis er stehenblieb. Dann schaute er meinen Vater bitterböse an und sagte: «Saukopf!» Mein Vater musste so lachen, dass er danach beinahe in den Graben gefahren wäre. Solche Sachen machten ihm großen Spaß.

An eine Wiederherstellung der Monarchie glaubte er von allen am wenigsten. Dafür war er viel zu realistisch. Ihm war wohl sehr klar, dass dies im Gefüge Europas oder jedenfalls Deutschlands nach dem Krieg keine Chance gehabt hätte. Anders nach dem Ersten Weltkrieg: Damals gab es große Hoffnungen bei allen. Ich glaube, auch bei meinem Großvater und seiner ganzen Umgebung bestand lange Zeit das Gefühl, in ein paar Jahren ist die Monarchie wieder da und dann wird man alles wieder in Ordnung bringen; es brauche nur den richtigen Moment. Nach dem Zweiten Weltkrieg sah das anders aus. Mein Vater war in dieser Hinsicht realistischer als mein Großvater. Nach dem Tod meines Großvaters, des Kronprinzen Rupprecht, übernahm er nicht dessen Titel, der einen Anspruch zum Ausdruck gebracht hätte, sondern griff auf die alte Bezeichnung «Herzog von Bayern» zurück. Er war es dann auch, der aus dem Heimat- und Königsverein den Bayernbund machte – mit der ganz klaren Aufgabe, für das heutige Bayern zu denken. So war ich zum Beispiel vor kurzem in Altötting bei einer Jubiläumsfeier des Bayernbundes. Da fiel das Wort «Monarchismus» oder «Monarchie» überhaupt nicht mehr.

Mein Vater kümmerte sich nach dem Krieg auch um andere Angelegenheiten der Familie: Es gab ein Schließfach in Zürich mit Familienschmuck, Gold und ein paar Wertsachen. Mein Vater kam als Erster nach Kriegsende nach Zürich. Das war sehr kompliziert. Man brauchte ein Papier, um in die französische Zone zu kommen, dann mit Malteserpass von der französischen Zone nach Lindau und von dort über die Schweizer Grenze. Letztlich gelang es ihm. Er ging in die Bank und wollte das Schließfach anschauen – aber es war leer. Den Inhalt hatte sich die Bank mit den Alliierten geteilt: Die Alliierten beanspruchten die in der Schweiz gelagerten deutschen Vermögenswerte als Reparationen. Das Washingtoner Abkommen von 1946 besagte, dass die Schweiz dies mit 250 Millionen Franken abgelten konnten. Das war anscheinend zu einer Zeit geschehen, als wir noch in Gefangenschaft waren. Angesichts des leeren Schließfachs machte mein Vater im Foyer der Bank einen sehr öffentlichen Krach – und die Sachen kamen tatsächlich zurück. So etwas war in diesen Jahren möglich.

Noch viele Jahre nach dem Krieg wurde bei uns nicht über die NS-Zeit gesprochen. Mir war dabei nie bewusst, dass damals über etwas geschwiegen oder gar etwas *ver*schwiegen wurde; das Thema war einfach nicht im Repertoire der Gespräche vorhanden. Die Nürnberger Prozesse hingegen waren omnipräsent. Jeder Mensch wusste davon, und ich finde es großartig, was die Alliierten leisteten. Es war klar: Eklatante Verbrechen wurden angeklagt, verfolgt, und das sah man als vollkommen richtig und notwendig an. Ich weiß nicht, ob man dann das Gefühl hatte, dass es damit getan sei und man daher nicht mehr auf die Tausenden von kleineren Verbrechen schauen wollte, die eigentlich hätten aufgerollt werden müssen. Jedenfalls wurde, abgesehen von diesen großen Einzelfällen, nicht viel über die Zeit gesprochen. Man wusste auch, dass nach dem Krieg auf vielen Posten ehemalige Nazis saßen – und man nahm es hin. Ich war ein Kind; ich dachte nicht viel darüber nach. Aber ich empfand nie so etwas wie ein Rachegefühl wegen der Dinge, die uns widerfahren waren. Im Gegenteil, vielleicht hat das die Sache eher zugedeckt. Man sagte: «Schwamm drüber!» oder «Wir reden gar nicht darüber, anderen ist es viel schlechter gegangen». Im Rückblick würde ich sagen, dass über diese Themen zu wenig geredet wurde. Das war ein Manko. Man hätte viel mehr darüber nachdenken müssen. Aber es waren Zeiten, in denen andere Themen vordringlicher schienen.

«Meine Mutter war der ruhende Pol der Familie»

Für meine Mutter war die Rückkehr aus dem Exil vielleicht etwas einfacher, da das Spektrum ihrer Erfahrungen ein anderes war als das meines Vaters. Als meine Eltern 1930 heirateten und mit sehr beschränkten Mitteln in dem kleinen Haus in Kreuth saßen, beschäftigten sie zwar ein Kindsmädchen für uns, und ich glaube, es war sogar noch jemand im Haushalt da, aber nicht mehr. Da gab es kein Schloss und kein Protokoll. Meine Mutter kümmerte sich selbst intensiv um uns Kinder; das war auch so während der Zeit in Ungarn und im KZ. Sie war der ruhende Pol der Familie. Durch ihr Auftreten schuf sie ihren eigenen Raum. Sie bezog sich nie auf die Vergangenheit, auf die Monarchie, verkörperte aber später auf ihre Weise perfekt die Rolle als Frau des Familienchefs.

Sie kümmerte sich sehr diskret, aber auch sehr bestimmt um unsere Erziehung; so war sie beispielsweise diejenige, die schaute, dass man sich nach jeder Einladung schriftlich bedankte und dass der Brief richtig geschrieben war. Meine Mutter war eine begabte Zeichnerin und Malerin. Sie führte seit dem Tag der Geburt meiner Schwestern ein gezeichnetes Tagebuch über das, was die Kinder so

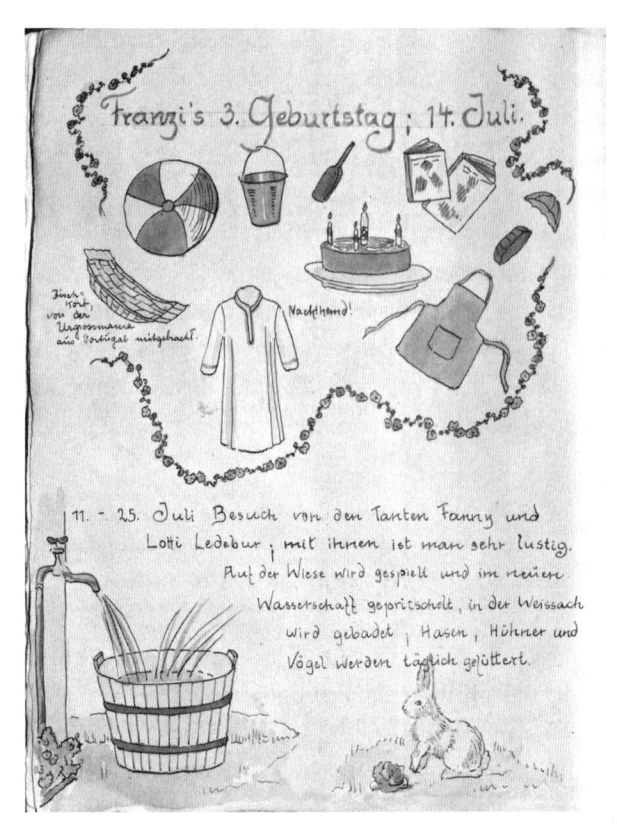

Die liebevolle Mutter. Gezeichnetes Kindertagebuch von
Prinzessin Marita von Bayern, Juli 1936

trieben. Das vermittelt ein gutes Bild von ihrem Umgang mit uns Kindern. Bis Anfang der 1960er Jahre regte sie sehr vieles an, überlegte und ermöglichte Kontakte, erklärte Verwandtschaftsbeziehungen. Danach lief alles von selber; wir kannten in München dank des regen gesellschaftlichen Lebens schon alle anderen.

Ich spürte, dass sich das Verhältnis meiner Mutter zu meinem Großvater langsam, aber stetig verbesserte. Anfangs gab es eine Schwierigkeit mit der Anerkennung der Ehe als ebenbürtig nach unserem Hausgesetz; das war für sie wahrscheinlich schwierig und auch schmerzhaft. Als mein Großvater aus dem Exil zurückkam,

Repräsentantin des Hauses Wittelsbach. Herzogin Marita von Bayern und Herzog Albrecht bei der Aufführung von Richard Strauss' «Die Frau ohne Schatten» zur Wiedereröffnung des Münchner Nationaltheaters, 21. November 1963, Foto Alfred Strobel

war das immer noch Stand der Dinge. Doch mein Großvater erkannte wohl sehr bald ihre Klugheit. Er erfragte auch in vielen Dingen ihren Rat. Deswegen war dann die Anerkennung der Ehe als ebenbürtig ein Schritt, der auch ihm am Herzen lag, weil er sah, dass sie als kluger Kopf für die Familie wichtig war. Hätte er die Ehe meiner Eltern nicht anerkannt, wäre mein Vater zwar Familienchef geworden, aber ich nicht nach ihm.

Mein Vater war geprägt durch die Jahre in Ungarn, wo er mittellos und ohne Beruf alles versucht hatte, um uns irgendwie über Wasser zu halten. Daher predigte er uns Kindern ständig: «Ihr müsst etwas studieren, einen Beruf lernen, mit dem ihr später Geld verdienen könnt.» Das war fast wie ein Trauma für ihn, und deswegen studierte ich auch Betriebswirtschaft. Freiwillig hätte ich wahrscheinlich irgendetwas ganz anderes studiert. Ich wüsste jetzt zwar nicht was, aber ausgerechnet dieses Studienfach war so ziemlich genau das, was mich am wenigsten lockte. Gut, ich habe dieses Studium mit dem Abschluss Diplom-Volkswirt 1960 irgendwie zu Ende gebracht, wie man halt damals studierte, kam aber nie mehr darauf zurück. Ehrlich gesagt, war ich mehr beim Skifahren als in der Uni. Wichtig war für mich damals diese völlig neue Selbstbestimmung; niemand sagte mir mehr in der Früh wie zu Hause oder in Ettal, was ich heute zu machen hatte.

Ich gebe zu, ich machte mir lange Zeit überhaupt keine Gedanken darüber, was ich für einen Beruf ergreifen möchte, denn ich wusste: Einen Beruf wirklich ausfüllen kann ich gar nicht, denn dann müsste alles andere liegen bleiben, was nun wichtig wurde. Es entstanden in dieser Zeit Kontakte zu den Museen, ich fand Anknüpfungspunkte in der Glyptothek und in der Pinakothek zu den Alten Meistern. Das alles entdeckte ich damals für mich, und daraus erwuchs eine sehr intensive Beschäftigung. Daneben lief das Leben der Repräsentation und gesellschaftlichen Präsenz.

Während meines Studiums absolvierte ich ein Praktikum in einer kleinen Privatbank in Zürich. Da erlebte ich noch das alte Zürich – hochgebildet, hochkultiviert und mit einem eigenen intensiven Gesellschaftsleben der alten Patrizierfamilien. Von Kunst wusste ich damals nicht viel und dachte auch nicht viel darüber nach. Ich saß mit drei anderen sogenannten Stiften in einem Zimmer in der Bank, jeder an einem kleinen Tisch. Ich erinnere mich, dass überall die

Wände doppelreihig behängt waren mit Bildern. Es war alles zugehängt, ebenso der Gang. Später, als ich, angeregt von meinem Großvater, begann, über Kunst nachzudenken und häufig in großen Museen war, begegnete ich immer wieder Bildern, bei deren Anblick ich dachte: Das kenne ich doch irgendwoher. Und dann kam ich darauf, dass das alles die Meisterwerke waren, die in jener Bank hingen. Sie hatte bei Kriegsende aus irgendeinem Zusammenbruch einen großen Bestand an Bildern übernommen und sie überall an die Wände gehängt. Das waren Meisterwerke von Cézanne, Picasso, Braque, Matisse, ich weiß gar nicht mehr, von welchen Künstlern sonst noch.

Mein Bruder ging andere Wege. Er ist, glaube ich, mit dem Vater nicht so gut ausgekommen. Er war jünger als ich, seine Erinnerung an die frühen Jahre in Bayern weniger intensiv als bei mir, und er wurde dann von meinem Onkel in Kreuth adoptiert; damit übernahm er einen großen Besitz mit einer kleinen, sehr feinen Lokalbrauerei, aus der er einen beachtlichen Betrieb entwickelte. Heute lässt sich die Tegernseer Brauerei nicht mehr mit dem vergleichen, was er damals übernommen hat. Er hatte früh andere Freiheiten und pflegte andere Interessen als ich, wobei ich jetzt in Gesprächen sehe, dass auch er unsere Tradition viel mehr im Blick behielt, als ich damals meinte. Er ist hochmusikalisch, spielt Klarinette und war von Jugend an der Volksmusik eng verbunden. So erbte er auch den gesamten musikalischen Nachlass des Volksmusikers Kiem Pauli, eine riesige Sammlung mit Tausenden von handschriftlichen Aufzeichnungen, die Kiem Pauli zusammen mit Professor Kurt Huber bei ihren Reisen durch das ganze Land notiert hatte. Diese Reisen waren von Anfang an von meinem Onkel Ludwig Wilhelm und meinem Vater gefördert worden.

Zu den Schwestern bestanden noch länger sehr nahe Beziehungen, da wir in dem intensiven gesellschaftlichen Leben der Nachkriegszeit stets zu dritt irgendwo eingeladen waren, wir gingen tanzen und waren auf Festen. Nicht nur in München, sondern überall traten wir eigentlich immer zu dritt auf.

Franzi   Maxi   Kiem Pauli

Wiederbegegnung mit einem alten Freund. Der Volksmusiker Kiem Pauli und die beiden Prinzen Franz (l.) und daneben Max Emanuel von Bayern, um 1949, aus dem Privatalbum

Es gab einen Fahrer, der vorher Polizist gewesen war. Er war NSDAP-Mitglied, unterstützte aber seit 1942 als Werkstattleiter den Widerstand des Kreisauer Kreises und der Freiheitsaktion Bayern mit Autos, Benzin und Waffen. Als Parteimitglied wurde er nach 1945 aus der Polizei entlassen; dann übernahm ihn mein Vater als Fahrer. Der Mann hieß Alois Schimmer, war ein Riesenmannsbild, handfest, sehr nett und lustig – und er war unser Schutzengel. Er fuhr uns, wo immer wir mit den Schwestern hingingen. Dabei hatte er auch auf uns zu achten, gab es doch stets ein gewisses öffentliches Interesse an unserer Familie, und Schimmer war unter anderem dazu da, uns gegebenenfalls zu beschützen – das war wohl sein Auftrag. Jedenfalls war er eine wichtige Figur der frühen Jahre. Das erste Auto im Haus war ein Opel Olympia, den mein Vater irgendwo im Wald in Linderhof gefunden hatte; darauf folgten ein kleiner BMW, den mein Vater aus der Vorkriegszeit wiederentdeckt hatte, dann ein VW und ein VW-Bus, das war die längste Zeit das Vehikel der Familie. Da konnten wir eben zu dritt, viert, fünft auf irgendwelche Feste oder auf Jagden fahren. Bei diesen Gelegenheiten war der Schimmer immer dabei.

Der Großvater – Kronprinz Rupprecht von Bayern und seine Welt

Die Familie lebte in den ersten Jahren nach dem Krieg in Leutstetten. Berg, das dann 1949 unser Wohnsitz wurde, war zunächst von den Amerikanern besetzt und musste von Grund auf renoviert werden. Durch einen Wasserschaden war es zunächst sogar abbruchgefährdet. In Leutstetten gibt es das alte Schloss. Daneben wurde ein neuer kleiner Anbau erstellt mit Küche und Esszimmer im Erdgeschoss, darüber ein paar Zimmer und im Dachgeschoss noch einige kleine Kammern. Da hatten die Eltern ihr Zimmer, und dort aßen wir; oben in den kleinen Kammern wohnten wir Kinder und im alten Teil mein Großvater. Es gab eine Küche, in der für alle gekocht wurde, aber wir aßen nicht mit meinem Großvater. Er hatte ständig Besucher und Besprechungen, auch Gäste zum Essen. Das musste alles vor sich gehen, ohne dass wir damit in Berührung kamen. Dann wurde Berg gerichtet, und ich fand mich plötzlich dort wieder. Das war eigentlich das erste Mal, dass ich in einem Schloss, in einem großen Haus mit einem eigenen Zimmer und einem geregelten Haushalt lebte. Daran musste ich mich erst gewöhnen – eine ganz neue Erfahrung.

Mein Großvater lebte in Leutstetten allein. Meine Stiefgroßmutter Antonia von Luxemburg kam nach dem Krieg nicht mehr nach Deutschland zurück. Sie hatte mit meinem Großvater im Exil in Florenz gelebt. Er und sein Sohn Heinrich tauchten dort 1944 unter und konnten sich vor der Gestapo verstecken; sie fuhr im Sommer 1944 mit den Kindern nach Südtirol zur Erholung. Ende Juli wurden sie und die Kinder in Cortina in «Sippenhaft» genommen. Sie erkrankte schwer an einer Rippenfellentzündung und landete in einem Krankenhaus in Innsbruck, ihre Kinder, meine Tanten, kamen wie wir ins KZ Sachsenhausen. Sie wurden im KZ immer wieder verhört, wo ihr Vater sei und welche Anhaltspunkte es gebe, um ihn zu finden. Im Januar 1945 brachte man meine Stiefgroßmutter nach Jena und hielt sie in einer Klinik gefangen. Sie wäre beinahe gestorben. Meine luxemburgischen Verwandten erzählten mir, dass sie fast ohne Bewusstsein irgendwo in einer Lazarettbarracke lag. Der spätere Großherzog Jean wurde als junger Mann von seiner Mutter nach Deutschland geschickt, um nach ihr zu suchen. Aber er fand sie nicht. Ein luxemburgischer Offizier einer Rot-Kreuz-Kommission ging durch die Lazarette und rief immer: «Ist jemand aus Luxemburg da?» Sie konnte nicht antworten, aber er sah beim Hinausgehen eine Hand, die sich leicht bewegte. Und das war sie. Sie wog nur noch 72 Pfund – erholt hat sie sich nie mehr.

Für meinen Großvater muss es bei Kriegsende schrecklich gewesen sein. Er wusste, dass seine Frau und seine Töchter verhaftet waren; von uns wusste er nichts, und er hörte bis nach Kriegsende von keinem von uns. Er wollte schnell nach Bayern zurück, weil er dort seine Aufgabe sah; in Italien zu bleiben war für ihn nicht denkbar. So nahm er, wie schon erwähnt, in Rom und Florenz Kontakte mit den Amerikanern auf, schickte Denkschriften an den Präsidenten und führte viele Gespräche: Was soll aus Bayern, was aus Deutschland werden? Es belastete ihn, dass er nicht gleich zurückkommen konnte.

Doch schließlich erfuhr er zumindest schon einiges über uns; es gab Briefe meiner Tanten an ihn und an verschiedene Leute, in denen sie beschrieben, was geschehen war. Das erste Lebenszeichen seiner Frau stammte vom 22. November 1945 aus Luxemburg, das nächste Schreiben kam dann erst im Mai 1946: Sie war schwer krank. Wie ihre Töchter war sie zunächst in Luxemburg, um sich wieder etwas zu erholen, dann in Italien und in der Schweiz. Dort besuchte mein Großvater sie noch mehrmals. Aber sie wollte nie zurückkommen. Das war für ihn traurig. Ich glaube aber, er konnte es

Nach dem Schrecken. Die Familie des Kronprinzen Rupprecht in Luxemburg nach der Befreiung aus KZ-Haft, in der Mitte Kronprinzessin Antonia, Schloss Fischbach in Luxemburg 1946, Privatfoto

verstehen, sie hatte zu viel Schlimmes erlebt. Wenigstens sind die Töchter immer wieder zu ihm gekommen. Sophie lebte eine Zeit lang bei ihm, ebenso Irmingard bis zu ihrer Heirat mit ihrem Vetter Ludwig, auch Gabrielle war anfangs noch bei ihm, und so war der Kontakt zu seinen Kindern gut.

Ich selbst sah meine Stiefgroßmutter nie mehr. Als Student in Zürich hoffte ich noch, sie wiederzusehen. Die Gräfin Bellegarde, die mit uns als Begleiterin meiner Tanten im KZ gewesen war, kümmerte sich in dieser Zeit um sie. Dreimal rief sie mich an und sagte: «Wir sind in Zürich in dem und dem Hotel, und deine Großmutter möchte dich sehen.» Da ging ich hin zur angegebenen Zeit und wartete dort. Meistens nach etwa einer halben Stunde kam dann die Gräfin Bellegarde und sagte, «sie ist nicht gut genug beieinander, nächstes Mal». Offensichtlich war, so stelle ich mir das vor, immer noch ein solches Trauma da, dass wieder alles hochkam, wenn sie plötzlich diesem Buben hätte begegnen sollen. So sah ich sie bis zu ihrem Tod nicht mehr.

Sie starb im Juli 1954 im Alter von 54 Jahren in der Schweiz. Sie wusste um die Begräbnisriten der Wittelsbacher. Am Ende ihres Testaments schrieb sie, sie wolle in Italien begraben werden, sei aber einverstanden, dass man ihr das Herz entnimmt und es nach Bayern bringt, wo es nach alter Tradition in der Gnadenkapelle in Altötting beigesetzt werden sollte. Mein Großvater selbst brachte ihr Herz dorthin.

Über die politische Rolle und Einstellung meines Großvaters weiß ich nicht sehr viel; als das relevant war, war ich zu jung. In diesen ersten Jahren herrschte bei ihm jedoch ein unglaublich intensives politisches Leben; dabei ging es vor allem um den Gedanken der Wiedereinführung der Monarchie, um die Heimat- und Königspartei und nicht zuletzt um die bayerische Verfassung. Letztlich hätte auch mein Großvater es sich nicht anders vorstellen können, als es dann gekommen ist: Es stand ja schon bei der Beerdigung von König Ludwig III. in der Frauenkirche im November 1921 quasi Spitz auf Knopf; da wollten etliche die Monarchie ausrufen und er – er stand nicht zur Verfügung. Anfangs versuchte auch Hitler immer wieder, mit meinem Großvater direkt in Kontakt zu kommen, um ihn für seine Zwecke einzuspannen. Mein Großvater ging auf diese Versuche nicht ein und stellte sich ostentativ gegen ihn. Im Februar 1933 spielte die bayerische Regierung mit dem Gedanken, über eine Einsetzung des Kronprinzen als eine Art Staatskommissar oder über die Restitution der Monarchie Hitlers Machtübernahme in Bayern zu verhindern. Dies scheiterte jedoch letztlich am Zögern des Ministerpräsidenten Heinrich Held, am Desinteresse in Berlin und am Widerstand Hitlers. Mein Großvater hätte hier jedoch zur Verfügung gestanden, um Bayerns Selbständigkeit zu bewahren. Als 1939 der monarchistische Widerstand der Gruppe um Adolf Harnier aufgerollt wurde, kam sogar die Gestapo ins Palais Leuchtenberg, um ihn zu verhören. Danach ging er mit seiner Familie nach Italien ins Exil.

Ich kann dazu beitragen, dass ich mit meinem Vater in den Jahren nach dem Krieg irgendwann in der Pfalz war. Wir besuchten einen ehemaligen General – er war, glaube ich, neunzig, und er erzählte mir: Er sei einst der kommandierende Offizier bei der Beerdigung Ludwigs III. gewesen. Es seien zu diesem Anlass sehr viele Ehrenwachen da gewesen, bewaffnet mit Gewehren; sie hatten alle scharf geladen, sagte er mir – und sie waren angetreten, um die Monarchie auszurufen. Mein Großvater wusste genau, dass in diesem Fall am nächsten Tag die Alliierten einmarschiert wären. Man muss sich klarmachen, was das nach dem Ersten Weltkrieg bedeutet hätte. Und wahrscheinlich wäre das auch passiert, wenn man versucht hätte, nach dem Zweiten Weltkrieg die Monarchie wieder einzuführen. Genauso wäre man in Ungarn gescheitert, und die Alliierten wären einmarschiert, wenn sie damals Kaiser Karl als König von Ungarn wieder ausgerufen hätten, als er nach Budapest kam. Mein Großvater ließ das nicht zu, weil er genau wusste, was passieren würde, er hatte einen klaren Blick für diese politischen Angelegenheiten. Es frappiert mich immer, dass die Monarchisten – nicht nur hier, sondern genauso in Österreich und anderswo – immer nur dachten: Wie schön wäre das, wenn das hier im Land wieder eingerichtet werden könnte. Dass man solche Dinge von außen mit den Alliierten hätte vorbereiten müssen, kam ihnen nicht in den Sinn. Viele meinten zudem, eine Monarchie in Bayern hätte sich selbst in eine Bundesrepublik Deutschland einfügen können. Ich sehe das nicht so. Der Spruch von Georg Lohmeier – notwendig sei eine Monarchie nicht, aber schöner wär es – zeigt eklatant, dass solch eine Denkungsart nicht Grund genug ist, eine Monarchie zu errichten. Für uns jedenfalls nicht.

Als mein Großvater zurückkam, lag das alles jedoch noch nicht so klar zutage; er sah dann aber wohl für sich selber ein, dass eine Rückkehr zur Monarchie nicht möglich war. Das änderte nichts daran, dass seine Geburtstage groß gefeiert wurden. In Tölz fand nach seinem Tod 1955 eine riesige Festmesse statt. Das war jener schon erwähnte Gottesdienst, bei dem Hoegner so klare Worte sprach. Ich glaube, die ernstzunehmenden Politiker erwogen die Monarchie sicher als eine der politischen Möglichkeiten, wussten aber dennoch ganz klar, dass damals ganz bestimmt nicht der Moment dafür war.

Mein Großvater war eine imposante Persönlichkeit. Kunstwerke waren seine Passion, davon verstand er mehr als alle anderen – und wenn er etwas an die Wand hängte, gab's eigentlich keinen Widerspruch. So kam ich zum Beispiel eines Tages aus der Schule zurück und fand in meinem Zimmer in Berg plötzlich die *Große Passion* von Dürer an der Wand vor, wahrscheinlich in wunderbaren Blättern. Aber das war nun mal nicht das, was sich ein Bub vorstellt, der aus der Schule kommt. Daher packte ich die Bilder zusammen und kam nach Leutstetten und sagte zu meinem Großvater: «Die möcht ich nicht.» Da war er ziemlich sprachlos, das war ihm noch nie passiert. Er plante gerade die Wiedereinrichtung von Berchtesgaden. Im Gang und in den Zimmern stand alles voll mit Bildern, die er dafür ausgesucht hatte. Nun aber war er so sprachlos, dass er mich unvorsichtigerweise fragte: «Was willst du denn dann?» Und da waren zwei, nein drei, die mir gefielen, und ich sagte: «Ja, die drei möcht ich haben.» Da wurde er etwas zurückhaltend und meinte, die habe er eigentlich schon für Berchtesgaden vorgesehen. Darauf sagte ich: «Ja, aber wenn du mich schon fragst, dann sag ich, die drei will ich haben.» Daraufhin gab er sie mir. Die hingen dann während meiner ganzen Studienzeit in meinem Zimmer in Berg, und das eine hängt jetzt bei mir in Nymphenburg – das ist eine wunderbare Grisaille-Skizze von Rubens zu einer Löwenjagd. Das andere waren zwei Bilder von Wouvermann; die hängen jetzt, glaube ich, wieder in der Alten Pinakothek. Aber diese Geschichte war der Anfang eines sehr guten Kontaktes zu meinem Großvater. Er war natürlich im Moment sprachlos, weil er Widerspruch kaum gewohnt war, aber irgendwie hat ihn das auch unterhalten.

Wir sprachen viel über Kunst. Als ich das erste Mal selbständig nach Italien fahren durfte, ging ich zu ihm und sagte: Ich fahre jetzt nach Italien, ob er mir da Ratschläge geben könne. Da sagte er, ja, das macht er, und gab mir dann, wenn ich mich richtig erinnere, vier oder fünf handgeschriebene Seiten. Für den alten Herrn war das Schreiben mühsam; ich schaute zu und bekam Schweißausbrüche. Aber er führte es zu Ende, und auf der Reise packte ich die Blätter

18. Mai 1949 : 80. Geburtstag in Leutstetten.

Gespräche zwischen den Generationen. Kronprinz Rupprecht und Prinz Franz am 80. Geburtstag des Kronprinzen, 18. Mai 1949, aus dem Privatalbum

aus und dachte, das sind jetzt die Kirchen und die Museen, die ich anschauen soll – es waren aber fast nur Listen von Wirtshäusern und was man drinnen essen und trinken soll. Auch das ist bezeichnend für meinen Großvater, was der einem jungen Buben mitgibt, der nach Italien fährt. Das zeigt eine Seite von ihm, die nicht so bekannt ist; dieser Schalk und dieses Verständnis waren bei ihm immer lebendig.

Sein unglaubliches Kunstverständnis war zudem sehr präzise. Über ein großes Bild gab es Diskussionen mit Professor Ludwig Curtius, mit dem er eng befreundet war. Mit ihm fuhr mein Großvater jedes Jahr nach Italien. Dieses Bild hatte er in Leutstetten. Er sagte, das ist für ihn Giovanni Bellini. Curtius sah den Bellini darin nicht, meinte, das sei ein Schüler von Bellini. Mein Großvater zeigte jedoch ganz genau, wie beim Lesen am Bild, wie das gemalt ist, wie da der Schatten liegt und wie das gebaut ist – das kann nur Bellini sein. Das Bild hing dann in Berchtesgaden mit verschiedenen Bezeichnungen und wurde vor zehn Jahren noch einmal etwas gesäubert. Dabei kam die Signatur heraus, und wir wissen heute, aus welcher Zeit es stammt und wofür Bellini es gemalt hat. Das war der Großvater! Er hatte scharfe Augen und ein unglaublich vielfältiges Wissen, ein besonderes Stilgefühl. Musikalisch war er jedoch nicht, und für ihn war zwischen Bach und Beethoven kein großer Unterschied. Aber wenn er ein Musikstück hörte, dann konnte er sagen, in welchem Jahrzehnt es geschrieben war. Das stimmte immer. Dieses präzise Stilgefühl kannte ich eigentlich sonst bei niemandem.

Mein Großvater unterhielt gute Kontakte zu Kunsthändlern wie Otto Bernheimer, der gleichfalls aus dem Exil zurückgekommen war. Die beiden schätzten sich sehr, es war eine alte Freundschaft. Auch ich ging oft zu ihm. Bei Bernheimer gab es immer interessante Sachen zu sehen. So hatte mein Großvater als Bub eine ganze Reihe wunderschöner Gobelins auf einem Speicher entdeckt. Er ließ sie sich von seinem Vater zum Geburtstag schenken. Das waren jene großen Gobelins auf Silbergrund aus der Residenz – die Otto-von Wittelsbach-Serie. Ein Gobelin aber fehlte, den fand er nie. Er erzählte mir, wie er einmal zu Bernheimer ins Büro kam und dort dieser Gobelin an der Wand hing. Er sprach mit Bernheimer und fragte beim Weggehen nur: «Können wir über den einmal reden?» Bernheimer winkte nur ab. Dann erwähnten sie es nie mehr. Bei irgendeiner Gelegenheit kam aber ein Paket in Leutstetten an; darin war der Gobelin. Mit einer Karte von Bernheimer: Er soll wieder dorthin, wo er herkommt. Der Wandteppich war wohl schon im letzten Jahrhundert irgendwie in den Handel gekommen. Dadurch wurde die Serie wieder komplett. Von dieser Art war das Verhältnis zwischen den beiden.

Ich lernte von meinem Großvater sehr viel, als er Berchtesgaden wieder einrichtete. Das Schloss war ganz ausgeräumt und teilweise umgebaut worden, weil es die Nazis für die «Kameradschaft der Künstler» übernommen hatten. Möbel und Kunstwerke waren zwar ausgelagert, aber erhalten geblieben. Mein Großvater richtete das Haus wieder ein, und ich durfte oft dabei sein. So lernte ich ästhetisch ebenso viel wie kunstgeschichtlich und familiengeschichtlich. Auf der einen Seite waren es schöne Bilder, die mir gefielen, und auf der anderen Seite war es ein großer Geschichtsunterricht: Er richtete Berchtesgaden ganz systematisch ein. In die gotische Halle kam deutsche spätgotische Plastik, während er in die Renaissanceräume die Porträts der frühen Herzöge und Werke der italienischen Renaissance hängte. In einem Stockwerk befanden sich Möbel und Bilder des 18. Jahrhunderts aus der altbayerischen Linie, ein Stock darüber Bilder der Pfälzer Linie und Möbel, die von dort kamen. So erzählt ganz Berchtesgaden eine Familiengeschichte, denn er richtete das ganze Gebäude eben nicht nur nach Stilarten ein, sondern auch ganz nach historischen Gesichtspunkten. Mein Großvater erklärte uns Buben, dass Ludwig I. ebenfalls das Konzept verfolgt hatte, die Geschichte und die Familiengeschichte der Wittelsbacher kongruent zu erzählen. Beim Einrichten wurde alles herumgetragen oder stand auf dem Boden; Möbel wurden hin- und hergeschoben, und am Ende fand alles sein Gleichgewicht – es war stimmig, und man verstand, warum das jeweilige Objekt am Ende gerade diesen besonderen Platz gefunden hatte.

Mein Großvater wohnte nicht mehr oft in Berchtesgaden, nur während der Einrichtung schlief er auch dort. Das war ja sein Haus gewesen, hier hatte er vor dem Krieg mit seiner Familie gelebt. Als die Nazis dort einzogen, war er bereits im Exil. Sie hätten sich wohl auch nicht getraut, das Haus zu übernehmen, solange er im Land war, bestand doch immer noch eine gewisse Angst vor ihm. Erst als er in Italien lebte, war das alles möglich geworden. Er genoss hohes Prestige im ganzen Land, und die Nazis hätten sich ein direktes Vorgehen gegen ihn aus politischen Gründen dann doch zweimal überlegt, um nicht zu viel Aufsehen zu erregen. Nach dem Krieg hatte er dann keine Familie mehr um sich – seine Töchter waren in der Welt verstreut, und seine Frau kam ja, wie erwähnt, nicht mehr nach Deutschland zurück. So war er in Berchtesgaden

Der neue Hauptwohnsitz: Schloss Nymphenburg. Kronprinz Rupprecht und sein Enkel Franz auf der Freitreppe des Schlosses an seinem 84. Geburtstag, 18. Mai 1954, Foto Hans Schürer

allein mit einem Adjutanten oder eben mit jemandem von dort als Begleiter.

Ich selbst lebte nach dem Abitur als Student in München. Das erste Jahr war ich in Nymphenburg untergebracht; damals wohnte auch mein Großvater hier. Daher gab es einen sehr lebendigen Kontakt. Er sprühte vor Interessen. Immer hatte er viele Besucher. Ich aß an seinem Tisch und erlebte ihn intensiv in dieser Zeit. Auch seinen Tod 1955 in Leutstetten erlebte ich sehr bewusst: Er war krank und brauchte ständig Blutspenden, weil sein Knochenmark kein

Blut mehr produzierte. Einige aus der Familie – und so auch ich, der ich während der letzten Tage der Krankheit und bei seinem Tod dort war – spendeten ständig Blut. Bei der Beerdigung wäre ich beinahe umgekippt, das kam offensichtlich vom Blutspenden.

Seine Beerdigung schloss dann eine Epoche ab. Es gibt ein interessantes Buch über Staatsbegräbnisse, in dem genau erklärt wird, warum in manchen Momenten ein Land ein Staatsbegräbnis so besonders groß ausrichtet – eben weil etwas betont werden soll. Ich glaube, die Beerdigung meines Großvaters war nicht nur das Ende einer Epoche, sondern mit diesem Akt wollte das Land noch einmal etwas klarstellen. Es war der sozialdemokratische Ministerpräsident Wilhelm Hoegner, der bei der Aufbahrung in der Theatinerkirche die Krone aus der Schatzkammer holte und sie auf den Katafalk legen ließ. Man muss sich vorstellen, ein Ministerpräsident in Bayern würde das heute machen! Dabei spielte sicher auch der Respekt vor der Persönlichkeit meines Großvaters eine Rolle, aber das war es nicht allein. Damals ging es auch um Bayern. Aus der ganzen Bundesrepublik wurden 48 Fahnenträger zusammengezogen, um die alten Fahnen aus dem Armeemuseum bei der Beerdigung mitzutragen – es waren die Fahnen der Armee, die mein Großvater befehligt hatte.

Aber ich erinnere mich auch noch an eine Episode nach der Beerdigung, die den Ernst wieder etwas auflockerte. Es gab ein Buffet in Nymphenburg, und wir kamen ein bisserl vor den Gästen zurück. Ich ging mit meiner Mutter in den Saal und schaute das Buffet an; dort lag ein Truthahn, glasiert und dekoriert, dem hatten sie zwei gekreuzte Knochen auf den Bauch gelegt. Ich weiß nicht, aus was die ausgeschnitten waren, vielleicht aus Trüffel. Meine Mutter bekam einen Lachanfall, und wir kratzten mit Fingernägeln diese Dekoration herunter, bevor die Gäste ankamen.

Die Beerdigung war jedenfalls ein wichtiges Signal dafür, welchen Rang das neue Bayern – das Bayern nach dem Krieg – wieder haben sollte. Ähnliches wiederholte sich bei der Beerdigung von Franz Josef Strauß. Nicht umsonst waren das Staatsbegräbnisse. Diese für

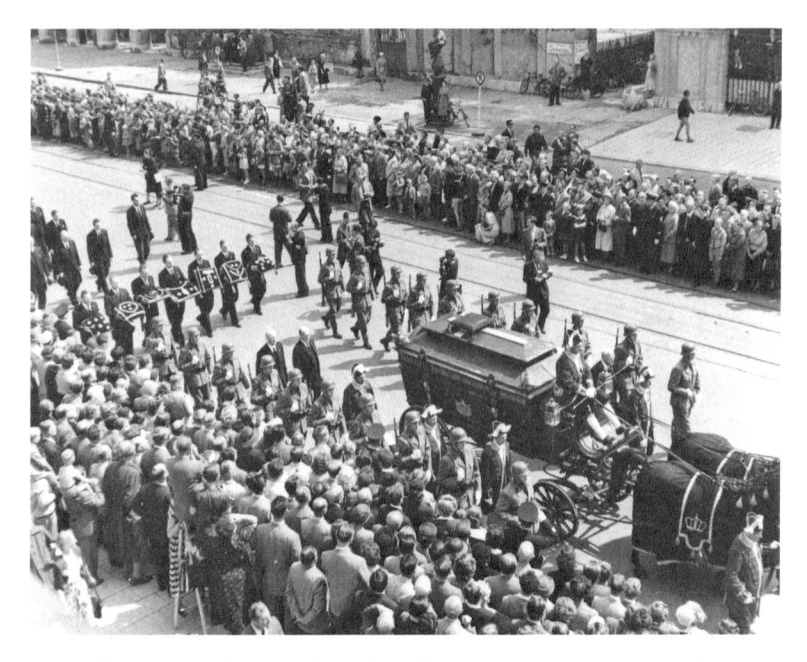

Das Ende einer Epoche. Staatsbegräbnis für den Kronprinzen Rupprecht, München 1955, Foto Erika Groth-Schmachtenberger

symbolische Botschaften zu nutzen, ist nicht verkehrt, weil eine Beerdigung eine Gelegenheit ist, der sich keiner versagen kann. Auch die, die finden, dass der Akt viel zu groß aufgezogen ist, können sich dem nicht entziehen. Eine Beerdigung kann ein sehr wirksames Instrument der symbolischen Kommunikation sein.

III.

Wiederaufbau und Neubeginn

«Der Wiederaufbau der Residenz begleitete mich
viele Jahrzehnte»

Die 1950er Jahre waren die Zeit des Wiederaufbaus. Als junger Mann reflektierte ich nicht darüber, aber es war einfach immer mehr zu tun und immer mehr möglich. Das war der Zeitgeist. In der Wüste, die nach Kriegsende übrig war, zeigte sich sehr bald, wer wieder etwas in die Hand nimmt, wer energisch etwas probiert und wer aufgibt. Am Ende blieben die übrig, die irgendwann angefangen hatten, diese Welt wiederaufzubauen. Der Aufbruch begann mit dem Abräumen. Das Erste, was ich von diesem neuen Leben wahrnahm, waren die Frauen, die auf den Trümmerhaufen saßen, die Ziegel mit Hämmern säuberten und unten stapelten. Das war der erste Schritt zum Wiederaufbau.

Besonders der Wiederaufbau der Residenz begleitete mich viele Jahrzehnte. Die Eltern waren, wie erwähnt, erst in Leutstetten, dann in Berg und kamen nicht oft nach München. Ich aber wohnte nach dem Abitur zunächst in Nymphenburg bei meinem Großvater und bezog denn eine kleine Wohnung in der Adalbertstraße in nächster Nähe der Universität und wohnte seitdem immer in der Stadt. Andere Familienmitglieder hatten gewisse Berührungsängste mit der Residenz. Ich erinnere mich, als die Residenz eröffnet wurde, war meine Tante Pilar dabei. Sie sagte mir: «Weißt du, das ist das erste Mal, dass ich in der Residenz bin seit 1918.» Wir gingen durch einige Räume, da standen Kommoden. Sie deutete auf eine davon: «In dieser Kommode lagen immer unsere Weihnachtsgeschenke, und wir schauten sie als Kinder vorher an, und wenn dann Weihnachten kam, bekamen wir nur die Hälfte, weil irgendjemand die anderen weggenommen hatte.» Viele solche Erinnerungen stiegen in ihr auf. Auch für meinen Vater war es das erste Mal, dass er die Residenz seit der Flucht im Jahre 1918 wieder betrat.

Gerade weil ich von all dem keine Ahnung hatte, faszinierte es mich. Ich war von Anfang an ständig dabei und schaute zu, wie gebaut wurde, wie Stuckaturen entstanden. Man suchte sogar in Italien nach Stuckateuren, da man niemanden hatte, der dies noch beherrschte. Ein Stuckateur restaurierte dann zum Beispiel in Berchtesgaden im Kreuzgang schadhafte Stuckreste, um sich für die bevorstehende Aufgabe in der Residenz einzuarbeiten. Im Zuge dieser Arbeiten wurden alte Handwerkstechniken reaktiviert. Das führte später zu einer großen Diskussion, wie man dieses Wissen erhalten könnte, damit es nicht mit dem Ende der Arbeiten in der Residenz wieder in Vergessenheit geraten würde. Daran war das Nationalmuseum intensiv beteiligt, das sich in der Folge der Ausbildung und Erhaltung der Handwerkstechniken annahm.

Doch zunächst einmal ging es um die Frage, ob man die Residenz überhaupt wieder aufbauen sollte. Es waren schlimme Winter nach 1945, Hunderttausende Menschen obdachlos, die Wohnungsnot war schrecklich. Da wurde ernsthaft erwogen, das ganze Gebiet von der Auer Dult bis zur Residenz niederzulegen, die Mauerreste zu beseitigen und dort schnell Wohnblocks zu bauen, um die Obdachlosen unterzubringen. Es gab sogar einen Plan, das gesamte München gleichsam auf der grünen Wiese neu zu bauen. In diese Zeit fiel der Entschluss der damaligen Regierung und des Landtags, die Residenz doch wieder aufzubauen. Das war eine ebenso mutige wie großartige Entscheidung. In den 1950er Jahren gab es im Finanzministerium den Staatssekretär Dr. Josef Panholzer, der sich sehr dafür einsetzte. Er war als katholischer Pazifist und Royalist nach einem KZ-Aufenthalt in der Schweiz und dann in Frankreich im Exil gewesen und 1945 nach Bayern zurückgekommen. Leider ist es bis heute nicht gelungen, irgendwo in der Residenz eine Plakette zum Andenken an diesen Mann anzubringen.

In Lustheim, im Park von Schloss Schleißheim, lag im Mittelraum ein großer Trümmerhaufen: Das war das Cuvilliés-Theater. Die ausgelagerten Teile waren feucht geworden, und alle geleimten Teile hatten sich gelöst. Es gab dort einen Haufen Nasenspitzen, einen Haufen Augenpaare und Backenknochen ohne Nase und ohne Kopf. Und einen Haufen mit kleinen halben Köpfen, aber ohne Gesicht. Der Bildhauer Hans Geiger, ein junger Mann, hatte das alles am Boden ausgebreitet. Er ging mit einer Nase herum und schaute, zu welchem Nasenrücken die passen könnte; mit dem Ergebnis ging er weiter zu den Köpfen. So baute er langsam das ganze Cuvilliés-Theater wie ein Puzzle wieder zusammen. Ihn besuchte ich oft und schaute ihm zu. Der ganze Aufbau des Cuvilliés-Theaters an neuer Stelle brachte viele Erkenntnisse. Bei der Rekonstruktion entdeckte man zum Beispiel, dass die geschnitzten roten Vorhänge der Logenbrüstungen alle Blattsilber-Untergründe hatten, auf die mit Lasurfarben gemalt worden war, wodurch diese leuchtende Qualität entstand. Das war alles mit Bronze überstrichen. Am Tag vor der Eröffnung wollte der Vergolder Karl Pfefferle, dessen Firma alles gemacht hatte, am Bühnenvorhang noch einmal etwas ändern. Er stieg auf eine Leiter reparierte diese Vergoldung, stürzte dabei ab und kam ums Leben.

Die Amerikaner unterstützen die Rettungsaktionen an den zerstörten Gebäuden; sie waren es, die dafür die Maschinen, Holz, Dachpappe und Zement bereitstellen konnten. Es ging ja nicht nur um die Residenz in München, sondern beispielsweise auch um die Fürstbischöfliche Residenz in Würzburg. Ohne den amerikanischen Kunstoffizier John Davis Skilton wäre dort das Tiepolo-Deckenfresko – das größte zusammenhängende Deckenfresko der Welt – nicht gerettet worden: Er überzeugte den amerikanischen Kommandanten von Würzburg, ein Notdach über dieses Treppenhaus zu bauen. Später wurde Skilton Ehrenbürger von Würzburg.

Nach dem Krieg plädierten viele Architekten nachdrücklich für das Abreißen alter Bausubstanz. So gab es in der Prannerstraße neben dem Gunzenreiner Palais eine ganze Reihe alter Häuser, die nach dem Krieg noch standen und später fröhlich für Neubauten abgerissen wurden. Dennoch spielte in Bayern der Gedanke der Traditionsbewahrung als Basis des Neuen immer eine wichtige Rolle – das galt auch für das Bewusstsein, dass das monarchische München ebenfalls zur Geschichte Bayerns gehört.

Auch in unserer eigenen Familie begann die Arbeit. Es war eine gewaltige Aufgabe, das vorhandene Mobiliar mit allem, was dazugehörte, wieder zusammenzufinden und in Ordnung zu bringen. Bis dahin war ja alles ausgelagert, und die Trümmer, die zurückkamen, mussten erst wieder sortiert werden. So erinnere ich mich beispielsweise an große Haufen kaputter Tischbeine, Stuhlbeine und Metallteile. Aus denen entstanden dann zum Teil wieder ohne zu viele neue Zutaten die wunderschönen Möbel, die sie einmal waren. Mit solchen Dingen war ich gut beschäftigt, aber das war dann vor allem die große Leistung unseres Inventarverwalters Max Oppel.

Faszinierende Künstler und das Münchner Kulturleben

Wir konnten als Ersatz für die Loge im alten Nationaltheater drei Sitze im Prinzregententheater nützen. Dort hörte ich viele große Stimmen jener Tage. Auch begegneten wir den Künstlern und Künstlerinnen immer wieder persönlich: Der Besitzer des Kaufhauses Ludwig Beck am Rathauseck, Gustl Feldmeier sen., hatte unter dem Dach des Kaufhauses einen großen Raum – wie ein ausgebautes Dachgeschoss oder wie eine Kantine – und feierte dort tolle Feste. Dahin kamen alle Künstler und Künstlerinnen aus Musik, Oper und Theater; oft war es sehr lustig. Ich denke beispielsweise an die Sängerin Erika Köth, die auch ganz gern becherte. Oder Lisa della Casa: Sie stand auf der Bühne, und man war einfach fasziniert von ihrer Schönheit, ihrem Gesang, und dann traf man sie privat beim Essen. Der junge Hermann Prey, Dietrich Fischer-Dieskau er-

Der 30. Geburtstag von Prinz Franz. Feier beim legendären Gastgeber Gustl Feldmeier im Kaufhaus Beck, Prinz Franz und Levin von Gumppenberg, 12. Juli 1963, Foto Georg Schödl

schienen ebenfalls ein paar Mal. Erika Köth verstand es, alle zu imitieren, so auch Lisa della Casa, die das gar nicht so komisch fand. Unvergessen ist auch Astrid Varnay. Das ganze Staatsschauspiel war dort – ich glaube, bei so einer Gelegenheit lernte ich Anne Kersten kennen, eine der großen Schauspielerinnen. Aber es kamen auch Professoren von der Universität dorthin oder etwa Anneliese Friedmann von der Abendzeitung. Nicht alle waren gleich gut aufeinander zu sprechen. Diese Feste gingen oft bis drei Uhr in der Früh; nichts war abgesperrt, und die Gäste konnten durchs ganze Haus gehen. Ich weiß noch, dass die Mitarbeiter des Kaufhauses bisweilen Angst hatten, die Künstler könnten etwas mitnehmen.

Bei solchen Festen und bei ähnlichen Gelegenheiten merkte man schon noch, dass mein Vater aus der Monarchie kam. Das blieb zwar unausgesprochen, aber jeder wusste es. In dem Moment, in dem meine Eltern den Raum betraten, wussten alle 200 Leute, dass sie da sind. Und meine Eltern landeten nicht irgendwo; sie setzten sich auf ihre Plätze, und dann kamen die Leute, mit denen sie reden wollten und die sie interessierten. Das war dieser Gesellschaft schon bewusst. Für mich aber galt das nicht: Ich war ja sehr jung, ich hatte meine Gaudi und ging, wohin ich wollte. Aber die Eltern waren eben doch noch sehr sichtbar.

Die Fröhlichkeit dieser Feste reichte auch in die Aufführungen hinein. So führte das Residenztheater «Die kleinen Verwandten» von Ludwig Thoma mit Liesl Karlstadt auf. Liesl Karlstadt war übrigens auch eine meiner großen Freundinnen. Die ganze Gesellschaft von Feldmeier saß natürlich in der Premiere. Es gab eine gebratene Gans. Feldmeier sagte, die stiftet er. Die Aufführung war sehr populär. Und bei der 50., der Jubiläumsaufführung, waren wir wieder alle dort, und als die gebratene Gans kam, sprang Feldmeier im Publikum auf und schrie: «Wie lang wird dieses Scheißstück noch weiter gegeben?» Weil er jedes Mal die Gans bezahlen musste. Das ganze Theater, auch die Schauspieler, brachen in schallendes Gelächter aus. So war damals die Atmosphäre in München. Dabei ging es nicht um einen bestimmten Kreis, sondern das war einfach München.

Nach Opernpremieren fanden auch Feste oder Abendessen bei Rudolf Hartmann statt. Er war damals Chef der Oper. Bei den Festln wollte Hartmanns Frau immer sagen: «Erika Köth ist mein Harzer Roller». Diese korrigierte: «Harzer Triller». Es passierten lauter so blöde kleine Geschichten – ein sprudelndes Leben, bei dem dann nicht nur die Musik im Vordergrund stand, sondern auch Temperament und Spaß. Und nach den Aufführungen traf man sich nicht selten in der Maximilianstraße in der Kupferkanne. Das war ein eher kleines Lokal; bei diesen Gelegenheiten konnte ich wieder Astrid Varnay treffen oder Erika Köth, Kieth Engen, Ingeborg Hallstein und viele andere mehr.

Damals waren in München unglaubliche Stimmen zu hören und unglaubliche Dirigenten zu erleben. Man konnte das gleiche Musikstück immer wieder völlig neu wahrnehmen. Das war faszinierend! Carlos Kleiber spielte seinerzeit eine große Rolle, ebenso wie Karl

Böhm für Mozart, aber auch Furtwängler; der ging mir allerdings ein bisschen auf die Nerven, weil er alles so langsam dirigierte – bei ihm dauerten die Werke immer eine halbe Stunde länger. Viele von diesen Leuten lernte ich persönlich kennen, was ich als sehr anregend empfand. Es passierte einfach viel um mich herum, und in meiner Naivität nahm ich an, das sei alles ebenso wunderbar wie normal. Erst viel später wurde mir klar, was für ein Glückspilz ich da war.

Bei größeren kulturellen Anlässen kamen alle. Das war wie ein großer Webteppich voller Bilder. Dazu gehörten dann auch Menschen wie die deutsch-französische Schriftstellerin und Pazifistin Annette Kolb. Sie war eine ganz besondere Figur – eindrucksvoll, wie sie sich auszudrücken verstand! Ich lernte sie in der Aula bei einem Vortrag von Léopold Sédar Senghor kennen. Der Publizist Wilhelm Hausenstein und seine Frau Margot, die ich schon kannte, stellten mich der alten Dame vor, die in der ersten Reihe saß; als wir uns begrüßten, sagte sie zu mir: «Ach, ich freue mich, Sie kennenzulernen, denn Sie müssen wissen: Ich bin Ihnen gut.» Das war Annette Kolb. Daraus entwickelte sich eine enge Freundschaft.

Annette mischte sich immer wieder in die Politik ein und wollte mitbestimmen, welche französischen Botschafter nach Deutschland kamen. Ich erinnere mich an ein Gespräch bei ihr, in dem sie mir sagte: «Da gibt's den Roland de Margerie, der muss nach Deutschland kommen.» Sie schrieb an de Gaulle, doch de Gaulle schickte Roland de Margerie nach Washington; Seydoux kam als Botschafter nach Deutschland. Daraufhin schrieb sie de Gaulle einen saugroben Brief. Sie zeigte ihn mir, und ich sagte ihr: «Das können Sie doch de Gaulle nicht schreiben», aber sie machte es trotzdem. Kurz darauf kam de Gaulle zum Staatsbesuch nach Deutschland und war dann auch in München, wo er seine berühmte Rede an der Feldherrnhalle hielt: Als erster Franzose betonte er darin die alte Verbindung und die Liebe zu Bayern und die bayerisch-französische Freundschaft. Das beeindruckte alle sehr, da wehte ein neuer Wind, und da waren plötzlich wieder Hoffnung und Zukunft zu spüren. Am Abend gab es eine Gala-Oper im Cuvilliés-Theater. De Gaulle und meine

Schriftstellerin, Pazifistin, Exilrückkehrerin. Annette Kolb, undatiert

Eltern lernten sich kennen und wir unterhielten uns. Dann kam Annette Kolb. Ganz klein und dünn trippelte sie herein, ging zu de Gaulle, schaute auf den Boden. Sie streckte nach oben ihre Hand aus und sagte: «Mon General...»; da musste de Gaulle lächeln, weil er genau wusste, warum. Er nahm die Hand und sagte: «Mais Annette...» Da schaute sie zu ihm hinauf und beide lachten. Danach kam tatsächlich für einige Jahre de Margerie nach Bonn.

Als sie ihr letztes Buch schrieb – heute ein ganz kleines Bücherl – schickte Annette Kolb mir ein Exemplar, und ich las es. Darin steht eigentlich alles zwischen den Zeilen, ein ganz dünnes Memento. Ich sagte zu ihr, sie habe ein großes Buch auf wenigen Seiten geschrieben, und sie antwortete, ja, sie habe sich in ihrem Leben nie so abgemüht wie mit diesem Buch. Ich bin ihr oft begegnet und besitze viele Briefe von ihr. Anfang Dezember 1967 wurde sie sehr krank. Sie war 99 oder 100; niemand wusste das genau. Eine Nichte pflegte sie. Ich rief diese Nichte an und fragte: «Wann kann ich kommen und sie besuchen?» Sie sagte: «Ganz egal, manchmal ist sie da, manchmal ist sie nicht da. Tag oder Nacht spielt keine Rolle.» Ich war auf dem Heimweg von einer Abendeinladung und dachte mir: «Ach, ich probier's», und rief an, weil ich gerade in der Nähe war. Die Nichte meinte: «Ja, gut, kommen Sie schnell hinauf, sie ist gerade wieder wach.» Annette Kolb lag im Bett, sie freute sich: «Schön, dass Sie endlich da sind, ich warte schon seit zwei Tagen auf Sie, weil ich etwas für Sie habe.» Sie zog unter der Decke ein kleines Bild heraus: «Das wollte ich Ihnen noch schenken, das hat meine Schwester gemalt.» Es war ein reizendes, ganz kleines Landschaftsbild, ich besitze es heute noch. Wir sprachen ein bisserl. Dann stieg sie aus dem Bett, ging an den Flügel und spielte, wie immer, wunderbar Mozart. Ganz klar. Ein paar Takte. Doch sie wurde müde, wir packten sie wieder ins Bett, und ich fuhr weg. In dieser Nacht starb sie.

Ähnlich wie Annette Kolb wurde auch Margot Hausenstein nach dem Tod ihres Mannes zu einer wichtigen Figur in München. Sie stammte aus einer belgischen jüdischen Familie, von der viele Mitglieder die NS-Zeit, wenn ich mich recht erinnere, nicht überlebten. Sie selbst überstand diese schlimmen Tage in Tutzing am Starnberger See, da ihr nach NS-Terminologie «arischer» Mann trotz aller Anfeindungen treu zu ihr stand. Nach dem Krieg wurde Wilhelm Hausenstein Generalkonsul und dann der erste deutsche Botschafter in Paris. Die Umstände seinerzeit waren erbärmlich, es gab kein Botschaftsgebäude und nur eine kleine bescheidene Wohnung. Vor allem aber war das politische Klima eisig. Ständig gab es kleine und auch ganz große Bosheiten von Seiten der obersten Politik unter de Gaulle, wenn auch nicht von ihm selbst. Margot Hausenstein stand das alles für Deutschland durch und verwies einmal einen französischen Minister ihres Hauses mit den Worten: «Monsieur, Sie werden an meinem Tisch so etwas über mein Land nicht sagen.» Trotz ihres Schicksals, trotz des Schicksals ihrer Familie kannte ihre Loyalität keine Grenzen. Als die Hausensteins Paris verließen, hatten sie viele Freunde gewonnen und den Boden für die deutsch-französische Freundschaft geebnet. Bei ihrer Trauung war Rainer Maria Rilke ihr

Trauzeuge. Er musste ihr immer die neuesten Ausgaben von Marcel Proust schicken. Sie zeigte mir eine Karte, die er einem Band beigefügt hatte: «Meine liebe Margot, ist dieser Teller nicht etwas zu voll für Sie?» Ihre letzten Jahre verbrachte sie bei ihrer Tochter in Florida, und mein Lebensgefährte Thomas Greinwald und ich besuchten sie jedes Jahr. Sie starb im Alter von 107 Jahren, aber als wir uns im Jahr zuvor von ihr verabschiedeten, reiste sie auch ab – zum Schnorcheln an der Küste! Sie war zeitlebens eine ausgezeichnete Schwimmerin.

«Ein wesentlicher Antrieb war meine Neugier» – von Salzburg nach Donaueschingen und zur neuen Musik

Auch an die Anfänge der Salzburger Festspiele kann ich mich noch erinnern! Zunächst fanden sie noch ganz einfach im kleinsten Kreis statt. Man saß in Salzburg im Biergarten und schaute, ob es irgendetwas zu Essen gibt. Das war ja noch die schlechte Zeit. Da saß dann Maria Reining dabei und Helena Braun und noch manch andere. Wir aßen miteinander, und dann gingen die Künstlerinnen eine halbe Stunde früher zum Umziehen, während wir bei offenem Himmel eine Stunde später in die Felsenreitschule einzogen. Wenn es regnete, lief man davon. Eine der beherrschenden Persönlichkeiten in Salzburg wurde dann Herbert von Karajan. Wir erlebten wunderbare Aufführungen, auch im Salzburger Mozarteum, und diese prägten mein Empfinden von Mozarts Musik.

Ich fand ganz andere Zugänge zur Musik als mein Vater, der einen sehr traditionellen Musikgeschmack hatte. Für ihn war ein Richard Strauss schon an der Grenze; eigentlich hörte die Musik für ihn mit Schubert auf. Allerdings kannte er Richard Strauss persönlich und besuchte ihn oft in Garmisch.

Meinen Zugang zur Musik musste ich mir also selbst bahnen, und so ging ich bald eigene Wege. Das war mein Ausbrechen und Entdecken. Mein Vater lehnte beispielsweise Wagner schlichtweg ab – und rein aus Widerspruchsgeist entdeckte ich ihn dann für mich. Ein wesentlicher Antrieb war meine Neugier. Damals waren viele Leute neugierig und begierig, alles zu hören, was entstand, und das irgendwie zu verarbeiten. Das riss mich damals wirklich mit. In München gab es die Musica Viva, diese Konzerte hörte ich gern. Und wenn ich zu Gast bei meinen Onkel Prinz Ludwig von Hessen in Schloss Wolfgarten bei Darmstadt war, so kamen auch oft Benjamin Britten und Peter Pears, der wunderbare Tenor. Britten komponierte dort vieles und probte mit Peter Pears, was er geschrieben hatte. Gelegentlich kam Benjamin Britten auch nach München, wenn seine Opern hier aufgeführt wurden.

Und dann Donaueschingen! Während der beiden Jahre, die ich in der Schweiz studierte, aber auch danach war ich immer wieder bei den «Donaueschinger Musiktagen für zeitgenössische Tonkunst». In meiner Familie gab es niemanden, den das interessiert hätte, doch für mich wurde Donaueschingen sehr wichtig. Es waren alles Uraufführungen von bestellten Werken, und man verstand nichts davon. Es waren Geräusche jeder Art, und manchmal erkannte man Formen, die faszinierend waren oder die sogar im Gedächtnis blieben. Ich war ganz sicher nicht der große Kenner, der wusste, welche Musik gut ist. Aber ein bisserl Instinkt spielte mit. So half mir Donaueschingen, Zugänge zu zeitgenössischer Musik zu finden. Jahre später traf ich mich mit einigen Leuten, die auch immer dort gewesen waren, und wir überlegten: «An was erinnern wir uns?» Wir hatten alle die gleichen Erinnerungen, und ich konnte beschreiben, dass es ein Klavierkonzert für zwei Klaviere gewesen war, jedes Klavier hatte zwölf Kapitel, die der Pianist nach seiner Wahl spielen konnte. Man musste nicht immer das Gleiche spielen, und doch stimmte es immer. Sehr kompliziert, aber faszinierend. Und dann gab es ein Stück für ein großes Orchester, in dem sich die Töne von rechts nach links im Orchester bewegten. Und noch eines mit sehr vielen Streichern, die fächerartige Formen spielten. Wir beschrieben alle das Gleiche, schauten dann in den Programmen nach: Der

Komponist war Penderecki. Auch erinnere ich mich an ein Essen nach diesem Konzert. In Donaueschingen saßen immer alle beieinander, und wir stritten uns furchtbar über Musik. Ich weiß noch, wie der damals ganz junge Penderecki böse sagte: «Wenn ich nur den Namen Richard Strauss höre, kommt mir schon der Kaffee hoch.» Das beschreibt ein bisschen, wie das war.

An vorderster Stelle stand für mich in Donaueschingen die Figur von Pierre Boulez, der als Dirigent zusammen mit Heinrich Strobel die Musiktage prägte. Heinrich Strobel war Leiter der Musikabteilung des Südwestfunks Baden-Baden und seit 1949 Direktor der Musiktage – ein unglaublicher Mann. Ich erlebte, wie er die Manuskripte der jungen Musiker bekam, die Auftragswerke geschrieben hatten. Das waren keine Noten, das waren Zeichnungen. Er nahm so etwas, blätterte es durch und sagte: «Das ist gut, das wird aufgeführt. Das taugt nichts, das lassen wir.» Der konnte diese Aufzeichnungen lesen und innerlich hören, was daraus wird, und er hatte immer Recht. Es faszinierte mich, ihm zuzuschauen, wenn er im Café mit uns am Tisch saß und seine Manuskripte durchblätterte. Ich habe dort viel gelernt, und wenn ich heute komplizierte zeitgenössische Werke höre oder auch einen *Lear* von Aribert Reimann, so ist das für mich sehr viel zugänglicher und hörbarer als für manche junge Leute heute, die keine solchen Erinnerungen haben.

Dabei waren diese Musiktage auch immer mit einer großen Gaudi verbunden: Ich wohnte bei den Fürstenbergs, die das Ganze mitfinanzierten, in Schloss Donaueschingen. Gerade Fürst Joki von Fürstenberg, der Hausherr, verstand am Ende von Musik viel mehr als manche meinten, die glaubten, er spendiere nur den Alkohol. Allerdings gab es tatsächlich viel zu Trinken. Aber es waren auch sehr interessante Leute da, zum Beispiel Altgraf Christian Salm, damals Direktor der großen Fürstenbergischen Sammlungen in Donaueschingen, oder Christian Wolters, der Direktor des Dörner-Instituts an der Pinakothek in München. Auch das junge Ehepaar Everding lernte ich dort kennen. Die Künstler gingen bei den Fürstenbergs im Haus aus und ein, da gab es eine Art Gulaschküche, wo man aß.

In Donaueschingen waren höchst unkonventionelle Leute, viele noch sehr jung, manche auch sehr schrill. Ich kam ja aus einer ganz anderen Welt. Da war ein junger Skandinavier, der hieß, glaube ich, Bo Nilsson. Er sollte ein Musikstück schreiben, schrieb aber eines nur für Schlagzeuge. Strobel regte sich darüber auf. Im nächsten Jahr wollte er wieder ein Stück schreiben, da sagte Strobel – ich war dabei: «Du kriegst nächstes Jahr noch einen Auftrag, aber es darf kein einziges Schlagzeug vorkommen im Stück.» Und dann brachte er eines nur mit Streichern, aber es klang so, als ob es nur Schlagzeuge wären. Zunächst war Strobel wütend, musste dann aber selber lachen. Im Rückblick war die zeitgenössische Musik in diesen Jahren für mich sehr wichtig und sehr aufregend – und sie hat mein musikalisches Erleben geprägt.

«Hock di unter die Bar, dass man di net sieht»: Jazz in München

Doch ich erlebte Mitte der 1950er Jahre auch noch ganz andere Musik. Ich sprach mit einem Taxifahrer darüber, dass ich Jazz mag und gut finde. Er sagte: «Wenn Sie sich trauen, da gibt es schon einen Platz, wo man guten Jazz hören kann.» Dann fuhr er mich in eine Spelunke, das Tabarin am Isartorplatz. Da gingen wir hinein, aber vorsichtig. Hinter der Bar standen eine ziemlich vierschrötige weiße Frau und ein riesiger Schwarzer, der sehr bayerisch sprach. Der Taxifahrer sagte: «Der möchte gern Jazz hören.» Der Barkeeper (oder Inhaber) schaute mich an und sagte: «Geh eini, hock di unter die Bar, dass man di net sieht.» Ich ging hinein, es waren nur GIs drinnen und fast nur Farbige. Es stank in der Bar, und alles war verraucht. Außerdem gab es dort nicht wenige junge, sehr geschminkte Münchner Damen, und die GIs saßen mit ihnen da, verschwanden dann mit einer und kamen nach einer Weile wieder. Die ganze Zeit wurde wirklich guter Jazz gespielt.

Als ich wieder einmal im Tabarin saß, da ging die Türe auf – und

Guter Jazz mit amerikanischen GIs. Das Tabarin am Isartorplatz,
München 1962, Foto Al Herb

Ella Fitzgerald kam herein. Sie hatte ein Konzert in München gegeben. Nun aß sie dort und alle drängten: «Ella sing, Ella sing!» Dann stand sie auf und sagte nur: «I hope the spaghetti will stay down», ging auf die Bühne hinauf und sang zwei Stunden lang. In diese Kneipe kamen viele der großen Stars, die im Kongresssaal des Deutschen Museums auftraten, und ich saß relativ oft unter dem Bartisch. Manchmal gab es auch fürchterliche Schlägereien, aber da unten war ich gut geschützt.

In der Familie hatte kein Mensch eine Ahnung, dass es so eine Kneipe gibt oder dass ich da hinging. Mit solchen Ausflügen löste ich mich etwas aus dem Traditionsrahmen, in dem ich groß geworden bin, meine Pflichten hatte und meine Aufgaben erfüllte. Ich wollte aber Neues entdecken, war neugierig. Ich überlegte zwar schon jeweils, ob das in den gewohnten Rahmen passt oder ob ich zu Hause lieber nichts davon erzähle. Musik und Kunst ermöglichten es mir, mich in Bereiche vorzuwagen, die ich von zuhause aus nicht mitbekommen hatte.

Das Lebensgefühl des Rock and Roll erfasste mich nicht mehr in gleicher Weise wie der Jazz, aber es wurde ja immer viel unterschiedliche Musik geboten. So war ich einmal mit einem alten Herrn 1960 im Konzert von Marlene Dietrich im Deutschen Theater. Er sagte: «Gehen wir doch in die Garderobe und sagen ihr Grüß Gott!» Er ging voraus, und ich tappte hinterdrein. Als wir in die Garderobe kamen, rief Marlene Dietrich: «Robert!» und fiel ihm um den Hals. Er war eines ihrer ersten Verhältnisse, als sie noch ein Chorgirl in Berlin war. Sie war charmant, aber gar nicht unverbindlich charmant, sondern mit sehr viel Rückgrat. Sie hat sich nichts vergeben, und man hätte sich in ihrer Gegenwart nicht schlecht benehmen können. Das spürte man sofort, und das war beeindruckend. Aber trotzdem fiel sie eben dem Robert um den Hals; das war ihr Stil. Sie erhielt für ihren Auftritt größte Ovationen, vierzig Minuten lang, und wurde immer wieder auf die Bühne gerufen.

Ein anderes unvergessliches Erlebnis war später dann das Musical *Hair*. Das passte damals irgendwie genau in unsere Stimmung. Das Bühnenbild war ein riesiges, auf drei Tafeln fantastisch gemaltes Motorrad. Als die zumachten, rief mich Michael Petzet, damals noch zweiter Direktor im Zentralinstitut für Kunstgeschichte an und fragte: «Was passiert mit dem Motorrad?» Wir fuhren hin und leider war eine Tafel schon übermalt, die anderen beiden zogen wir an Land. Die müssen noch irgendwo in einer Scheune von Michael Petzet liegen. Es kann sein, dass sie von Uwe Lausen gemalt wurden, der ja ein sehr guter Künstler war. Aber leider ist das vordere Rad verloren.

IV.

Der eigene Weg zur Modernen Kunst

Begegnungen mit Kubin

Als mein Vater nach dem Tod meines Großvaters 1955 Familienchef wurde, bekam ich eine kleine eigene finanzielle Basis und nahm mein Studium auf. Es war eine lustige Zeit, auch gesellschaftlich, es gab die ersten großen Bälle. Ich erinnere mich auch daran, dass mich damals bereits die Zeichnungen Alfred Kubins faszinierten; damals konnte man sie noch im Paket kaufen. Weder mein Vater noch der Großvater wussten mit dieser Kunst etwas anzufangen. Meine Familie ging gern auf die Jagd, und mein Vater mochte klassische Bilder. Er hängte sich weiß Gott keinen Kitsch auf und betrachtete seine Bilder mit großer Liebe, manchmal schmunzelte er über eine dargestellte Szene. Aber das war keine Auseinandersetzung mit Kunst, wie sie damals für mich begann.

Den Anfang setzte eine Begegnung mit meinen Onkel Graf Karl-Theodor Toerring auf der Straße. Er sagte zu mir: «Ich komme gerade von einer Galerie in der Stuck-Villa, Günther Franke heißt die, da hängen Blätter von einem Zeichner, der heißt Alfred Kubin und der zeichnet wie Rembrandt.» Ich ging hin, und da hingen diese Zeichnungen. Sie waren wunderbar, und da ich damals ja schon über ein bisschen Geld verfügte und mir diese Zeichnungen gefielen, ja, mich beschäftigten, suchte ich mir eine aus. Von diesem Zeitpunkt an war die Entscheidung für eine Zeichnung oder für ein Bild dann wirklich meine Entscheidung. Diese erste Zeichnung, die ich kaufte, hieß *Die Sumpfhexe* – ein tolles Blatt, das jetzt dem Wittelsbacher Ausgleichsfonds gehört und Teil der Graphischen Sammlung ist. Damals begann ich, die zeitgenössische Kunst für mich zu entdecken. Das waren wunderbare Zeiten.

Ich kaufte viele Zeichnungen von Kubin – zu viele; zwar gab ich immer mal wieder welche ab, doch am Ende kam eine wirklich schöne Sammlung heraus. Während seiner letzten Jahre wusste auch Kubin davon und schickte seinem Händler Otto Wilhelm Gauss hier in München immer wieder Blätter für mich. Ein berühmtes Blatt heißt *Der Gärtner* – eine wirklich ganz wunderbare frühe Arbeit; die erhielt Gauss mit einem Begleitzettel für mich. Ich erwarb sie und entdeckte später, dass Kubin damals auch für sich eine Kopie gemacht hatte, als Federzeichnung, meines war eine Gouache. Es war mir möglich, diese Federzeichnung ebenfalls zu erwerben. Doch auch wenn es immer eine Verbindung zu Kubin gab, lernte ich den Künstler doch nie persönlich kennen.

Als ich einmal im August 1959 von Berchtesgaden nach Hause unterwegs war, dachte ich mir: «Jetzt mache ich einen Schlenker und besuche Kubin.» Ich fuhr nach Linz und dann nach Braunau. Da es schon spät war, dachte ich: «Heut Abend nimmer» und übernachtete in irgendeinem Wirtshaus. In der Früh rief ich seinen geistlichen Berater, den Pfarrer Alois Samhaber, an. Er war mit Kubin eng befreundet und dann auch sein Testamentsvollstrecker. Ich sagte: «Jetzt bin ich da, und glauben Sie, könnte ich den Alfred Kubin besuchen?» Und was sagte er? «Nein, es geht leider nicht mehr, Kubin ist heute Nacht gestorben.»

So fuhr ich nach Zwickledt hinauf, in dieses kleine Schlössl. Da gab es einen kleinen Zwischenraum, dann eine große Tür in seine Bibliothek und auf der anderen Seite eine große Tür in sein Atelier. Pfarrer Samhaber als Testamentsvollstrecker sagte mir: «Kommen Sie mit, jetzt schauen wir mal da hinein. Da war noch niemand drin.» Wir gingen hinein, sperrten die Tür von innen zu und sahen alle Schubladen durch. Ich glaube, da lagen etwa 4000 Zeichnungen von ihm, aber auch Werke von vielen anderen Künstlern; seine

Zeitgenossen schickten ihm immer Sachen zur Ansicht. Er war der, der am meisten Geld hatte – oder zumindest ein bisschen Geld, so dass er auch immer wieder Blätter anderer erwarb. Klee schickte Kubin jeweils zehn, zwölf, fünfzehn Blätter zur Ansicht; manche behielt Kubin und fertigte sich Listen an. Einmal hatte er wahrscheinlich kein Geld, da pauste er eine Zeichnung von Klee einfach ab. Dieses Blatt besitze ich ebenfalls, während die Zeichnung von Klee in Bern liegt. Alle diese Sachen befanden sich im Atelier.

In der Bibliothek hatte unterdessen seine Haushälterin Cilli mit zwei anderen Frauen Kubin aufgebahrt. Wir hörten immer wieder Stimmen und erkannten auch manche aus dem gehobenen Kunsthandel. Cilli, die sehr schlau war, sagte immer: «Ja, Sie können gern reinkommen und ihn anschauen», und ging dann weg. Alle probierten, die Tür zum Atelier aufzumachen, nicht ahnend, dass wir da drinnen saßen. Doch die Türe war versperrt. Später ging ich auch in die Bibliothek und sah den aufgebahrten Kubin. Ich hatte einmal eine Gouache von ihm erworben, *Der tote Kardinal*. Diese erschien mir fast wie eine Fotografie Kubins auf dem Totenbett. Alles ganz Kubin-gerecht.

«Das war für mich ein großes Entdecken»

Nach Kubin faszinierten mich die deutschen Künstler der Moderne, die nach der Nazizeit noch am Leben waren. Unter ihnen waren für mich Fritz Winter, Theodor Werner und Ernst Wilhelm Nay eigentlich die wichtigsten. Wenn es von ihnen neue Aquarelle gab, kosteten sie 80 oder 100 Mark, das konnte ich mir leisten. Der Kunsthändler Günther Franke, der diese Künstler vertrat, hatte wunderbare Sachen. Bei ihm lehnten zudem die ganz großen Montaru-Bilder von Willi Baumeister an der Wand. Das war für mich noch außerhalb meiner Welt.

Franke machte eine Kirchner-Ausstellung nach der anderen mit Meisterwerken, ebenso herrliche Beckmann-Ausstellungen. Deren

Werke bekam ich dort alle zu sehen – für mich ein einziges großes Entdecken. Dann eröffnete mit Otto Stangl ein zweiter Galerist. Damals stellten in München gleichzeitig zwei Franzosen aus: Bei Günther Franke war Pierre Soulages und bei Otto Stangl Serge Poliakoff zu sehen. Aus beiden Ausstellungen konnte ich Bilder erwerben. Ich stotterte sie ab; das war damals der allgemein übliche Bezahlmodus. Auch Otto van de Loo hatte eine Galerie in der Maximilianstraße mit Künstlern, zu denen ich anfangs jedoch noch wenig Zugang fand.

Eine Begegnung war in jener Zeit besonders interessant für mich. In München wohnte eine alte Dame aus Dresden, Ida Bienert. Sie erzählte mir, dass sie bei ihrer Hochzeit ihr Haus in Dresden so schön ausstatten wollte wie möglich, und zwar mit zeitgenössischer Kunst. Es war ihr tatsächlich gelungen, ihre bedeutende Sammlung fast unbeschadet über den Krieg zu retten und auch noch bei ihrer Übersiedelung nach München mitzunehmen. Hier hatte sie eine kleine Wohnung, und über dem Canapé hing *Die träumerische Improvisation* von Kandinsky, die sich jetzt in der Pinakothek befindet. Im Schlafzimmer über das Bett hatte sie den großen Klee *Das Licht und Etliches* hängen, nebendran einen gelben Chagall, dann einen frühkubistischen Picasso; an der anderen Wand fand sich der große Schlemmer, der jetzt ebenfalls in der Pinakothek hängt. Die ganze Wohnung hing voll. Das machte einen tiefen Eindruck auf mich: Man begegnete dieser Modernen Kunst in den Museen, manchmal bei Händlern, aber am meisten in privaten Sammlungen. So war das damals wirklich eine andere Situation als heute. Ida Bienert traf ich dann – in Stiefeln im Rollstuhl und eine Zigarre rauchend – in der Soulages-Ausstellung bei Günther Franke wieder. Sie war eine sehr standfeste alte Dame und sagte immer: «Herrlich, herrlich, herrlich!» Und dann kaufte sie ein Bild von Soulages!

Damals nach dem Krieg gab es in München nur wenige Sammler. Der Kunsthändler Otto Stangl hatte jedoch eine wunderbare Sammlung zuhause hängen. Die Familie Ibach, aus der Frau Stangl stammte, hatte Klaviere gebaut und Klee einen Flügel gegeben. Er schickte daher den Ibachs immer zu Weihnachten eine Mappe, aus der sich die spätere Frau Stangl und ihr Bruder ein Blatt aussuchen konnten. Ich selbst sammelte schon damals nicht konsequent – ich war einfach gierig und hängte mir die Wände voll mit Werken, die für mich erschwinglich waren.

1963 eröffneten Heiner Friedrich und Franz Dahlem ihre Galerie in München. Sie besuchten mich 1962 in meiner Wohnung, gerade als ich zu meinem ersten Besuch nach New York aufbrach. Sie bezeichneten alles, was ich an der Wand hatte, als Unsinn: Das waren Serge Poliakoff, Pierre Soulages und Nay. Und sie sagten: «Es gibt noch einen, der ist sehr viel wichtiger. Der heißt Joseph Beuys.» Sie hatten ein kleines Kofferl dabei, mit einem dicken Pack Zeichnungen, von denen ich dann ein paar erwarb. Das war meine erste Berührung mit der jüngeren deutschen Kunst. Nun besaß ich also diese Zeichnungen – und konnte am Anfang gar nicht so viel damit anfangen. Aber es sind großartige Werke, und nach und nach bekam ich auch einen besseren Blick für deren Qualität. So eine Entwicklung braucht eben ihre Zeit.

«Das wunderbare New York» – der große Aufbruch 1962

In New York war ich erstmals 1962, im Jahr nach der zweiten *documenta*. Da hatte ich die Werke zeitgenössischer amerikanischer Künstler zum ersten Mal gesehen; es hingen dort Jackson Pollock, Willem de Kooning und andere. Das war etwas völlig Neues und überwältigte uns alle. Ich hatte das Gefühl, ich muss hinüberfahren und schauen, was da passiert. Für diese Reise verkaufte ich meine schöne Briefmarkensammlung und fuhr los. Mein gesellschaftlicher Anfang in New York war erstaunlich. Ich hatte zwei Empfehlungsbriefe dabei: einen von Theodor Müller – damals Generaldirektor des Nationalmuseums und Vater aller großen Museumsdirektoren Bayerns – an seinen Kollegen James Rorimer im Metropolitan Museum. Und einen zweiten Brief (ich weiß gar nicht mehr, von wem) an René d'Harnoncourt, dessen Mutter eine geborene Gräfin Meran war. Er zählte für mich daher zur weitläufigen Verwandtschaft und war Direktor des Museum of Modern Art in New York. Von beiden hatte ich keine Ahnung, schickte ihnen aber diese Briefe und hinterließ, wo ich zu erreichen sei. Zuerst rief mich Rorimer an. Er war sehr nett und wir verstanden uns gut. Er stellte mich dem Ehepaar Charles und Jayne Wrightsman vor, die mich zum Essen einluden. Ihre ganze Wohnung stand voll mit atemberaubenden Möbeln, die meisten aus dem Besitz der Königin Marie Antoinette. An einer Wand hing Georges de la Tour, an einer anderen Tiepolos Entwurf für das Fresko im Treppenhaus in Würzburg. Dann rief mich René d'Harnoncourt an. Er sagte: «Gut, komm ins Büro.» Er war ein sehr großer, schwerer Mann, «the gentle giant». Da sah ich schon, was in dem Museum an der Wand hängt. Es war aufregend. Bei ihm im Büro saßen ein paar ältere Damen, denen er mich vorstellte. Die waren sehr freundlich und luden mich auch ihrerseits zum Essen ein: Florene Schoenborn, Louise Smith, Gertrud Mellon, Eliza Bliss Parkinson und Blanchette Rockefeller. Ich begriff erst allmählich, mit wem ich da Bekanntschaft geschlossen hatte. Außerdem gab es dort einen jüngeren Kurator namens Bill Lieberman. Der war lustig, und ich unterhielt mich sehr gut mit ihm; er war im MoMA Direktor der Abteilung für Zeichnungen. Lieberman stellte mich seinerseits dem Gründungsdirektor des MoMA, Alfred Barr, vor. Bald traf ich wieder andere junge Leute, die mich auf ihre Cocktailpartys einluden. Man kugelte so weiter, und erst viel später erfuhr ich, dass alle glaubten, ich wolle Schätze des WAF verkaufen! Ich fand dort auch bald sehr viele jüdische Freunde – Freundschaften, die bis heute Bestand haben –, von denen ich in jeder Hinsicht sehr viel lernte. Und es war bewegend, dass mir als Deutschem nie, nie irgendein Ressentiment entgegengebracht wurde.

Unter den Menschen, die ich damals kennenlernte, waren auch ehemals bayerische Juden. So lud mich zum Beispiel der alte Robert Lehman, Teilhaber von Lehmann Brothers, zum Mittagessen ein.

Ich marschierte in aller Unschuld hin; er war liebenswürdig und gescheit, und es hingen wunderbare Werke von Botticelli bis Rubens an der Wand. Wir aßen nur zu zweit Mittag. Ich fragte ihn: «Es ist so nett, dass Sie mich zum Essen einladen. Warum tun Sie das?» Er darauf: «Wir kommen alle aus der Gegend von Fürth, und Ihre Familie war eigentlich die Einzige, die mit uns immer anständig umgegangen ist.» Nachher sagte ich zu Freunden: «Ich war bei Robert Lehman zum Essen.» Das wollte mir keiner glauben, von all denen war noch nie einer je in der Wohnung von Robert Lehman gewesen. Da wurde mir klar, wie lang deren Gedächtnis ist und dass Geschichte bis heute Folgen hat. Später lernte ich auch den alten Mr. Loeb und dessen Sohn John Loeb kennen, mit dem ich noch heute in gutem Kontakt stehe; er war auch immer wieder einmal hier und besuchte dann den Heimatort der Lehmans. Der Großvater von John Loeb hatte der Glyptothek in München seine außerordentlich kostbare Sammlung von Antiken vermacht. Diese Verbindungen spannten sich immer weiter, doch der Ursprung und der Grund für all diese ganzen Freundschaften war, außer bei Lehman, immer die Freude an der Kunst. Mein Name spielte in Amerika keine besonders große Rolle; in vielen Fällen wussten die anderen gar nicht, wie ich heiße.

In New York gab es auch sehr große Sammlungen wie die von Robert Scull und Ben Heller. Bei Ben Heller war ich eingeladen. Er wohnte in einem großen Loft, und das Esszimmer hatte er durch die Zusammenstellung von vier großen Pollock-Bildern abgegrenzt, wie es die Japaner mit Paravents machen. Dort aßen wir. Für mich waren Dollars damals unerreichbar, und so konnte ich mir auch nichts kaufen. Aber es war überwältigend, diese Bilder so in alltäglichem Gebrauch zu sehen. Sie spiegelten ein Lebensgefühl. Das gilt auch für die großen Formate – für Barnett Newman vor allem. Und für den Gedanken: «Space is ours.» Für die Amerikaner war alle frühere Kunst – die alte, europäische – zu brav, zu klein; die große Weite der amerikanischen Landschaft kam da nicht vor. Bei den Abstrakten Expressionisten tauchte das plötzlich auf. Diese Großzügigkeit, die großen Formate, die nicht großspurig waren, sondern einfach die Weite des Raums zeigten, das war für die Amerikaner ein echtes eigenes Erlebnis.

Ich überlegte, welchen der großen Künstler ich noch kennen lernen könnte. Pollock war schon tot, Barnett Newman ebenfalls. Ich dachte mir: Rothko wäre doch interessant! So schaute ich im Telefonbuch nach. Da stand er. Ich rief ihn an, nannte ihm meinen Namen und sagte: «Ich komme aus Deutschland, habe Ihre Bilder in Kassel gesehen, und die haben mir so gut gefallen. Kann ich Sie besuchen?» Er darauf: «Ja, kommen Sie heute Nachmittag vorbei.» Ich nahm ein Taxi und war den ganzen Nachmittag bei ihm. Wir zogen 30, 40 Bilder aus Regalen und stellten alles voll – er war unglaublich nett. Er wusste genau, dass ich gar nicht daran denken konnte, irgendetwas zu erwerben, aber es machte ihm Spaß, dass da einer kommt und seine Arbeiten sehen möchte. Dann sagte er mir, er muss jetzt weg, weil er zum Abendessen bei einer Freundin eingeladen ist. Ob ich nicht Lust hätte mitzugehen, und ich nahm gerne an. Gastgeberin war eine alte Dame, und ich fand heraus: Es war die Witwe von Barnett Newman. Zwei junge Männer und zwei alte jüdische Damen saßen mit am Tisch. Die Damen gerieten in einen erbitterten Streit. Wir verfolgten das mit großem Vergnügen, und die zwei anderen Jungen stachen, wenn der Streit abflaute, immer wieder hinein, damit es weiterging. Als wir aufbrachen, meinten die beiden: Sie gehen jetzt noch in eine Bar, und ob ich noch auf einen Drink mitkommen möchte. Die Bar hieß Peppermint Lounge; sie war voll mit jungen Künstlern, die sich alle kannten. Um drei Uhr in der Früh wollte ich heimgehen und fragte die beiden: «Wo kann ich denn Eure Sachen sehen? Wie heißt Ihr eigentlich?» Der eine hieß Jasper Johns, der andere Robert Rauschenberg. Sie nannten mir die Galerie von Leo Castelli, der gerade eine großartige Ausstellung von Jasper Johns zeigte. Da gab es ein großes Bild, eine amerikanische Flagge, das 8000 Dollar kostete. Ich rief noch meine Bank in München an, ob sie mir das Geld geben würde, doch die lehnten freundlich ab. Das Bild hängt jetzt im MoMA. Rauschenberg ist schon gestorben, aber Jasper Johns lebt noch. Ich traf beide oft, und als ich Jasper vor vielleicht zehn Jahren bei einer Ausstellung wiedersah, sagte er: «Das Einzige, was ich eigentlich immer bedauert habe: dass Sie mich nie gesammelt haben.» Ich darauf: «Das konnte ich mir nie leisten.» Denn als er 8000 Dollar kostete, hatte ich diese 8000 nicht, als ich die 8000 Dollar gehabt hätte, kostete er 50 000, und als ich die 50 000 gehabt hätte, stand er bei 500 000. Er war mir immer voraus. Am Ende stimmten wir überein, dass es eigentlich viel wichtiger und interessanter war, beteiligt zu sein, zu erleben, was da geschieht, als ein oder zwei Bilder von ihm an der Wand zu haben. Das war für mich das Fazit.

Dieses wunderbare New York war gesellschaftlich völlig offen, die Künstler waren alle erreichbar. Man unterhielt sich sehr gut, aber immer auf einer intellektuellen Höhe und mit einer Intelligenz, die auch weniger Intelligente tolerierte. Sonst hätte ich da nicht überleben können.

Das Museum of Modern Art und der International Council

Damals war ich etwa 30 Jahre alt. Das war der Anfang. Meine Beziehung zu New York wurde immer intensiver. Ich hatte viele Freunde dort und eine enge Verbindung zum Museum of Modern Art. Eine Gruppe des MoMA hat einmal München besucht. Da waren meine alten Freundinnen dabei und auch die jüngeren. Das nannte sich International Council und war ein internationaler Beirat des Museums. Ich vermittelte, dass sie ihre Sitzung in Schleißheim abhalten konnten. Danach gab es ein Essen in der dortigen Wirtschaft, und da nahmen mich dann zwei von den Damen in die Zange und brachten mich dazu, Mitglied des Council zu werden. Ich war bereits eines von wohl 17 000 Mitgliedern des Museums selber. Als ich zusagte, wusste ich nicht, worauf ich mich einließ. Es wurde immer intensiver und immer interessanter, und dann wählten sie mich in New York zum Vorsitzenden. Ich merkte, dass das Aufsehen erregte. In der deutschen Botschaft in Washington arbeitete eine sehr gescheite Frau namens Heidi Russell als Kulturattaché, mit der ich befreundet war. Ich fragte sie: «Warum regt Ihr Euch so auf?» Sie antwortete, die Tatsache, dass in dem Museum of Modern Art, in dem viele Juden ihre intellektuelle Heimstatt gefunden haben, ein Deutscher Vorsitzender des International Council werden kann, wäre bis dato unvorstellbar gewesen. Das MoMA war ja auch Bezugspunkt für Künstler und Kunsthistoriker, darunter sehr viele Juden, die aus Deutschland geflohen waren. Da wurde offenbar etwas durchbrochen. Seitdem gab es im Council immer deutsche Mitglieder. Gabriele Henkel gehörte dazu und ebenso Eleonore Stoffel, deren Sammlung jetzt in München in der Pinakothek der Moderne hängt. Die Oetkers waren Mitglieder, ebenso Peter Ludwig und jetzt Markus Michalke. 16 Jahre lang war ich Vorsitzender des Council.

Alfred Barr, der legendäre Gründungsdirektor des MoMA, hatte einen unbestechlich guten Blick für Kunst und eine unfehlbare Fähigkeit, auch ganz neue Wege der Kunst zu erkennen, sie zu analysieren und sie einzuordnen. Seine Frau Marga, eine Jüdin, war sehr klug, sehr verständig und sehr offen. Ich war häufig bei ihnen zu Gast; da erwachte in ihr so eine Sehnsucht nach München. Sie nannte mir noch die Konditoreien, in denen sie als Kind Schokoladencreme bekommen hatte. Solche Dinge passierten öfter, aber sie war eigentlich die Einzige, die auch offen darüber redete, was für nach Amerika gegangene Juden an Deutschland unerträglich ist und bleibt. In New York lernte ich überdies einige der aus München vertriebenen Kunsthändler kennen. Auch daraus entstanden gute Freundschaften. So war ich zum Beispiel stets bei Rudolf Heinemann zum Essen, wenn ich New York besuchte. Wichtige Freunde in New York waren auch Stephen Kellen und seine Frau, die aus Berlin stammten und sehr viel für den kulturellen Austausch zwischen den USA und Deutschland taten.

Vor etwa 15 Jahren wollte ich etwas Geld für ein Krankenhaus in

Bukarest sammeln und gründete aus steuerlichen Gründen eine kleine Foundation in New York. Ich fragte meinen Freund Ronald Lauder, ob er mir dabei helfen könne. Er gab mir zwar kein Geld, vermittelte mir aber einen Juristen, der alles richtete. Nach einem halben Jahr hatte ich das Geld beisammen und konnte die Foundation wieder auflösen. Der Anwalt stellte sich als der berühmte Schriftsteller Louis Begley heraus; er und seine Frau wurden zu guten Freunden. Er war einmal hier in Nymphenburg zum Essen, da lachte er und sagte, es sei eigentlich merkwürdig: Als er aus Polen nach New York gekommen sei, auf der Flucht vor den Deutschen, habe er sich geschworen, er werde nie wieder einem Deutschen die Hand geben. «Und jetzt sitze ich hier bei Ihnen beim Essen.» Begley schrieb das fabelhafte Buch *Wartime Lies, Lügen in Zeiten des Krieges*. Er war dann Pen-Club-Präsident in Amerika. Auch mit Louis Begley konnte man offene Gespräche führen. Es gab keine Tabus, aber es waren vielleicht andere Dinge in dem Moment gerade wichtiger oder interessanter. Dahinter lagen jedoch tiefe Verletzungen aus der Zeit vor der Emigration aus Polen.

Ich verstand erst langsam, wie großzügig und wie verzeihend diese jüdischen Freunde sich zeigten, indem sie mich, den Deutschen, akzeptierten. Mir war schon klar, warum es eine Ablehnung den Deutschen gegenüber gab, ich hatte die Gründe ja ganz unmittelbar selbst erfahren. Die meisten wussten aber, glaube ich, nichts von meiner Vergangenheit. In den 1950er Jahren waren wir einmal mit meinen Schwestern in Paris. Wenn da Passanten hörten, dass wir Deutsch sprachen, drehten sie sich zum Schaufenster, bis wir vorbei waren. So war das damals noch. Einmal weigerte sich ein Kellner, uns zu bedienen, als er hörte, dass wir Deutsch sprachen. Da war die Erinnerung an deutsche Verbrechen noch sehr präsent. Und nicht anders war es auch in New York, aber dort lebte trotzdem diese Großzügigkeit.

Der Council wählt seine Mitglieder intern aus und lädt sie ein beizutreten. Man kann sich nicht selber anmelden. Sie versuchen, aus allen Ländern Mitglieder zu gewinnen, und haben dabei vor allem die großen Sammler oder Sachverständigen aus dem jeweiligen Land im Blick. Der Council sah sich auch als Vermittler des Wissens über Moderne Kunst. So finanzierte er in vielen Fällen in großen Städten in Asien gute Bibliotheken für Moderne Kunst und bot dortigen Künstlern die Möglichkeit, in New York oder anderswo auszustellen. Es gab immer ein paar wohlhabende und offene Leute, die dabei halfen, und es gab immer ein paar kunstinteressierte Menschen, die als Mitglieder des International Council daran arbeiteten, Moderne Kunst in ihren Heimatländern zu zeigen und zu fördern.

Aber es gab auch andere Situationen. Mein Freund Walter Bareiss, der in München lebte und sehr gute Augen für Kunst hatte, und ich bekamen plötzlich mit, dass in Deutschland eine Gruppe junger Künstler saß, die alles machten, was verboten war. Das war für uns etwas ganz Unerwartetes, und wir wurden wieder neugierig: Was treiben die denn dort? Davon erzählten wir den New Yorkern: Passt mal auf, da gibt es einen, der heißt Gerhard Richter, einen Georg Baselitz, einen Joseph Beuys usw. Niemand kannte dort diese Künstler. Wir stellten dann aus unseren wachsenden Sammlungen ein Paket Zeichnungen zusammen, wirklich sehr gute Zeichnungen, und schenkten sie dem MoMA.

Das MoMA organisiert sich in Komitees. Ich gehörte eine Zeit lang dem Komitee für Zeichnungen an; wir hatten die Aufgabe, alle Erwerbungen, auch alle Geschenke, zu prüfen und gutzuheißen. So war ich auch in der Komiteesitzung, als Direktor Bill Lieberman unsere Zeichnungen vorstellte. Es wurden große Stellwände mit unseren schönen Zeichnungen vollgehängt. Dann saßen die New Yorker Damen zusammen und machten Gesichter, als ob sie Sauerkraut äßen, und sagten: «Was soll das denn, so etwas passt nicht ins MoMA» und lehnten das Geschenk ab. Bei der nächsten Sitzung sprach Bill Lieberman zweieinhalb Stunden über eine Zeichnung von Matisse, die dem Museum geschenkt werden sollte. Danach waren alle todmüde. Dann wurde die andere Wand wieder hereingeholt und die Damen winkten sie mit der Hand durch, damit war es angenommen. Jetzt sind sie stolz auf diese Zeichnungen und zeigen sie in ihren Ausstellungen. Es sind, wenn ich das im Rückblick sagen darf, wahre Meisterzeichnungen dieser Künstler.

Ich schwamm mit Faszination und Vergnügen durch dieses Wasser in New York, geriet mitunter aber auch in Untiefen. Bei einem Besuch in der Factory von Andy Warhol stand ein großer runder Tisch im Raum. Jeder setzte sich hin, um etwas zu essen. Ich landete neben einer jungen Dame mit großen schwarzen Augen und wir kamen in ein Gespräch über Joseph Beuys. Dann fragte ich sie, was

Eine legendäre Kunstreise. Prinz Franz von Bayern besucht zusammen mit dem Vorstand des Münchner Galerie-Vereins in Nevada die Land-Art-Projekte des Künstlers Michael Heizer, 1976, Fotos Margret Biedermann

sie nach New York führe. Sie sagte: «Mein Mann hat hier ein Konzert.» Ich hatte gehört, dass in New York ein Beethoven-Konzert stattfinden sollte, merkte nichts und fragte weiter: «Was für ein Konzert, ist er Pianist?» Da wurde es unruhig im Kreis, ein Bekannter kam mit Schweißperlen auf der Stirn zu mir und flüsterte: «Jagger». Da wurde mir langsam klar, dass ich Bianca Jagger gefragt hatte, ob Mick Jagger ein Beethoven-Klavierkonzert spielte; so etwas war ihr sicher noch nie passiert. Am Ende mussten wir beide sehr lachen. Aber das Gespräch über Beuys war gut.

Elegant, einflussreich, souverän. Blanchette Rockefeller, Präsidentin des Museum of Modern Art, hier mit Prinz Franz, New York 1986, Foto Helaine Messer

Blanchette Rockefeller

Blanchette Rockefeller, eine damals doch schon nicht mehr ganz junge Dame, war die Witwe des Familienchefs der Rockefellers. Sie hatte sehr großen Einfluss und alle wirtschaftlichen, technischen und finanziellen Möglichkeiten mit allem dahinter, was Rockefeller heißt. Damals war sie Präsidentin des Museums, während ich Präsident des International Council war. Morgens um sieben Uhr war ich bei ihr zum Frühstück, und wir redeten eine Stunde lang über die Tagesordnung, verabredeten ganz genau, was wie laufen sollte. Ich ging heim, und sie verschwand, um sich umzuziehen. Um neun, halb zehn tauchte sie dann in einem anderen Gewand auf, absolvierte ihre Besprechungen, und alle dachten, sie habe ein bequemes Leben. Dass die Arbeit in der Nacht und um sieben Uhr in der Früh gemacht wurde, und zwar sehr präzise, das war die unsichtbare Seite ihres Wirkens. Das imponierte mir sehr.

Sie sagte mir einmal: «Die anderen Kinder interessieren sich nicht für Politik, aber ich habe einen Sohn, Jay, der möchte eine politische Karriere machen. Der geht jetzt in einen Wahlkampf, aber der kriegt von mir keinen Heller. Denn er darf unter gar keinen Umständen irgendeinen politischen Erfolg mit Rockefeller-Geld haben.» Jay Rockefeller machte eine große Karriere und wurde ein von allen hoch geachteter Senator. Blanchette Rockefeller hatte ihre Grundsätze. Im täglichen Umgang spürte man nichts davon, sie war charmant, sie war klug, sie war offen, sie war elegant bis dort hinaus, wenn sie reiste. Aber dahinter stand diese Figur mit ganz klaren Grundsätzen und einer unglaublichen Arbeitsdisziplin.

Es gab eine höchst lehrreiche Komiteesitzung mit Blanchette Rockefeller als Präsidentin des Museums. Ein Mitglied des International Council aus Argentinien echauffierte sich, die lateinamerikanische Kunst werde nicht genügend gewürdigt. Er redete sich in einen Zorn hinein und verlangte schlussendlich, dass das MoMA ein Jahr lang seine gesamte Sammlung abhängen und das ganze Museum nur für lateinamerikanische Kunst zur Verfügung stellen müsse. Ich dachte mir: «Wie kommen wir da ohne einen Scherbenhaufen heraus?» Blanchette Rockefeller drehte sich zu ihm um und sagte liebenswürdig lächelnd: «Frank, it's wonderful to see how good you feel about your country.» Dann ging sie zum nächsten Tagespunkt über. So war der Stil. Und so war Mrs. Rockefeller, die mit größter Souveränität und Liebenswürdigkeit die Dinge in der Hand behielt. Das war bewundernswert. Es fiel nie ein hartes Wort, es gab keine Kränkung. Aber trotzdem eine ganz klare Linie. Man konnte von ihr viel lernen.

Auch David Rockefeller, ihr Schwager, war mit dem International Council verbunden. Er war wohl lange Zeit der mächtigste Mann der Welt. Sein eigenes Vermögen war unbedeutend, das waren ein paar hundert Millionen, aber er verwaltete den Rockefeller Brothers Fund mit den Milliarden und auch noch eine zweite Rockefeller-Stiftung mit weiteren zig Milliarden. Diese Generation Rockefeller war noch in ihrer ganzen Mentalität darauf eingestellt, eine große Rolle zu spielen. Das war so wie im alten Rom, stelle ich mir vor. Von den Rockefeller Brothers war John, der Mann von Blanchette, der Familienchef, Nelson ging selbstverständlich in die Politik, und unter dem Amt eines Vizepräsidenten hätte er es nicht gemacht, während David sich um das Familienvermögen kümmerte. Selbstverständlich wurde er dann auch Präsident der Chase Manhattan Bank, der größten Bank der Welt. Das war deren Vorstellung, welche Rolle sie spielen wollten. Ich glaube, das war die größte Machtkonzentration seinerzeit – beeindruckende Strukturen. Und er war ein charmanter, gebildeter Mann, mit einer wunderbaren Kunstsammlung und einem sicheren Gespür für Moderne Kunst.

David Rockefeller hatte Stil. Ich sammelte, wie schon erwähnt, einmal Geld in New York für einen karitativen Zweck und ging natürlich auch zu ihm. Aber bei ihm hätte ich niemals um eine Spende gebeten, sondern wir tranken einen Kaffee und hatten ja mit dem Museum immer gemeinsame Themen. Nebenbei erzählte ich, was ich gerade mache, dann redete man nicht mehr darüber. Nach zwei Tagen kam ein Telefonanruf aus seinem Büro, wir könnten für Euch das und das machen. So war alles sehr elegant, man verstand sich immer sehr genau und wusste auch sehr genau, was nicht formuliert wurde. Das zeigt, wie jedenfalls in der älteren Generation in diesem Amerika ungeheure Macht gehandhabt wurde. In dieser Hinsicht war alles sehr zivilisiert, auch wenn vielleicht manchmal steinhart.

Fachgespräche. Prinz Franz, Präsident des International Council, und Bill Lieberman, Kurator für Zeichnungen im Museum of Modern Art, während der Frühjahrssitzung des Council, New York 1986, Foto Helaine Messer

Wirtschaftlicher Erfolg galt als ein Zeichen göttlichen Wohlwollens: Wie holperig die Anfänge auch waren, bei einem solchen Erfolg schien der liebe Gott mit ihnen doch zufrieden.

Blanchette Rockefeller

«Die Kraft, mit erstrangigen Meisterwerken zu leben»

Bis heute kennt das MoMA ein grundlegendes Dilemma: Wenn das Museum das Bild eines Künstlers erwirbt, bekommen dessen Preise eine Kommastelle mehr. Wir als Mitglieder oder Beteiligte hätten in vielen Fällen auch die Chance gehabt, ganz am Anfang von irgendwelchen sehr interessanten jungen Künstlern Bilder für wenig Geld zu erwerben, die dann später sehr wertvoll wurden. Aber dieser Versuchung muss man widerstehen. Man sollte bei aller Bereitschaft zum Risiko nur Kunstwerke erwerben, mit denen man wirklich in einen Dialog eintreten kann. Sobald man anfängt zu spekulieren, kauft man die falschen Bilder und macht Fehler.

Es gibt Sammler, das konnte ich in New York immer wieder erleben, die nicht spekulativ sammeln, sondern die sich auf den Rat der allerbesten Augen verlassen. Eine gute Freundin, wiederum eine sehr wohlhabende jüdische Dame, erwarb nur Bilder, zu denen ihr Bill Lieberman und ein anderer Museumsdirektor in New York rieten. Sie erwarb sie mit der Maßgabe, dass sie nach ihrem Tod an das Museum gehen sollten. Sie hatte die Kraft, nur mit erstrangigen Meisterwerken an der Wand zu leben. Bei ihr hingen der sogenannte *Blaue Reiter* von Kandinsky, drei oder vier der Hauptwerke von Matisse und von Picasso, bis ins Schlafzimmer hinein. *Der Schlachthof* von Picasso, eigentlich ein schreckliches Bild von Picasso, aber eines der ganz großen Meisterwerke, hing über ihrem Bett. Sie hielt das aus und hatte die Disziplin, sich nie von ihrem eigenen Geschmack hinreißen zu lassen. Das ist schwierig, zeigt aber eine sehr hohe Qualität – nicht nur mit Blick auf die Bilder, sondern auch im eigenen Entschluss, in dieser Disziplin und dieser Intelligenz. Es gehörte zum Faszinosum New York, dass es dort in dieser großen Gruppe von Leuten alles nebeneinander gab. Da tummelten sich viele eminent intelligente, hochgebildete Leute. Qualität war ihr Hauptthema. Viele waren eisern diszipliniert in ihren Ansprüchen, während andere ganz aus ihrem Antrieb, ihrem Temperament heraus sammelten.

Es gab im Council ein Mitglied aus Brasilien, der einer, wie ich glaube, aus Deutschland ausgewanderten jüdischen Familie entstammte. Er war ein großer Büchersammler und hatte die schönste Bibliothek Brasiliens aufgebaut. Er vermachte sie später in öffentlichen Besitz. Er erzählte mir, es gebe ein Buch, das gewissermaßen sein Lebenstraum sei. Das Werk existierte nur noch in wenigen Exemplaren – und dann wurde eines angeboten. Doch er sagte: «Ich habe mir vorgenommen, ich nehme nur Bücher in erstklassigem Zustand, und das Buch ist nicht in gutem Zustand, ich nehme es nicht.» Da machte ich meinen Mund wieder zu und dachte: «Na, servus. Da verzichtet der drauf.» Und dann tauchte einige Jahre später das Buch tatsächlich noch einmal auf, in erstklassigem Zustand, und er konnte es erwerben. Beeindruckend diese Disziplin! Die praktizierte er sein Leben lang, und deswegen war seine Bibliothek wirklich eine der schönsten seiner Zeit.

Sicherlich gab es immer Sammler, die sich mit teuren Kunstwerken schmücken wollten, ebenso herrschte eine gewisse Konkurrenz im Sammeln. Aber es war damals selten dieser plattfüßige Snobismus: Wenn der von einem Künstler etwas hat, dann muss ich von dem auch etwas haben. Es war eher die Frage, wenn zwei Meisterwerke da waren: welches von den beiden oder beide?

So war es schon durch alle Jahrhunderte hindurch: Wo das große Geld war und die große Macht, dahin wanderte auch die große Kunst. Florenz blühte, weil die Medici da waren, Rom blühte meistens, weil da ein Papst war mit enormen wirtschaftlichen Möglichkeiten. In Mailand, in Mantua, wo auch immer – sobald eine wirtschaftliche Hochblüte herrschte, kam auch die große Kunst. Im Rom der Päpste malte Raffael: Man durfte von ihm nur ein Bild bekommen, wenn es der Papst erlaubte. Mailand hatte Leonardo. Dass die Mona Lisa nach Paris kam, war ein Politikum. Franz I. nahm sie mit, er hätte sie nicht erwerben und legal nach Paris holen können, doch als er Italien eingenommen hatte, konnte er sie einfach mitnehmen. Like it or not – so war es immer in der Geschichte. Dürer mit Kaiser Maximilian, Tizian und Karl V. – die großen Künstler waren schon immer verbunden mit den Herrschern oder denen, die über das große Geld verfügten, wie zum Beispiel die Fugger. Es waren die Reichen, die es sich leisten konnten, diese Künstler zu bezahlen, denn billig waren sie schon damals nicht. Rudolf Heinemann vermittelte einmal einen Bellotto für einen wirklich sehr hohen Preis an ein Museum in New York. Er erzählte mir, das war umgerechnet der Preis, den auch der Maler für das Bild bekommen hatte – das Äquivalent für acht große Mietshäuser in Venedig.

So war es seinerzeit in ganz Europa. Im Grunde ist es auch heute noch so. Ich sehe das gar nicht negativ. Wichtig ist aber, dass noch ein Bildungsbürgertum da ist, das diese Entwicklungen versteht. Wir konnten immer wieder Wirtschaftsmagnaten erleben, die durchaus den Stellenwert der Kunst erkannten und oft auch über ein gutes eigenes Urteil verfügten. Und wenn ihr Interesse nicht der Kunst galt, dann der Wissenschaft oder der Musik. Ernst von Siemens ist ein typisches Beispiel dafür. Vorstandsvorsitzende der Münchener Rück oder der Allianz setzten für Wissenschaft und Kunst enorme Dinge in Bewegung und gründeten Stiftungen. Diese Entwicklung der großen Kunst wird dann begleitet von Menschen, die es rechtzeitig kapieren und mitmachen und unterstützen, aber selbst nicht das Geld haben zu sammeln. Die gehören genauso dazu und spielen genauso eine wichtige Rolle in der Kultur des Landes wie jene, die eben das Geld gehabt haben, um die Kunst zu fördern.

Vom Ausstellen und Sammeln in München

Das Haus der Kunst spielte mit seinen großartigen Ausstellungen bei der Etablierung der Moderne in München eine wichtige Rolle. In diesen Zusammenhang gehörte zum Beispiel eine Picasso-Ausstellung, in der wirklich große Meisterwerke gezeigt wurden. Im Haus der Kunst bekamen Besucherinnen und Besucher auch in der großen Klee-Ausstellung zum ersten Mal zu sehen, was das für eine Kunst ist. Es folgte eine bemerkenswerte Chagall-Ausstellung, ein Höhepunkt nach dem anderen. Genauso wichtige Akzente setzte später das Lenbachhaus mit seinen großartigen Beständen aus der Blütezeit des Blauen Reiters. Das alles war wichtig, um das Eis zu brechen. Solche Ausstellungen sind heute gar nicht mehr denkbar. Allein die Versicherungsprämien erreichen astronomische Höhen, mit denen niemand mehr zurechtkommt. Ich weiß, welche Summen da ins Spiel gebracht werden.

Ein entscheidender Moment war es, als Heiner Friedrich seine Galerie in München aufmachte und eine Kunst zeigte, auf die niemand gefasst war, von der nicht wenige zunächst einmal schockiert waren. Wie in New York war gegenstandslose Kunst zum Kanon geworden. Außer de Kooning malten alle Abstrakten Expressionisten gegenstandslos, ebenso ihre Schüler und deren Schüler – so war es überall vor der Pop-Art. Da brachten diese jungen Leute in Deutschland wieder menschliche Figuren ins Bild. München war neben Berlin und Düsseldorf ein Zentrum, wo solche Werke zuerst zu sehen waren. Es sammelte sie aber fast niemand; viele Leute schienen vor dieser Modernen Kunst fast Angst zu haben. Selbst Galeristen stellen aber auf Dauer nur Bilder aus, wenn sie die Chance sehen, sie irgendwann auch verkaufen zu können. In München bestand lange das Problem, dass die guten Bilder hier gezeigt, aber woanders hin verkauft wurden.

Diese jungen deutschen Künstler waren oft in München. Sie besaßen kein Geld, ich auch nicht viel, aber ich hatte eine Haushälterin, die gut kochte, und guten Rotwein. Natürlich war die ganze Bande dann immer wieder bei mir zum Abendessen. Ich wohnte in der Schackstraße. Die ganze Wohnung hing voll mit deren Bildern. Aber ich erwarb immer nur die Bilder, die ich wirklich für mich an der Wand haben wollte. So erinnere ich mich, dass eine Ausstellung von Baselitz in Hamburg stattfand. Ich ließ mich überreden, am letzten Tag hinzufliegen. Dort sah ich zum ersten Mal Gemälde von ihm, vorher kannte ich nur seine Zeichnungen. Das war großartig.

In der Ausstellung gab es zwei Bilder, die ich gerne gehabt hätte – das waren die beiden einzigen, die verkauft waren. Heute hängen beide in der Pinakothek. Aber dann suchte ich ein drittes aus mit zwei großen Hunden. Ich rief den Galeristen Heiner Friedrich an und sagte: «Ich nehme die Hunde.» Heiner Friedrich war erfreut und schickte mir acht große Bilder in die Wohnung. Da stand ich nun mit diesen Bildern von Baselitz, meine Hunde waren dabei. Ich wollte meine Hunde und nicht den halben Baselitz; so schickte ich die anderen Bilder an Friedrich zurück. Beim Ordnen alter Papiere fand ich kürzlich die Liste der Bilder, die ich damals zurückgeschickt hatte: Das waren Meisterwerke, die jetzt in allen Museen der Welt hängen. Ich musste lachen und bereue das gar nicht. Ich bekam meine Hunde und später noch andere Bilder, wie ich sie haben wollte. Und, ja, so war das, und der Segen der Zeit waren nicht nur die niedrigen Preise, die es möglich machten, das alles zu erwerben, sondern vor allem die freie Wahl.

Es entstand in München im Galerie-Verein, von dem noch zu berichten sein wird, der Plan, eine Ausstellung von Baselitz zu machen. Also fuhr ich mit Walter Bareiss zu ihm nach Derneburg, in sein großes, viereckiges Schloss mit großem Innenhof. Wir zogen ihm etwa 100 Bilder aus dem Atelier und stellten sie im Freien im Innenhof alle Wände entlang auf, um auszusuchen. Wir konnten die ganze Ausstellung aus diesem Bestand auswählen. Walter Bareiss behielt drei oder vier Bilder für sich, und ich stapelte für mich auch zwei oder drei in den VW und nahm sie mit nach München. Das Großartige war eben, dass ich aus 100 Bildern frei auswählen konnte, was ich haben wollte. Wenn ich heute in eine Galerie komme, dann gibt es dort vielleicht fünf Bilder von Baselitz, und wenn ich brav bin und es bezahlen kann, darf ich mir eins davon auswählen; damals stand alles zur Verfügung.

Es gab auch immer wieder wichtige neue Eindrücke. Dazu gehörte 1982 Joseph Beuys auf der *documenta* von Rudi Fuchs. Für uns, die wir aus der Welt der grauen Ruinenstädte kamen, war das Thema der Vergangenheitsbewältigung, auch bei Anselm Kiefer, etwas, das uns damals direkt berührte. Jeder hatte eine andere Erinnerung und eine andere Geschichte aus dieser Zeit, und Beuys hatte eben seine Geschichte und seine Verwundung. Die Arbeit «zeige deine Wunde», die vom Lenbachhaus angekauft und ausgestellt wurde, bereitete mir damals in Verbindung mit meiner eigenen Erinnerung wirklich eine Gänsehaut.

Wenn eine Sammlung einmal ungesäubert als Ganzes sichtbar wird, dann zeigt sich erbarmungslos die Mittelmäßigkeit des Sammlers. Auch bei mir. Ich gehöre zu den Sammlern, die schlampig sammeln und einfach alles nehmen, was ihnen gerade gefällt. Am Ende kann dabei auch etwas Gescheites herauskommen. Ich wollte mich nie auf eine bestimmte Kunst festlegen: Wenn etwas kam, das mir Appetit machte, dann schnappte ich danach. Es gibt daher auch eine lange Liste von Bildern, die ich nicht rechtzeitig kapierte. Oder Bilder, an die ich mich damals nicht hinwagte und bei denen ich heute nicht mehr erkennen kann, warum das so war. Die sehen jetzt ganz klassisch aus, waren aber damals erschreckend. Manche Bilder erschlagen einen auch mit ihrer Gewalt. Das geht wohl jedem Sammler so. Ich war doch wahrscheinlich noch sehr eng gestrickt und festgelegt und hatte manchmal das Gefühl: «Die Verwandtschaft, der Freundeskreis, der bei mir in die Wohnung kommt, lacht jetzt schon über mich, über das, was ich jetzt habe, aber wenn ich mir das auch noch an die Wand hänge, dann kann ich mich nicht wieder blicken lassen.» Also auch solche Feigheiten gab es.

Die weitaus wichtigste Hilfe bei meinem Sammeln war mir seit der Entdeckung der «jungen Deutschen» in den 1970er Jahren der Galerist Fred Jahn. Er war aus der Galerie Heiner Friedrichs gekommen und führte dessen Galerie weiter, nachdem sich Heiner Friedrich und Franz Dahlem zurückgezogen hatten. Fred Jahn besitzt einen unbestechlichen Blick und einen klaren Kopf mit einem profunden Wissen über die Kunst, die er vertritt, und weit darüber hinaus; er genießt mein uneingeschränktes Vertrauen. Der größte Teil meiner Erwerbungen gelang mit ihm. Ich wusste auch immer, dass er für den Aufbau meiner Sammlungen einen ähnlichen Ehrgeiz empfand wie ich selbst. So entstand eine wunderbare Zusammenarbeit. Hinweise und Anregungen, was interessante Künstler betraf, auf bedeutende Kunst rings um uns in Bayern und ebenso auf einzelne wichtige Bilder kamen von ihm – die völlige Freiheit zum Entschluss, ein Werk zu erwerben, blieb bei mir. Höchstens, dass ich einmal fragte: «Ich sehe diese Bilder jetzt seit einer halben Stunde, Sie sitzen schon seit vielen Tagen vor ihnen, welches Bild hat für Sie das größte Gewicht bekommen?» Dieser Austausch verhalf mir oft zu einem neuen Blick, aber mein Entschluss blieb stets frei und fiel oft auch für ein anderes, mir wichtigeres Bild.

Auch bei der Vielfalt der Objekte, die ich sammelte, kamen viele Anregungen von Fred Jahn. Ohne ihn hätte ich das gewaltige graphische Werk von Georg Baselitz nicht oder zu spät entdeckt. Ich würde nichts ahnen von der Schönheit afrikanischer Keramik; hier wurde auch Freds Bruder Jens zu einem Ratgeber, ebenso Margret Biedermann. Eine stille Liebe entwickelte ich daneben für Keramik aus Japan, wobei wiederum Freds Frau Gisela eine wichtige Rolle spielte. Durch dieses Zusammenwirken bekam mein chaotisches Sammeln unmerklich Struktur und blieb doch ganz ein Teil von mir.

Am Anfang schien mir manchmal auch das Wagnis zu groß. Das wird jeder Sammler, wenn er ehrlich ist, zugeben: Bei neuen Bildern gibt es immer wieder welche, für die man nicht groß genug ist, an die man sich einfach nicht hinwagt. Das zeigt auch folgende Geschichte: Eine junge Amerikanerin aus der Hearst-Familie, Brigid Polk, war in München zu Besuch. Sie galt als das Skandalgirl von New York und legte es immer darauf an, alle Leute zu schockieren – was ihr auch gelang. Ich selber war nicht dabei, aber eine Galeristin gab ein Abendessen in ihrer Wohnung. Brigid Polk kam hin, und es hing das große Bild von Gerhard Richter *Die Badenden* über einer Kommode. Ein fabelhaftes Bild. Das sah Brigid Polk, und wie mir erzählt wurde, zog sie sich sofort splitternackt aus und setzte sich auf die Kommode vor das Bild. Sie war weder schön noch hatte sie eine gute Figur, sie war wohl beleibt und saß eigentlich wie eine riesige Kröte vor dem Bild der Badenden von Richter. In dieser Pose fotografierte sie sich selbst mit einer Polaroid-Kamera. Dann zog sie ihre Kleider wieder an, es kamen die anderen Gäste und die Situation beruhigte sich. Gerhard Richter war auch zu diesem Essen eingeladen; sie gab Richter das Foto, und dieser malte Brigid Polk als Akt vor seinem eigenen Bild mit den Badenden. Es war ein großes Bild. Ich sah es und hätte es ohne Weiteres kaufen können – doch ich traute mich einfach nicht, mir das Zuhause an die Wand zu hängen: Was sagen da die Leut – so ungefähr habe ich damals gedacht. Ich hätte das Bild wohl auch nicht ertragen. Letztlich erwarb es ein junges Ehepaar, das ich nicht kannte, und ich hörte lange nichts mehr davon. Vor ein paar Jahren erzählte mir Carla Schulz-Hoffmann von den Staatsgemäldesammlungen, dass das Ehepaar mit dem Bild aufgetaucht sei. Ich ging hin, und als ich es sah, war ich sprachlos. Ich finde, es ist ein wunderbares Bild und kann überhaupt nicht mehr verstehen, wovor ich mich damals so gefürchtet hatte. Es gehört nun den Staatsgemäldesammlungen. Solche Wege durchlaufen Bilder. Man kann daran sehen, wie man vor manchen Dingen in einer bestimmten Zeit erschrickt, und nur ganz mutige Leute trauen sich, solche Werke bei sich an die Wand zu hängen. Heute würde ich nicht zögern; es ist eines der schönsten frühen Bilder von Richter, das ich kenne.

Lange trieb mich ein großer Ehrgeiz für die Staatlichen Sammlungen in München an, und es stand für mich immer fest, dass ich das, was ich für mich sammle, wenn es sich bewährt, hier der Öffentlichkeit zur Verfügung stellen will. Wichtig war mir, dass die Museen mit ihren Erwerbungen auf dem Niveau der Zeit bleiben. Das ist ein Ehrgeiz, bei dem es mir um die Internationalität Bayerns geht. Ich war eben viel in New York und woanders auf der Welt unterwegs und hatte dort das Glück, in einem Kosmos Zuschauer zu sein, wo in jeder Hinsicht auf allerhöchstem Niveau gedacht wurde – wirtschaftlich, finanziell, aber eben auch intellektuell; da waren die besten Köpfe beieinander. Da ärgerte es mich, wenn ich mir sagen musste, bei uns in Bayern sind wir eine Stufe darunter. Das möchte man nicht gern, das gebe ich zu, und manchmal konnte ich zuhause sagen: «Reißt Euch zusammen!»

Im Atelier. Vorgespräche für die Stiftung von Georg Baselitz für die Pinakothek der Moderne zu Ehren von Herzog Franz von Bayern, V. l. n. r. Thomas Greinwald, Herzog Franz von Bayern, Georg Baselitz, Buch am Ammersee 2018, Foto Elke Baselitz

Im Ganzen ist ganz schön etwas dabei herausgekommen. New York und die Reisen gaben mir auch die Möglichkeit, mich selbst zu entfalten, ein anderes Denken zu entwickeln. Bis in die Politik hinein. Ich musste immer wieder Abstand gewinnen von dem Denken, in dem ich aufgewachsen war und mit dem ich ständig konfrontiert war. Notwendige Schritte, um dann auf eigene Füße zu kommen. Aber ich glaube, das geht fast allen so. Ich sprach kürzlich wieder mit Baselitz. Er sagte mir, ich sei eben der gewesen, der die Bilder an die Wand hängte, und der Erste, der dafür eintrat. Das mag stimmen: Ich gebe jedoch zu, ich verstand am Anfang sehr wenig von all dem, aber irgendwie spürte ich den großen Flügelschlag. Baselitz machte, was mich sehr berührte, gewissermaßen zu meinen Ehren den Bayerischen Staatsgemäldesammlungen eine große Stiftung. Ich durfte

Im Museum. Herzog Franz von Bayern beim Aufbau der Baselitz-Stiftung in der Pinakothek der Moderne, München 2018, Foto Johannes Haslinger

als Einziger auswählen. Da steckte ich viel Kraft hinein. Es kam dabei eine Gruppe von Bildern heraus in einem Saal, der, glaube ich, wirklich großartig ist.

Stiftungen sind in Amerika heute noch stärker verankert als bei uns; dabei spielt nicht zuletzt das Erbrecht eine bestimmende Rolle: Die Inhaber großer Vermögen wissen, dass sie ihren Wohlstand nicht komplett vererben können, weil die gewaltige Erbschaftssteuer das unmöglich macht. Sie können die großen Vermögen nur in Stiftungen unterbringen, die aber, soweit ich weiß, starker gesetzlicher Kontrolle unterliegen, inwieweit sie nur Berechtigte finanzieren oder auch soziale Zwecke erfüllen. Da ist in Amerika die Gesetzgebung viel strikter als es bei uns der Fall ist. Das hat sich im Laufe der Geschichte so entwickelt. Durch die zwei Inflationen schmolzen bei uns in Deutschland die großen bürgerlichen Vermögen dahin. Nach dem Ende des Zweiten Weltkriegs begann es dann wieder bei Null. Es gab schon Industriefamilien, die wieder beherrschenden Einfluss gewannen und große Finanzvolumen – von Krupp über

Flick bis Quandt. Dennoch ist die breite Basis dieses kulturellen Bürgertums weggebrochen und durch fähige, kreative Neuanfänger ersetzt worden. Amerika hat in dieser Hinsicht eine ganz andere Kontinuität. Ich hatte das Glück, wenn auch mit Abstottern, Bilder kaufen zu können. Viele, die ebenfalls die finanziellen Möglichkeiten gehabt hätten, wollten nichts damit zu tun haben. Aber es gab auch eine Erika Hoffmann, eine Gabriele Henkel, einen Peter Ludwig und manche andere, die das alles noch auf einem ganz anderen Niveau geleistet haben als ich in meiner kleinen Wohnung. Ganz wichtig in dieser Hinsicht war Peter Ludwig. Er suchte und besuchte Künstler mit offenen Augen und kaufte Bilder. Das ging alles in die Sammlung Ludwig ein. Er wollte nie ein Geschäft damit machen, aber er wollte alles bekommen – und er hat es bekommen. Diese Sammlung in Köln repräsentiert einen unglaublichen Reichtum, so wie kaum eine andere Sammlung in Deutschland. Meinen finanziellen Möglichkeiten war die amerikanische Kunst immer einen Schritt voraus. Ich weiß genau, wie großartig sie ist und ich bin froh, dass ich das alles kennenlernen durfte. Aber erwerben konnte ich sie eben nicht.

Der Galerie-Verein – «eine wunderbare Quatschbude»

Im Kampf um zeitgenössische Kunst in München waren am Anfang alle Türen und Fenster hermetisch verschlossen. Es gab nur eine kleine Gruppe von Menschen, die sich dafür interessierten. Dazu gehörten einige Museumsdirektoren, für die Moderne Kunst einen Stellenwert besaß. Aber im öffentlichen Leben, und gerade auch in der Politik, herrschte eisige Ablehnung. Da fanden Streitgespräche mit Politikern bis hinauf zum Ministerpräsidenten statt.

Vielfach wurde auch über Moderne Kunst gelacht. Ich kaufte einmal ein großes Bild von Soulages, das er mit diesen breiten schwarzen Pinselstrichen gemalt hatte. Da sagte mein Vater zum Ministerpräsidenten Goppel: «Jetzt ist mein Sohn ganz verrückt geworden. Jetzt hat er ein Bild gekauft, das schaut aus, wie wenn sich ein betrunkener Straßenkehrer die Stiefel drauf abgewischt hätte.» Das wiederholte der Ministerpräsident in einer öffentlichen Rede und alles lachte. So war die Stimmung. Die bestehende Sammlung Moderner Kunst in München war nach der Nazizeit zerrissen und ziemlich klein, man hatte ja die meisten Bilder als «entartet» hinausgeworfen. Es war ein mühseliger Anfang. Es gab keine Mittel, um solche Werke zu erwerben, da zuerst die zerstörten Museen wiederaufgebaut werden mussten. Damals versäumte München sehr viel.

Ich versuchte das, was ich in New York kennengelernt hatte, hier zu zeigen und die Leute darauf aufmerksam zu machen. Doch die meiste Zeit wollte niemand etwas davon hören. Aber es gab eine Gruppe in München, die nicht lockerließ. So gründeten wir den Galerie-Verein, um neue Bilder erwerben zu können. Die Gründung fand in meiner Wohnung statt. Dabei waren Walter Bareiss, dann Christian Wolters vom Doerner-Institut und Christian Altgraf Salm von den Staatsgemäldesammlungen, die beide sehr offen waren, ferner der Kunstverleger Egon Hanfstaengl, Siegfried Wichmann – der große Spezialist für Jugendstil – und dann noch das Architektenpaar Christoph und Katharina Sattler sowie einige Sammler. Sehr hilfreich wurden bald auch Fritz und Ingrid Rein. Aber wir waren ganz wenige Leute. Das Motiv war, dass wir irgendwie öffentlich zeigen wollten, was uns am Herzen lag. Doch wir hatten nichts. Daher beschlossen wir, eine kleine Ausstellung zu machen. Jedes Gründungsmitglied sollte ein Bild aus dem Kunsthandel – woher auch immer – als Leihgabe organisieren, das wollten wir dann für den Ankauf zur Diskussion stellen. Die Ausstellung sollte im Haus der Kunst stattfinden. Ich hatte ein sehr schönes Triptychon von Francis Bacon in New York gesehen und rief sofort dort an, um die Galerie zu bitten, das Triptychon auszuleihen. Da sagten die Galeristen, nein, das geht leider nicht, vor zehn Minuten rief Walter Bareiss an, und ihm haben wir schon die Ausleihe versprochen – wir hatten beide dasselbe Werk im Kopf, und es kam dann auch. Zu den Gründungsmitglie-

Ratlosigkeit und Debatte. Mitglieder des Galerie-Vereins bauen die Pop-Art-Sammlung Ströher im Haus der Kunst auf, v. l. n. r. die Galeristen Heiner Friedrich und Franz Dahlem, die Kunstsammler Prinz Franz von Bayern und Christof Engelhorn, die Kunsthistorikerin Ulrike von Hase, München 1968, Foto Stefan Moses

dern des Vereins gehörte auch Christof Engelhorn, ein sehr aufgeschlossener und großzügiger Mann, der uns die 80 000 Dollar gab, die dieses Triptychon kostete.

Als dann auf diese Weise trotz aller Schwierigkeiten doch einiges erworben werden konnte und Vermächtnisse mit sehr schönen modernen Bildern hinzukamen, wuchs der Wunsch nach einem eigenen Haus. Die Sammlung war in einem Flügel im Haus der Kunst untergebracht und hing dort gar nicht so schlecht. Dennoch war dieser Rahmen einer Sammlung zeitgenössischer Kunst am Ende nicht angemessen. Doch alle Vorstöße in die Politik wurden sofort abgeschmettert. Das war bei Goppel kein Gesprächsthema, das war bei Strauß kein Gesprächsthema – denn da war Moderne Kunst überhaupt kein Gesprächsthema. Das wurde alles eisern abgelehnt.

Über die Auswahl von Bildern, die erworben werden sollten, fan-

Ermattung und Stärkung. Mitglieder des Galerie-Vereins beim Aufbau der Ausstellung «Sammlung 1968: Karl Ströher» im Haus der Kunst, v. l. n. r. Ulrike von Hase, Margret Biedermann, Joseph Beuys, Eva Beuys und Prinz Franz von Bayern, München 1968, Foto Stefan Moses

den auch zwischen uns engsten Freunden heftige Streitgespräche statt. Ich erinnere mich, dass bei Galerie-Vereins-Sitzungen einige Bilder von Baselitz an der Wand lehnten und drei oder vier Hauptwerke von Richter sowie zwei wunderbare Bilder von Anselm Kiefer an einer dritten Wand. Wir stritten uns fürchterlich, was erworben werden sollte, weil nicht sehr viel Geld da war. Das gehörte dazu. Der Galerie-Verein war eine wunderbare Quatschbude, wie man sie sich gar nicht vorstellen kann. Das Durcheinander und das Chaos bei den Sitzungen waren märchenhaft, aber es war nie langweilig. Wir unterhielten uns alle königlich dabei. Es waren fröhliche Leute.

Wir erlebten auch verrückte Sachen. Franz Dahlem machte mich 1968 darauf aufmerksam, dass wir die Pop-Art-Sammlung Kraushar ausstellen könnten, die Karl Ströher in Darmstadt erworben hatte. Der Galerie-Verein beschloss: Das machen wir. In aller Unschuld packten wir die Werke aus und begannen, sie im Haus der Kunst aufzuhängen. Es war schrecklich, das war eine Kunst, mit der wir nicht umgehen konnten. Als Retter wurde Dan Flavin gefunden, einer von den großen amerikanischen Künstlern. Über Nacht hängten wir mit seiner Hilfe alles neu. Und plötzlich stimmte es. Er wusste, was man nebeneinander hängt, was man hinauf hängt und was man hinunter hängt. Ich weiß noch, Flavin hängte die großen *Brushes* von Roy Lichtenstein etwas höher und plötzlich sahen sie fantastisch aus. Die *Brillo Boxes* von Andy Warhol türmte er unten auf dem Boden auf – und nun stimmte der Raum, alles war plausibel und im Dialog. Dan Flavin kam aus dieser Welt. Doch der Widerhall der Ausstellung in der Öffentlichkeit war gering. Folglich fehlte dann auch das Interesse, die Sammlung für München zu erwerben.

Wenig später stand ich wegen einer anderen Sache im Kreuzfeuer: Ich war im Vorstand des Kunstvereins in München. Direktor Carl Haenlein machte 1970 im Kunstverein eine Ausstellung über Wladimir Tatlin. Er erlaubte, was ich als Fehler ansah, den Kunststudenten, die Räume weiter zu gestalten. Sie schmierten alle Räume – nach der damals vorherrschenden Mentalität ganz in Ordnung – voll mit Sicheln und Hämmern und allen weiteren Symbolen des Kommunismus. Da sagten wir uns im Vorstand, das geht nicht, denn Tatlin ist von den Kommunisten umgebracht worden. Wir schlossen die Ausstellung. Daraufhin gab es eine außerordentliche Mitgliederversammlung. Damals konnte man die Mitgliedschaft für drei Mark ad hoc erwerben. Der Saal füllte sich mit etwa 300 jungen Leuten, die unten am Eingang eine Mitgliedschaft gekauft hatten. Das wurde eine Kampfsitzung, und das war mir auch klar. Ich war der Einzige vom Vorstand, der sich hinwagte. Also saß ich allein da vorne, und die fielen über mich her und schrien mich nieder. Ich versuchte, zu antworten. Das gelang nicht. Da kam eine Stentorstimme von hinten, die mich verteidigte; und alle waren ruhig. Er sagte, ich sei der Einzige, der wirklich für die Moderne Kunst in München eintrete und meine Argumente müssten gehört werden und hätten auch was für sich. Tatlin sei von den Kommunisten ermordet worden, darüber könne man sich nicht hinwegsetzen. Da beruhigte sich der Saal etwas. Die Versammlung wählte uns alle trotzdem ab und bestimmten einen neuen Vorstand. Das war aber eine tolle Sitzung. Verteidigt hatte mich Rolf Becker, den ich dadurch kennenlernte. Mir gefiel diese Situation, da konnte ich endlich einmal wirklich einen Standpunkt einnehmen und vertreten.

Die Olympischen Spiele, das «Denkloch» und mehr

Die Olympischen Spiele von 1972 veränderten München. Die Stadt gewann eine neue Dimension durch das Olympiagelände, auch durch U-Bahn und S-Bahn. Beides hätten wir sicher erst sehr viel später bekommen. Ich war kurz vorher umgezogen und hatte eine Wohnung in der Schackstraße/Ecke Leopoldstraße. Während der Spiele war in der Leopoldstraße Hochbetrieb; da flanierte man, da standen überall Buden, da gab es überall Musik. Und man ging einfach mal in fremde Häuser hinein auf einen Drink. Auch bei mir in der Wohnung saßen manchmal wildfremde Leute, tranken etwas und verschwanden dann wieder. Alles war offen. Fürst Rainier und Prinzessin Grace von Monaco hatten eine große Suite in einem Hotel, auch die war für alle offen. Da saßen immer Leute, und kein Mensch dachte über Sicherheit nach. Beim letzten Fußballspiel saß ich mit den Monacos zusammen. Ich verstehe nichts vom Fußball, aber da regten wir uns alle auf. Das war so spannend, dass mich Grace Monaco in den Arm biss vor Aufregung. Dieses Fest war großartig – bis zum Attentat, dann gingen innerhalb von einer Stunde alle Lichter aus.

Im Vorfeld der Spiele gab es ein Projekt des amerikanischen Land-Art-Künstlers Walter De Maria – das *Denkloch*. Er wollte einen drei Meter breiten Schacht nach unten durch den Schuttberg treiben bis zum natürlichen Grund. Und dann im natürlichen Grund in gleicher Tiefe weiter. Das wäre oben mit einer großen Bronzeplatte abgedeckt worden. Dahinter stand die Idee, dass dieser Schuttberg die Geschichte des zerstörten Münchens repräsentiert, auch die Geschichte von Menschenleben; man weiß ja nicht, was in dem Schutt alles drin war, der in großen Mengen dorthin gekarrt wurde. So sollte dies, in Verbindung mit dem natürlichen gewachsenen Humus, eine Gesamtgeschichte werden. Wir waren alle begeistert von diesem Projekt, und eine Reihe junger Leute setzte sich sehr dafür ein, in vorderster Front Christoph und Katharina Sattler sowie das Ehepaar Monika und Rainer Goedl. Der Kampf tobte. Da war ich gleichfalls Aktivist: Wir gingen dafür wirklich auf die Barrikaden. Gelungen ist es nicht, aber ich habe noch den ganzen Stapel von Artikeln, von Korrespondenzen mit der Regierung, mit der Presse und wer sonst noch alles dabei war. Ich bin auch heute noch davon überzeugt. Doch es wurde gesagt, das Projekt verletze das geistige Eigentum derer, die den Olympiapark gebaut hatten. Lauter solche Dinge. Am Ende wollte es eben niemand. Das Projekt wurde sogar vor kurzem wieder aufgegriffen, weil die Pläne noch alle vorhanden sind. Man könnte es heute genauso bauen, ganz ohne Verfälschung. Doch es ist auch jetzt nicht gelungen. So sind eben Schicksale von Einzelprojekten.

Immerhin öffnete sich München mit den Olympischen Spielen für die Außenwelt, so auch für die Moderne Kunst. Das begann zwar bereits vorher, war aber doch noch nicht so akzeptiert. Dan Flavin, der große amerikanische Künstler, der mit Lichtröhren arbeitete und der uns schon beim Aufhängen der Kraushar-Stöher-Sammlung geholfen hatte, sollte die Beleuchtung der gesamten neuen U-Bahn machen. Es war tragisch, dass er erkrankte und bald darauf starb, dies umso mehr, als damals plötzlich auch in der Stadt diese Bereitschaft aufkam, große internationale Kunst mit einzubeziehen.

Die Pinakothek der Moderne

Die Zeitspanne, bis Moderne Kunst in München Akzeptanz fand, war lang. Andere Städte waren mit der zeitgenössischen Kunst deutlich früher dran als München. Dazu gehörten Düsseldorf, Köln, Frankfurt, Berlin. In Düsseldorf stellte die Regierung dafür die Toto-Gelder zur Verfügung; das waren große Summen. Der geniale Leiter, Werner Schmalenbach, konnte damit Meisterwerke erwerben wie kein anderes Museum in Deutschland. Die Situation in München war wirklich eine ganz andere. Ida Bienert, die alte Dame, die wunderbare Bilder besaß, wollte die *Große träumerische Improvisation* von Kandinsky an den Staat verkaufen – für mich der schönste Kandinsky, den es gibt. Das lehnte der Landtag ab. Generaldirektor Halldor Soehner rief mich vom Landtag aus an; es ging, glaube ich, um eine Differenz von 250 000 DM. Der Galerie-Verein besaß das Geld, aber ich hatte keine Befugnis, darüber zu verfügen. Doch ich sagte am Telefon: «Der Galerie-Verein gibt das Geld dazu.» Er ging zurück in die Sitzung, der Ankauf wurde genehmigt. Dadurch blieb der Kandinsky hier. Der Galerie-Verein stimmte meiner voreiligen Zusage zu. Das war so ein Fall. Ich weiß von mehreren anderen Fällen, wo Meisterwerke von Picasso in der Generaldirektion der Staatsgemäldesammlungen auf der Staffelei standen; das Geld war da, aber der Ankauf wurde vom Ministerium verboten. Es gab eine Zeit, in der es hieß: «Ein Picasso kommt uns nicht ins Haus.» Und ich erinnere mich auch an den Spruch: «Das kann meine fünfjährige Tochter auch malen.» Das beschreibt etwas die geistige Atmosphäre der 1950er und 1960er Jahre.

Der Galerie-Verein konnte viel bewirken und führte immer mehr Freunde der Modernen Kunst zusammen. Die Gruppe, die auch die Idee eines eigenen Museums verfolgte, wuchs. Unter Kultusminister Hans Zehetmair dachte man dann schon ernsthaft darüber nach. So diskutierte man über einen Anbau an das Haus der Kunst in den Englischen Garten hinein. Das war gar kein schlechter Plan.

Sogar Joseph Beuys sprach sich öffentlich dafür aus. Ich kann aber auch verstehen, dass es Widerstände gab, in den Englischen Garten hineinzubauen.

Die Debatte schleppte sich dann etwas hin. Doch ich erinnere mich genau, wie mich Minister Zehetmair um drei Uhr in der Nacht anrief und sagte: «Wir haben heute Nacht beschlossen, das Museum zu bauen, und zwar auf das Baugelände, das eigentlich der Technischen Universität gehört. Die dort geplanten Neubauten werden nach Garching verlegt, und wir werden dort bauen.» Das kam wie Donner und Blitz aus heiterem Himmel und war natürlich großartig! Für die Galerien war das der ganz große Durchbruch in eine kreative Zukunft, und für die Universitäten traf das in gleicher Weise zu. Zehetmair zog das dann zügig durch. Da war Moderne Kunst in München schon etabliert und gesellschaftlich akzeptiert. Aber Ministerpräsident Stoiber machte zur Bedingung, dass zwanzig Prozent der Bausumme – das waren schon damals zweihundert Millionen Mark – privat aufgebracht werden müssten. Wir gründeten eine Stiftung, die Freunde der Pinakothek der Moderne. Das Bauprojekt sah gut aus. Und plötzlich wurde das Ganze zu einer Volksbewegung. Die allgemeine Begeisterung war so groß, dass am Ende die Regierung schleunigst auch noch auf den Wagen aufsprang, und die benötigten Millionen waren in kürzester Zeit beieinander. So entstand das Museum des 20. Jahrhunderts gerade noch am Ende des 20. Jahrhunderts, und es bewährte sich: Es fand dort die Neue Sammlung ihren Platz, die darin zum ersten Mal wirklich in ihrer Schönheit sichtbar wurde; die Graphische Sammlung bekam Raum für Ausstellungen, ebenso die Architektursammlung der TU. Das wirkte gut zusammen.

Dieses Museum fürs 20. Jahrhundert im 20. Jahrhundert in München gehörte lange zu meinen Tagträumen. Irgendwann ist es dann gekommen. Zu meinen Träumen gehörte auch, für die Kunstsammlungen nicht erreichbare Bilder zu bekommen – amerikanische Kunst der 1950er Jahre, einen wirklich schönen Jackson Pollock, einen de Kooning, einen Rothko usw. Das waren Träume im Geiste des Musée imaginaire von Malraux. So kann man sich sein Museum in der Phantasie bauen. Wir haben schöne Bilder, aber wirklich Picasso aufzubauen oder Matisse aufzubauen, Kubismus aufzubauen war nicht denkbar, denn dafür reichten die Mittel nicht. Und als die Mittel zur Verfügung gestanden hätten, waren die Hauptwerke alle schon in Museen. Aber man kann Gedankenspielen nachhängen, und ich wollte mehr: Ich erträumte mir nicht nur, dass eine Sammlung da sein sollte, sondern auch das geistige Niveau dafür, dass hier eine Gesellschaft entstehen sollte, so sprühend lebendig, offen und intelligent, wie ich sie in New York erlebt hatte. Dass da ein Kontakt zwischen Gesellschaft, Intellekt und wirtschaftlicher Macht entstehen müsse auf höchstem künstlerischem und kulturellem Niveau. Das war in New York wirklich unglaublich – das war wie Florenz bei den Medicis oder Paris in manchen Momenten seiner Geschichte. Da kam ich hin und dachte mir: «So ein Leben hätte ich gerne für mein München, für mein Land.» Die Bilder sind damit nur der Spiegel dieses Niveaus. Politiker müssen nicht Sachverständige für zeitgenössische Kunst sein. Das ist ein schwieriges Kapitel, bei dem es keine Garantie gibt. Kein Mensch kann uns sagen, was man in 50 Jahren über uns denken wird und über das, was unsere Zeitgenossen an Kunst erworben oder gefördert haben. Aber der Stellenwert sollte erkannt werden.

Perspektiven: das Kunstareal

Heute wird die Weiterentwicklung des Territoriums um die Pinakotheken diskutiert. Dies war lange durch die Baurechte des Architekten Stephan Braunfels blockiert – alles wurde erstickt, was an Weiterentwicklung nötig gewesen wäre. Vor einigen Jahren kaufte Markus Michalke, Vorsitzender der Stiftung Pinakothek der Moderne, die für den Neubau gegründet worden war, Braunfels die Rechte ab. Es fasziniert mich, wie daraufhin das Nachdenken einsetzte und man entdeckte, dass München Potential hat wie kaum eine andere Stadt: Glyptothek, Antikensammlung, Lenbachhaus, Ägyptische Sammlung, die Hochschulen, Alte Pinakothek, Neue Pinakothek, Pinakothek der Moderne, Graphische Sammlung, Sammlung Brandhorst. In der Amalienstraße geht es weiter bis zur Universität, dann kommen die Akademien. Das alles liegt in einem Areal. Dieses Museumsareal ist etwas ganz Einzigartiges, eine große Chance für eine Weiterentwicklung. Jetzt denkt man auch darüber nach, wie ein Museum des 23. Jahrhunderts ausschauen könnte. Diesmal ist München, wie mir scheint, geistig sehr weit vorne dran. Bei allem Platzbedarf für das Bestehende im Einzelnen wird zunächst das Areal als Ganzes überdacht. Stadt und Staat sitzen hier an einem Tisch. Das ist bisher noch nie gelungen. Wenn ich die Anfänge im Kampf um ein Museum für das 20. Jahrhundert damit vergleiche, dann ist das eine atemberaubende Entwicklung. München steht dabei immer in Konkurrenz zu Berlin mit seiner Museumsinsel und will nicht zurückstecken. Das ist gut so. An diesem Kunstareal denken große Architekten, Stadtplaner und Kunstphilosophen gleichermaßen mit.

Und es ging uns damals nicht nur um die bildende Kunst, sondern auch um die Musik, um die Offenheit für die künstlerischen Entwicklungen der Gegenwart. Im Galerie-Verein veranstalteten wir Konzerte mit Luigi Nono und anderen Avantgardisten. Ich erinnere mich noch gut an die ratlosen Gesichter der Konzertbesucher. Die Konzerte der Musica Viva führten oft ganz neue musikalische Entdeckungen vor. Das war eine großartige Zeit. Ich glaube, wir waren wirklich eine gesegnete Generation. Für mich ging es ein bisserl turbulent los, war dann aber toll. Es war ein Glück für mich, dass ich in diese enorme Aufbruchszeit hineingeboren wurde. Nach dem gewonnenen Kampf saßen wir dann aber ganz bequem auf den Erfolgen und erkannten nicht immer, wann sich dieser Aufbruch überschlug und irgendwie hohl wurde. Heute haben wir eine völlig andere Welt, eine andere Jugend, die in einer Welt lebt, bei der ich keine Ahnung habe, wo der Weg hinführt.

In den ersten Jahrzehnten, als ich anfing, mich für Moderne

«Let's party for a piece of art». Die PIN-Vorsitzende Katharina Freifrau von Perfall mit Herzog Franz von Bayern auf dem Fest der Freunde der Pinakothek der Moderne, 2017, Foto Robert Haas

Kunst zu interessieren, versuchten wir alle mitzuhelfen, dass im Land irgendwann die Fensterläden aufgingen, da bis dato alles so hermetisch verschlossen war. Da war die Teilnahme an jeder Ausstellungseröffnung gleichzeitig ein Statement und eine Kampfansage – deswegen ging man hin. Das ist heute nicht mehr so. Heute gehe ich hin, wenn ich Zeit oder Lust habe; aber ich gehe lieber *nach* der Eröffnung hin, weil ich mir die Sachen dann in Ruhe anschauen kann. Es ist sehr selten, dass ich heute noch das Gefühl habe, ich müsste irgendwo hingehen, weil ich dort sein sollte. Wenn es ein befreundeter Künstler ist, tue ich es vielleicht für ihn, aber das ist dann nicht mehr in der Sache begründet. Heute muss man für keinen Künstler mehr kämpfen, Gott sei Dank. Die Zeiten haben sich geändert. Heute muss man eher darauf achten, dass das ganze kulturelle Leben nicht zu einem gesellschaftlichen Event verkommt.

Allerdings eröffnet ein gesellschaftlicher Rahmen auch die Option, ganz neue Arbeitsfelder aufzubauen und zu finanzieren. So entwickelt zum Beispiel die PIN große Projekte für Kinder und andere Gruppen der Gesellschaft; das wird ermöglicht durch die großen Kunstauktionen. Hier beginnt auch das Nachdenken über ein Museum für die nächste Generation.

Ich bin davon überzeugt: Wenn man im richtigen Sinn konservativ ist, dann hat man eine sehr feste Basis. Und wenn man auf einer so festen Basis steht, hat man eine unglaubliche Bewegungsfreiheit im Kopf und kann sich auf jedes gewagte Denkexperiment einlassen, um es zu prüfen. Weil man nie Angst haben muss, dass man dabei ins Schlingern kommt. Das gilt für die Forschung, für das Unternehmertun, für die Kunst. Und am Ende sogar für die Geschichtsschreibung.

Meine Rolle kommt zu einem Teil aus der Stellung meiner Familie mit den gegebenen, quasi «geborenen» Verbindungen zu den Museen. Das hat mich immer interessiert – und vielleicht war es eine Stärke, dass Museen für mich immer mehr als nur Institutionen waren. Ich war einfach neugierig und hörte überall zu. Ich habe nicht deshalb Gewicht, weil ich mich in einer Alten Pinakothek, einer Glyptothek, einer Antikensammlung oder weiß Gott wo wichtigmache, sondern weil ich mit allen im Gespräch bin und von allen Informationen bekommen kann. Das war auch in den langen Zeiten der Kämpfe um ein Museum des 20. Jahrhunderts von Bedeutung. Vielleicht half dabei auch die Tatsache, dass ich meine Bilder als Stiftung für die Öffentlichkeit gegeben habe. Aber wenn ich etwas beitragen konnte, dann war das vor allem dadurch möglich, dass das nicht mein einziges Thema war, sondern dass ich immer über das ganze geistige Leben im Land sprechen und darauf pochen konnte, dass auch die Moderne Kunst dazu gehört. Und dass ich immer begeisterte Mitstreiter hatte.

V.
Internationale Verwandtschaftsverbindungen

Weiße Rosen aus Schottland: das Stuart-Erbe, «ein charmantes historisches Kuriosum»

Nach dem Abitur wollte ich nach Schottland fahren. Das klang gut, und ich hatte gehört, dass Schottland schön ist. Es war meine erste größere Reise. Die Eltern gaben mir ein paar Kontaktadressen. Zunächst fuhr ich zwei, drei Tage mit einem Auto durchs Land und besuchte dann die Familie von Sir Iain Moncreiffe, bei dem ich angemeldet war; er lebte noch auf Schloss Moncreiffe, das sich seit 800 Jahren in Familienbesitz befand. Seine Frau Diana Hay, genannt «Puffin», war die Countess of Erroll, das ist die ranghöchste Adelige in Schottland, Chief High Constable of Scotland. Dieses junge Ehepaar war unglaublich lustig, lebendig und hochgebildet, er der beste Genealoge Großbritanniens. Das ganze Haus war voll mit jungen Leuten. Ich kapierte erst später, wer die alle waren. Mit ihnen fuhr ich eine weitere Woche durch Schottland, wir schauten vieles an und hatten eine vergnügte Zeit. Es ist ein atemberaubendes Land. Dann fand in Perth wie jedes Jahr ein großer Ball statt, und ich hätte einen Reel mittanzen sollen. Das endete in einer Katastrophe, weil ich alles durcheinanderbrachte und damals, wie üblich, sehr viel Alkohol floss. Aber es war doch eine ganze Reihe älterer Herren gekommen, die mich kennenlernen wollten. Dass das Stuart-Anhänger waren, die mich in der schottischen Erbfolge sahen, begriff ich zunächst nicht, das gebe ich gern zu. Aber ich begegnete im Ganzen einer außerordentlich freundlichen und fröhlichen Atmosphäre.

Bei Besuchen wurde selbstverständlich immer Whisky serviert. Einmal bei einem Besuch mit mehreren Gästen erhielten diese einen Super-Spezial-Whisky. Aber dann wurden zwei Becher serviert, nur für den Hausherrn und für mich. Das war dann ein Whisky, den überhaupt niemand anderer bekam. Da wurde mir erst klar, was das dort für eine Rolle spielte und wie viel Familientradition an solchen Dingen hängt. Meine Eltern hatten mich wohl ganz bewusst nicht vorbereitet, damit ich nicht aufgeblasen ankomme. Die sagten mir nur: Benimm dich! Das sagten sie immer, wenn ich irgendwo hinfuhr. Aber mehr hatten sie mir auf diese Reise nicht mitgegeben.

Diese Stuart-Erbfolge ist ein charmantes historisches Kuriosum – und wie es darum bestellt ist, ist auch nie ganz sicher, weil das schottische Erbrecht so ungeheuer kompliziert ist. Das geht, soweit ich weiß, auf drei Schwestern der Urgroßgeneration von Mary Stuart zurück. Von der einen Schwester stammen wir ab. Von der anderen Schwester stammt die Königin von England ab. Man ist sich nie ganz sicher, welche die Ältere, welche die Jüngere war. Der größte Sachverständige in dieser Frage war Iain Moncreiffe; und er schrieb mir jahrelang mindestens jedes halbe Jahr einen Brief: «Franz, I am sorry, you are out» und ein halbes Jahr später «Franz, you will be amazed, but you are back in again, we found another source». So ging es weiter, jahrelang. Einmal war es die Königin von England, und einmal war es ich. Das zog sich lange hin.

Man muss natürlich sorgfältig damit umgehen. Das ist auch eine Frage der Höflichkeit. So informierte ich die englische Königin, wenn ich nach Schottland reiste und beispielsweise die Morays besuchte, die große Stuart-Anhänger sind. Was ich tue, soll nie einen falschen Geruch bekommen. Auch muss man mit der Presse etwas aufpassen; das sind so Überlegungen, aber es ist nicht so ernst. Der Earl of Moray hieß bei meinem damaligen Besuch im Haus von Ian Moncreiffe zu Lebzeiten seines Vaters noch Douglas Stuart. Ja, diese ganze Stuart-Geschichte hat einen großen Charme.

Schottische Stuart-Anhänger kommen alle paar Jahre mal bei mir zu Besuch. Erstaunlicherweise spielte dieses schottische Thema eine Rolle bei dem amerikanischen General Edgar Erskine Hume, der meinen Großvater nach dem Krieg aus Italien zurückbrachte. Mit seiner Schwiegertochter, Betty Hume, war ich im International Council des Museum of Modern Art in New York verbunden. Da sprachen wir auch darüber, dass diese schottische Verbindung existiert. General Hume dachte wirklich so, ebenso einige Schotten. In Schottland gibt es noch eine Royal Stuart Society, die zu Weihnachten eine Karte schickt und manchmal auch irgendwelche kleine gedruckte Informationsblätter. Bei der Beerdigung meines Vaters kam von der Stuart-Gesellschaft ein großer Kranz mit weißen Rosen und einer schottischen Schleife, zu meinen Geburtstagen erhalte ich einen Strauß weißer Rosen. Es gibt auch angeblich in Schottland eine besondere Art, einen Toast auf das Königshaus auszubringen. Sie halten das Glas mit dem Champagner über das Wasserglas. Dann heißt es «The King over the Water». Ich kann bei diesem Thema immer wunderbar schmunzeln, und darf nie den Anschein erwecken, dass ich es zu ernst nehme.

Es gibt zu diesem schottischen Thema noch eine weitere Geschichte: Wenige Monate vor der Krönung der englischen Königin in Edinburgh wurde der *Stone of Scone* gestohlen; das ist der Stein, auf dem sie bei der Krönung sitzen musste. Das führte damals zu einer fieberhaften Suche. Da gab es bei uns die Sorge, was passiert, wenn einer von diesen Narren, die den gestohlen haben, ihn in Leutstetten abgibt? Das hätte zu einer Peinlichkeit sondergleichen geführt. Gott sei Dank passierte das nicht. Er wurde wiedergefunden. Es war die Puffin Erroll, also die Frau von Iain Moncreiffe, die als Chief High Constable of Scotland an die Schotten appellierte, den Stein herauszugeben – und drei Tage später lag er auf den Stufen der Kirche. Die Königin konnte darauf gekrönt werden.

Unser angeblicher «Anspruch» auf den schottischen Thron ist ein historisches Kuriosum. Es hat seinen Charme und man kann darüber schmunzeln und im Rahmen des Geschmackvollen auch Witze machen, aber mehr nicht. Das englische Königshaus kennt meine Haltung. Der damalige Prince Charles war ja ein paar Mal hier. Wir wurden vom Ministerpräsidenten damit bei offiziellen Reden geneckt, und Charles antwortete sehr witzig. Wenn er dann hier zum Tee war, unterhielten wir uns gut und lachten darüber. Empfindlichkeiten sind am besten aus dem Weg zu räumen, indem man sie anspricht und darüber lacht. Da gab es nie eine nennenswerte Spannung. Ich glaube, Charles wäre entsetzt gewesen, wenn er das Gefühl bekommen hätte, dass wir das zu ernst nehmen.

«Inter pares» unterwegs: die Fahrt mit der «Agamemnon»

Wir lernten Mitte der 1950er Jahre, als Deutschland sich wieder mehr zur Welt öffnen durfte, auch die internationale Verwandtschaft kennen. Eine besondere Gelegenheit dazu bot eine Schifffahrt in Griechenland. Um den Fremdenverkehr zu entwickeln, stellte der Reeder Nomikos König Paul und Königin Frederike von Griechenland ein großes Schiff für eine Werbemaßnahme zur Verfügung. Die griechische Familie lud in wirklich sehr netter Form sämtliche königlichen und ehemals königlichen Häuser und Verwandten ein, die es in Europa gibt. Und alle kamen. Wegen des vorangegangenen Weltkriegs kannten sich die meisten nicht. Wir – etwas über hundert Gäste – waren 14 Tage auf dem Schiff unterwegs, und es wurde unglaublich lustig, lebendig, interessant. Das Schiff hieß «Agamemnon». Zwischen allen, die auf dieser Schifffahrt dabei waren, besteht bis heute eine engere Freundschaft als mit allen anderen. Agamemnon ist innerhalb dieser ganzen Verwandtschaft eine besondere Gruppe.

Es waren auf der «Agamemnon» fast alle da; aus England kam, soweit ich mich erinnere, niemand. Dafür aber die Holländer, Belgier, Luxemburger und Skandinavier; ebenso waren aus Spanien der damalige Prinz Juan Carlos mit Eltern und Schwester Pilár gekommen und die Italiener, natürlich auch viele der großen deutschen Fami-

Königlicher Ausflug. Königin Frederike von Griechenland auf einem Maultier, begleitet von einem Leibwächter, gefolgt von Königin Juliana der Niederlande (mit Hut), Insel Santorin 1954, Foto Bettmann Archive

lien. Wir lernten uns damals alle kennen, es war ein Riesenspaß. In Knossos marschierten all die Könige und Königinnen zum Palast hinauf, und oben stand Pilár. Wie alle oben waren, begann Pilár eine kleine Rede mit den Worten: «Chers citoyens!»

Wir unterhielten uns königlich. Vormittags war der Besuch von Monumenten der Antike mit Picknick angesagt, nachmittags Schwimmen und Gaudi. Wir fuhren immer in der Nacht, landeten am Tage an der nächsten Insel, und am Abend gab es unerbittlich

Die «Kreuzfahrt der Könige» auf dem Schiff «Agamemnon». Europäischer Hochadel bei einem Landausflug auf der Insel Mykonos. V. l. n. r.: Prinz Christian von Hannover; Marie José, Ehefrau des Ex-Königs Umberto von Italien; die griechische Königin Frederike, Schwester von Prinz Christian; der italienische Ex-König Umberto; König Paul von Griechenland, Mykonos 1954, Foto Bettmann Archive

Tanz. Da war es auch formell: Man musste ein Mess-Jacket mit einer weißen Weste tragen und ein Los mit seiner Tischdame ziehen, oder die Damen mussten den Tischherrn ziehen. Man wusste also nie, bei wem man am Tisch landete. Das war für uns Buben ein Albtraum, allerdings entpuppten sich auch die schlimmsten alten Tanten beim Essen als sehr unterhaltsam. Es gab größere oder kleinere Tische, alles ohne hierarchische Tischordnung. Alle waren ja inter pares sozusagen. Dann wurde getanzt. Es war wirklich lustig, aber auch immer mit guter Form.

In Delos war ziemlich viel Presse am Ufer. Das war ja auch so gewollt – wir sollten ja für den griechischen Fremdenverkehr Propaganda machen. Delos war damals noch ein stilles Dorf. Wir standen in einer kleinen Gruppe zusammen: Meine Eltern, Königin Juliana der Niederlande und Königin Friederike, ich war ebenfalls dabei, und wir besprachen irgendetwas. Da kamen Reporter, nicht ganz wohlwollend, und fragten: «Was macht Ihr eigentlich da, was soll denn das jetzt alles?» Da drehte sich Königin Juliana um und sagte mild lächelnd: «Ach, wissen Sie, das ist der Betriebsausflug unserer Gewerkschaft!» Solche Dinge passierten ständig. Auch König Umberto von Italien war mit von der Partie, wobei man wissen sollte, dass die Italiener ja wenige Jahre vorher diese Inseln besetzt hatten. Es kam auch die Admiralität, und es wurde beraten, wie man die Situation handhaben sollte. So landete ein Boot, um uns an Land zu bringen. König Paul und König Umberto gingen zusammen an Bord und stiegen quasi untergehakt am Ufer aus und spazierten in die kleine Stadt. Es war toll, auf die Weise diese Vergangenheit zu bewältigen. Es war also nicht nur Unterhaltung, sondern es standen auch manchmal politische Überlegungen dahinter.

Insgesamt gab es wenig Protokoll. Aber gute Manieren spielten eine Rolle. Man konnte sich gegenseitig mit Wasser bespritzen, wenn es heiß war, sich Bälle an den Kopf werfen und auch viel lachen. Aber ich erinnere mich, dass König Umberto etwas früher abreiste und wirklich versuchte, sich von allen, auch von uns Kindern, zu verabschieden. Wir gingen hin, um auf Wiedersehen zu sagen; doch einige hatte er nicht erwischt. Am nächsten Tag erhielt auch jedes von den Kindern, die nicht hingegangen waren, ein Telegramm: «Es tut mir leid, dass ich mich nicht von dir verabschieden konnte, dein Onkel Beppo.» Er hatte sich jeden Einzelnen von uns 104 Leuten gemerkt, dem er nicht auf Wiedersehen sagen konnte.

Nach dieser Fahrt waren alle Freunde und man sah sich immer wieder, das geht bis heute so. Es gibt immer noch einige, die damals dabei waren, und wenn sich die Agamemnon-Leute sehen, spüren wir eine enge Verbindung. Auf den Schiffen war die Verwandtschaft Orléans, Bourbon, Habsburg, dann Parma, Portugal ... Bei den portugiesischen Braganças gab es in der vorhergehenden Generation einige, die sehr viele Töchter hatten, die sich wie ein Schrotschuss in ganz Europa verbreiteten, dadurch sind auch sehr viele miteinander verwandt. Wenn ich später in Portugal war, war es ganz selbstverständlich, dass ich anrief, und fragte, kann ich zum Mittagessen kommen – und wenn die hier waren, haben sie bei uns gewohnt. Mit den Luxemburgern ist es das Gleiche, auch mit den Belgiern und den Skandinaviern bis heute noch.

Es gab eine weitere solche Fahrt, da die erste ein Riesenerfolg war. Das Schiff der zweiten Fahrt, die zwei Jahre später stattfand, hieß «Achilles». Da waren wir mit den Eltern auf einer Reise in Südafrika und Namibia, damals Südwest-Afrika. Auf der Rückreise kamen wir in Probleme, weil gerade Gamal Abdel Nasser die Macht übernommen hatte. Wir blieben in Luxor stecken. Da schaltete sich Königin Frederike ein, die uns in Athen erwartete, wir konnten nach Athen weiterfliegen und erreichten das Schiff «Achilles».

Der Ungarnaufstand 1956 – eine Zäsur

Im Fasching taten sich in München Mitte der 1950er Jahre die Mütter der adeligen Familien zusammen und gaben Bälle im Hotel Vier Jahreszeiten oder im Bayerischen Hof, manchmal mehrere Abende hintereinander mit ein paar hundert Gästen. Von dieser legendären Zeit reden alle heute noch. Das waren alles Leute aus der Gesellschaft, aus dem Adel, aus der Verwandtschaft. Da hieß es dann: Der ist mit dir so verwandt, und der ist der Sohn meiner besten Freundin, die wieder auch meine Cousine ist. Da wusste man dann, wo die hingehören und wie man mit denen verwandt ist. Es entstanden immer mehr Kontakte, und es wurde auch eine Welle von dummen kleinen Geschichten erzählt, von denen wir alle voll sind, ob sie stimmen oder nicht. Aber jedenfalls die Verwandtschaftsverhältnisse, die stimmten immer.

So wurde man in diese Gesellschaft hineinsozialisiert. Das war natürlich auch ein Heiratsmarkt, es gab den «Drachenfels» der Mütter, die oben saßen und schauten, mit wem die Töchter tanzen. Das gehörte dazu, aber es war sehr, sehr lustig und sehr lebendig. So ging es ein paar Jahre lang; am Ende reisten Leute von Paris, ja, von überall an, weil München wie ein Magnet wirkte. Mitten in einem Ball kam dann die Nachricht, dass in Ungarn ein Aufstand stattfand, der niedergeschlagen wurde. Eine Flüchtlingswelle hatte eingesetzt. Da fuhren viele vom Ball weg nach Hause, zogen sich um, setzten sich in ihre Autos und brachen nach Wien auf, um zu helfen: Der Malteserorden holte alle jungen Malteser zusammen und sagte, schaut, was ihr machen könnt. Das war der letzte Ball, und das wurde nie wiederbelebt.

Im Burgenland war schlechtes Wetter. Es war sehr kalt, es regnete, und es entstanden sofort Lager, um die Flüchtlinge aufzunehmen. Meine Schwestern waren auch dort. Alle Malteser setzten sich sehr ein und halfen die ganzen Nächte den Leuten, die über die Grenze kamen. Es spielten sich schreckliche Szenen ab, Schüsse fielen. Die Russen hatten die Grenze zugemacht, und so kamen die Leute durchs Wasser, durch den Morast, mit kleinen Kindern. Sie gaben den Babys Schlafmittel, damit sie nicht schreien sollten. Aber sie hatten oft zu hoch dosiert; so kamen sie an, und die Babys waren schon fast tot. Es war furchtbar. Die Malteser aus München hatten ihr gesamtes Geld mitgenommen. Der Caritas-Direktor Pater Augustin Rösch rief mich an, ich war noch in München. Er bat mich, das Geld zurückzuholen, da die Zeit nach der ersten Welle der Hilfsbereitschaft sicher noch viel schlimmer werde; dann brauche man das Geld noch viel dringender. Ich fuhr nach Wien und wollte im Hotel Ambassador ein Zimmer haben, aber die gaben mir eine große Suite mit drei oder vier Räumen und zwei Bädern, das war wirklich Luxus. Ich fuhr mit meinem VW-Bus immer wieder an die Grenze, wo auch meine Schwestern waren und alle anderen Verwandten, und kam jede Nacht mit dem Bus voll mit sechs, acht Flüchtlingen wieder nach Wien; die waren von oben bis unten voller Schlamm, halb erfroren, völlig übermüdet. In allen Zimmern der

Suite lagen Stöße von Badetüchern, eine große Brotzeit stand auf dem Tisch. Alle konnten sich waschen und baden. Manchmal lag auch frische Wäsche da. Dann schliefen sie irgendwo auf dem Teppich und wurden am nächsten Tag von der Caritas weitervermittelt. Ich war etwa acht Tage in Wien. Es gelang mir, den größten Teil des Geldes wieder loszueisen, und ich konnte damit nach Hause fahren. Das Ambassador stellte mir nie eine Rechnung.

Zu den Flüchtlingen gehörten auch einige Familien, durch die wir zum ersten Mal erfuhren, wer von den ungarischen Verwandten und Bekannten noch lebte und wie es ihnen ging, wer schwerkrank war und in irgendeinem Kellerloch hauste. Daraufhin fingen Franziska von Habsburg, Erzherzogin von Österreich, und meine Mutter an, über den kleinen Grenzverkehr Medikamente nach Ungarn zu schmuggeln, um Leuten zu helfen. Daraus entstand später der Hilfsverein Nymphenburg.

«Nie in ein östliches Land» – Konsequenzen des Kalten Krieges

Die Angst vor den Russen war allgemein, das blieb all die Jahre ein ganz großes Thema. Es gab sicher auch Momente, in denen alle Angst hatten: Jetzt bricht wieder ein Weltkrieg aus. Doch den Kalten Krieg nahm ich insgesamt nicht als Ereignis wahr, er begleitete einen über viele Jahre. Auch wenn mein Vater es nicht direkt verboten hatte, so wusste ich doch, dass das unklug wäre – und so fuhren wir nie in ein östliches Land. Dabei spielte auch die Sorge eine Rolle, dass man die Leute dort mit unserem Namen gefährden könnte. Aber vor allem stand der Gedanke dahinter: Da geht man nicht hin. Es gab auch keinen Briefwechsel. Damit hätten wir die Leute ebenfalls gefährden können; bestand doch immer die Sorge, dass dort jemand verhaftet würde, wenn man einen Brief mit dem Namen meiner Mutter fände. Umgekehrt gab es auch eine Vorsicht oder ein Zögern, mit Leuten in Kontakt zu treten, die offiziell von drüben kamen. Man konnte niemandem trauen. Dieses Misstrauen steckte aus der Nazizeit noch in uns allen. Erst nach der Öffnung des Eisernen Vorhangs, nach den bewegenden Szenen an der österreichisch-ungarischen Grenze mit dem «Paneuropäischen Picknick» bei Sopron, den Botschaftsflüchtlingen in Budapest und letztlich dem Fall der Mauer reiste ich das erste Mal wieder nach Ungarn; nach Rumänien nach dem Fall von Nicolae Ceaușescu. Ungarn besuchte ich zusammen mit Michael und Rudolf von Habsburg und dessen Frau Angie, die in Belgien sehr erfolgreich den Schwesterverein zu unserem Hilfsverein Nymphenburg, Aider Autrui, aufgebaut hatten. Wir fuhren zu den Adressen von Leuten, die der Nymphenburger Hilfsverein unterstützt hatte: sehr alte, nicht wenige kranke Menschen. Manche dieser Begegnungen waren beklemmend. Sie haben sich mir tief eingeprägt.

Ich erinnere mich an eine Gräfin Mikes. Sie hatte in ihrem früheren Palais, das schon lange enteignet war und ihr nicht mehr gehörte, nur ein einziges Zimmer im Erdgeschoss. Das Zimmer, ein hoher Raum, war nicht sehr groß, vielleicht zwei Fensterachsen. Dieser Raum war übermannshoch völlig mit Zeitungen zugestapelt. Es gab einen schmalen Gang, durch den man sich in die Nähe eines Fensters hindurchquetschen konnte. Da war eine Fläche von sicher nicht mehr als zwei Quadratmetern, und in diesem Loch saß in einem großen Sessel diese alte Dame mit einer Decke. Es gab nichts zu essen. Sie hatte einige Kekse, die sie uns anbot, und ein Glas Wasser. Sie besaß wohl nur dieses eine Glas. Sie saß schon, glaube ich, viele Jahre in diesem Sessel. Ich weiß nicht einmal, ob es ein Klo gab oder einen Wasserhahn. Sie saß da wie ein alter Raubvogel, mit einer messerscharfen Zunge und einem messerscharfen Gedächtnis für ihre Familie. Sonst wusste sie nichts von der Welt. Und nahm auch kaum wahr, was für ein Wetter war, weil sie nicht direkt am Fenster saß. Sie hatte diesen Raum wohl wirklich seit vielen Jahren nicht mehr verlassen. Die Zeitungen waren Mauern. Wer die da so sauber gestapelt hatte, weiß ich nicht. Es muss ja irgendwann irgendjemand gekommen sein und ihr geholfen haben, auf die Toilette zu gehen.

Aber das war alles nicht herauszufinden. Diese alte Gräfin Mikes, das weiß ich noch, hatte unsere Pakete bekommen, und sie sagte, dass das für sie die einzige Möglichkeit war, manchmal noch jemandem etwas schenken zu können. Sie war sehr beeindruckend – und sie war nicht die Einzige. Wir besuchten eine ganze Reihe von Adressen, auch in Rumänien. Nicht selten trafen wir wirklich haarsträubende Zustände an.

«Lauter neue Welten»

In den 1960er und 1970er Jahren hatte ich noch viel mehr Freiheiten als später, als ich enger in die repräsentativen Pflichten der Familie eingebunden war. Doch in diesen jungen Jahren entdeckte ich lauter neue Welten. Mein Vater hatte sich zusammen mit Freunden weit im Innern von Brasilien, im Mato Grosso, an einer Facenda beteiligt – wohl als Geldanlage, aber auch als möglichem Fluchtpunkt, wenn in Europa wieder etwas schiefgehen sollte. Ich fuhr ein paar Mal hin und reiste viel durchs Land, auch im Norden entlang der Küste. Ein fantastisches Land! Um zu dieser Facenda zu kommen, musste man von São Paulo aus zwei Stunden mit dem Flugzeug nach Cuiabá fliegen, danach mit einem Zweisitzer-Flugzeug noch einmal eineinhalb Stunden über den Urwald. Dann konnte man auf einer Wiese landen. Da stand ein kleines Zwei-Zimmer-Haus, das war die Facenda. Darum herum gab es Hütten, in denen die sogenannten Caboclos wohnten, die Kuhhirten. Zur Facenda gehörten etwa 30 000 Hektar Land, was in Brasilien nicht sehr viel ist, und es sollten 5000 Rinder dabei sein. Wir sind allerdings ziemlich betrogen worden; es waren, glaube ich, am Ende nur 3000. Allerdings stellte sich Jahrzehnte später bei der Vermessung vom Flugzeug aus heraus, dass es über 60 000 Hektar Land waren, aber das bedeutete dort nichts. Die nächste menschliche Behausung war einen Reittag weg. Man konnte nur reiten, weil es keine Straßen gab. Das war alles Urwald, märchenhaft schön – ein Teil Hochland, sogenannte Mesa, ein Teil war tiefer gelegen, das Pantanal. Das war in der Regenzeit mit Wasser bedeckt. Sonst waren es nasse Wiesen, durch die sich ein kleiner Fluss zog. Ich war einmal in der Regenzeit dort. Da sah man dort Tausende von Wasservögeln aller Art, darunter Nilgänse, und zwar immer gleich hunderte. Dieses ganze Pantanal war bedeckt mit Vögeln, auch der ganze Himmel war voller Vögel. Die Mesa dagegen bestand aus Busch und Urwald, und dort standen diese Rinder, die nicht sehr fett waren, eher Haut und Knochen, und es gab dort schwarze, ziemlich aggressive Wildschweine und Jaguare.

1964 nahm ich an einer organisierten Reise durch die brasilianischen Nordprovinzen teil, die damals kein Mensch kannte. Wir fuhren mit einem Dolmetscher Hunderte von Kilometern am Strand, weil es keine Straßen gab. Das war die Zeit der Revolution gegen den Präsidenten João Goulart. Wir waren mit ein paar Freunden in einem sehr schönen Hotel in Bahia untergebracht. Davor liegt ein großer Platz und vis-à-vis der Präsidentenpalast. Da tauchte auf dem Platz ein mageres Muli auf, das eine kleine Kanone hinter sich herzog, und die wurde in der Mitte zwischen Hotel und Palast aufgestellt. Gegner des Präsidenten war der Gouverneur von São Paulo, Adhemar de Barros; der hatte unglaublich viel gestohlen, behauptete aber immer, er gebe das alles dem Land zurück. Er hatte tatsächlich aus seinem Privatvermögen eine Armee gegen die Armee des Präsidenten Goulart aufgestellt und starb als armer Mann. Je nachdem, wer gerade die Oberhand hatte, wurde die Kanone gegen das Hotel oder gegen den Präsidentenpalast gedreht. So ging es drei Tage lang hin und her – das einzige Todesopfer in dieser Episode war ein Staatssoldat, der beim Baden ertrank. Irgendwann war es zu Ende, Goulart ging außer Landes. Sie packten ihm 26 Kisten mit seinen privaten Dingen aus dem Präsidentenpalais, die sie ihm nachschickten, und dabei erklärten, sie wollten nicht seine Nachthemden, sondern wollten ihn nur los sein. So zivilisiert war dieses Brasilien damals.

In der Revolution flogen keine Flugzeuge mehr. Am Flugplatz saßen viele Piloten herum und tranken. Die Flugzeuge standen auf dem Rollfeld. Es gab zwei brasilianische Fluglinien, die Varig und die Vasp. Wir fanden einen Piloten, ich glaube von der Varig, der nach São Paulo wollte, und schauten mit ihm die Flugzeuge an; bei einem steckten die Schlüssel, das war eines von der anderen Fluglinie. Da wir nur wenig Gepäck hatten, stiegen wir mit dem Piloten ein und flogen mit dem Flugzeug einfach los. Der Luftraum war noch gesperrt. Über Rio wurden wir dann von Militärflugzeugen zur Landung gezwungen. Das passte gut, weil ich eigentlich nach Rio wollte. Die fragten uns, was wir uns dabei gedacht hätten, einfach zu fliegen. Als wir antworteten, wir wollten nach Rio bzw. nach São Paulo, einfach nach Hause, mussten sie so lachen, dass sie uns nichts taten. Ich rief meinen Freund Vollrath von Watzdorf an, bei dem ich dann wohnte, und er kam auf den Flugplatz, mich abzuholen. Er war ebenfalls außer sich über unseren «Übermut». Der Rest der Gruppe flog weiter nach São Paulo. Das war die brasilianische Revolution.

Eine Erfahrung anderer Art war mein Besuch in Thailand. Bei einer Rückreise von New York flog ich über Australien heim, was mir die Bemerkung eintrug: «You take the scenic route.» Da schob ich einen Aufenthalt in Thailand ein. Ich hatte von meiner Tante Prinzessin Hella von Bayern eine Empfehlung an einen Vetter des Königs, den Prinzen Sanidh Rangsit. Meine Tante war ihm irgendwo begegnet. Sanidh Rangsit sprach sehr gut Deutsch, er hatte in Heidelberg Abitur gemacht und studiert. Seine Frau war Französin. Mit allen anderen sprach man dort Englisch. In Thailand erlebte ich noch eine Welt, die es heute nicht mehr gibt. Die Rangsits hatten ein wunderschönes Haus mit einem großen Park mitten in Bangkok. An das Wohnhaus angebaut war ein Gästeappartement aus herrlichen alten hölzernen Bauteilen; dort wohnte ich. Heute ist das leider alles mit Wolkenkratzern überbaut. Man fuhr noch auf den Klongs, den Wasserstraßen von Bangkok, und aß dort Nudeln. Das waren die besten Nudeln von allen, die kochte irgendeiner auf einem alten Kahn, dann wurde ein Blechteller im Wasser ausgeschwappt und die Nudeln kamen hinein. Im Norden von Thailand, in Chiang

Mai, hatten der König und auch die Rangsits schöne Sommerhäuser; da lag alles noch in tiefem Schlaf, es gab kaum Touristen. Ganz andere Eindrücke vermittelte eine Reise nach Guatemala. Der Jesuitenpater Franz von Tattenbach, den ich schon aus München kannte und mit dem ich mich sehr gut verstand, hatte 1979 zuerst in Costa Rica dann in Guatemala eine Art Radioschule gegründet, IGER («Instituto Guatemalteco de Educación Radiofónica»). Der Unterricht lief mit ganz neuartigen, der alten indigenen Bevölkerung, die meist noch Analphabeten waren, angemessenen Lehrmethoden. Kleine Transistorradios waren bis in die hintersten Täler hinein verbreitet. Gedrucktes Material wurde verschickt, der Unterricht lief dann über den eigenen Sender. Dadurch konnten sie eine große Zahl von Schülern erreichen, bis zu 45 000, und viele von ihnen bis zur Hochschulreife bringen. Wir unterstützten das über einen kleinen Freundeskreis von München aus und fuhren dann auch hin, um das alles anzuschauen. Die bergige Landschaft in Guatemala war wunderschön und die Begegnung mit den Menschen unvergesslich. Hoch oben in ihren kleinen Dörfern saßen sie meist in einer kleinen Gruppe am Boden zusammen, Jung und Alt. Die meisten trugen die Tracht ihres Stammes in leuchtenden Farben, sie waren von weitem wie Juwelen anzusehen, die Gesichter freundlich, aber ernst, mit großen forschenden Augen – und alle mit einer beeindruckenden Würde.

Familiennetzwerke

Ob in New York oder in Thailand – oft waren Empfehlungen die Türöffner. Die internationalen Familiennetzwerke der großen alten Adelsfamilien sind nach wie vor dicht gewebt. Diese Verbindungen brachten mir eine ganz natürliche Internationalität, die sonst vielleicht anders ausgesehen hätte. Das ist durchaus meine Welt. Anfangs ebneten meine Eltern mir die Wege. Solche Besuche waren fast immer bereichernd, es waren meistens nette Leute, denen ich begegnete; sonst hätten mich meine Eltern gar nicht hingeschickt.

Solche Verbindungen erfordern aber auch Erfüllung. Ich erinnere mich noch, dass ich auf einer Reise war und meine Mutter mir drei Namen genannt hatte, bei denen ich mich melden sollte. Ich kam dorthin, es ergab sich aber etwas anderes, ich ging meine eigenen Wege und meldete mich nicht dort. Als ich nach Hause kam, machte mir meine Mutter einen furchtbaren Krach deswegen: Sie hatte natürlich die Verwandten benachrichtigt, die nun meinen Besuch erwartet hatten, und ich war nicht aufgetaucht. Eine Peinlichkeit.

Etliche Familien aus diesem großen Verwandtenkreis lebten noch in guten Verhältnissen; viele aber waren auch Flüchtlinge, die alles verloren hatten, sich dann jedoch mit großer Energie in Brasilien, Australien, nicht wenige auch in Kanada eine neue Existenz aufbauten. Eine Tante von mir wurde in Kanada Chemikerin und arbeitete in einem großen Institut. Ein anderer Verwandter, ein ungarischer Graf, sehr geistreich und witzig, wurde Butler beim französischen Botschafter in Kanada. Aber alle wussten, wer er war oder wer er ist. Bei einem Ball stand er mit einem Tablett mit Gläsern neben dem Hausherrn, und die Hausfrau tanzte mit irgendeinem Regierungsmitglied einen Walzer, eine elende Sache. Da drückte er das Tablett dem Hausherrn in die Hand, ging hin, klatschte ab und tanzte mit der Hausfrau einen richtigen Walzer. Ganz Ottawa amüsierte sich königlich. Auch diese Episode bietet ein Bild davon, wie es dort zuging.

Es gibt viele solche Geschichten: Der König und die Königin von Griechenland waren bei einem Staatsbesuch in der Schweiz und fuhren von dort zum Staatsbesuch nach Vaduz. Ich war auch gerade dort, ich kannte sie sehr gut von der Agamemnon-Reise, und es war eine vergnügte Zeit. Im Anschluss fuhren sie nach Wien zum Staatsbesuch. Die Liechtensteins hatten in Wien in der Bankgasse eines der großen Palais ganz neu hergerichtet und sagten: «Da geben wir ein großes Essen und einen großen Ball für die Griechen.» Man hatte auch mich eingeladen, doch es starb am Tag vorher eine meiner Urgroßtanten, und so durfte ich nicht hingehen. Ich sprach darüber mit der Fürstin Gina Liechtenstein. Sie gab mir eine liechtensteinische Livree; die erste war zu klein, aber die dritte passte. Dann servierte ich einfach das ganze Essen als Lakai mit. Nur Königin Friederike erkannte mich, auch ihre Tochter Sophia, und sie lachten. Nach dem Essen war es ein großes Gaudium. Zwar konnte ich nicht zum Ball bleiben, ging aber mit der Königin den Gang auf und ab. Wir schwätzten irgendetwas und unterhielten uns sehr gut. Plötzlich sahen wir eine Gruppe von dreißig ankommenden Ballgästen, die völlig konsterniert auf der Treppe standen, als sie sahen, dass die Königin mit einem Lakaien eingehakelt den Gang auf und ab ging. Ähnliche Geschichten ereigneten sich immer wieder.

Es gibt einen großen, internationalen Kreis von Familien, die sich untereinander alle als Verwandte betrachten. Mit den Spaniern und den Bragenças sind wir Vettern, ebenso mit den Luxemburgern, den Belgiern, mit den Liechtensteinern und mit Habsburg sowieso – da wurde innerhalb von zweihundert Jahren über 22 Mal hin und her geheiratet. Alle kannten sich, und es bestand zu allen ein sehr gutes Verhältnis. Daher ist es ein Gebot der Höflichkeit, dass ich Bescheid gebe, wenn ich in der Nähe bin. Früher schrieb man Karten und gab seine Visitenkarte ab, heute ruft man an oder lässt ausrichten: «Ich bin die drei Tage in Brüssel.» Das heißt dann, wenn Ihr Zeit und Lust habt, ruft mich an, dann komme ich gerne, und wenn es gerade nicht geht, habe ich meiner Höflichkeit Genüge getan. Das ist ganz entspannt. Wenn ich in den Niederlanden war, hieß es: Komm zum Abendessen, komm zum Essen, komm zum Tee, oder: wir haben keine Zeit. Das Personal wusste ganz genau, wenn die am Abend ihre Ruhe haben wollten, dann machten sie sich selber ihre Spiegeleier. Es war sicher nicht oft der Fall, dass alle Zeit hatten, weil sie mit einem mörderischen Zeitplan leben, aber wenn sie einmal frei waren und ich war zufällig an so einem Abend da, war es ganz privat. Die gemeinsame Sprache ist meist Englisch – so mit den Spaniern, den Portugiesen, den Luxemburgern, den Skandinaviern; mit den Belgiern spreche ich Französisch, ebenso mit der bourbonischen Verwandtschaft. Deutsch spreche ich mit den Holländern, vor allem mit Beatrix, und mit der Königin von Schweden. Zu den

Skandinaviern gibt es gute Kontakte, der jetzige norwegische König war als Kronprinz in den 1950er Jahren in Griechenland auf unserer Fahrt mit der «Agamemnon» dabei; er ist sehr nett. Er selbst reiste nicht viel, aber seine Frau war öfter hier, sie ist kunstinteressiert, und ich stehe in einem losen Kontakt mit ihnen. Wir schreiben uns an Weihnachten oder wenn irgendwas Besonderes ist. Ich entbiete meine Weihnachtsgrüße meistens in essbarer Form und schicke einen Baumkuchen oder Baumkuchenspitzen. Die gibt es nur hier, die sind sehr beliebt, und daran erinnern sich auch alle.

Ich weiß, dass allen Kindern adeliger Familien in Ungarn, in Polen, in der Tschechoslowakei genau wie uns eingeschärft wurde, mit wem man alles verwandt ist und wie. Man wusste noch, dass die Urgroßmutter die Cousine von der Urgroßmutter von allen anderen war. Da gab es die Erdődys, die Esterházys, die Széchényis und die Zichys; wir Kinder spielten in Budapest jeden Tag miteinander. Sicher hat uns vor allem meine Mutter darauf trainiert, wie das auch die Eltern der anderen Kinder machten. Es gehörte zum guten Ton und war ganz selbstverständlich in diesen Familien, dass man relativ viel darüber wusste. Als bei Kriegsende alle zu Flüchtlingen wurden, kamen viele bei Verwandten unter. Ich weiß aus Erzählungen, dass Flüchtlinge in der Nacht mit dem Leiterwagerl im Regen marschierten, ein Ortsschild sahen und die Großmutter sagte: «Halt, halt! Da kenn ich doch die und die.» Und da ging man dann hin, läutete an der Haustür, bekam einen Teller Suppe und blieb wahrscheinlich die nächsten drei Monate dort. Das war damals für viele ein Ankerpunkt. Dumm ist dieses System nicht. Ich wusste immer: Wenn ich mit meinem letzten Zehner in Australien strande, dann gehe ich damit in eine Telefonzelle und schaue das Telefonbuch durch und bin sicher, ich finde drei, vier Namen, die ich anrufen und denen ich sagen kann: «Ich bin der und der, ich brauche deinen Rat, kann ich vorbeikommen?» Dieses weit gespannte Verwandtschaftsnetz reicht um die ganze Welt und hat sehr viel geholfen.

Es ist auch jetzt noch so. Die heutige junge Generation in diesen Familien weiß das ebenso. Sie sind alle miteinander in Verbindung, fast mehr noch als wir es waren, weil sie über Handys und soziale Netzwerke ständig in Kontakt sind. Sie laden sich auch gegenseitig ein und besuchen sich, ob das in Frankreich ist, in Belgien, in Luxemburg, in England oder in Italien. Das funktioniert nach wie vor. Dieses Netzwerk gibt es, auch wenn es nicht thematisiert wird, aber es besteht und funktioniert.

Solche Netzwerke haben eine lange Tradition. Früher war das Politik, zumindest Heiratspolitik, heute ist es nur noch verwandtschaftliches Netzwerk. Heiratspolitik war früher eng verbunden mit einem Erbanspruch auf ein anderes Land. Bei den Hochzeiten zwischen Habsburg und Wittelsbach war das immer sehr genau überlegt und hatte auch vielfach politische Folgen: Der Spanische Erbfolgekrieg war Folge eines Heiratsprojektes. Die Frage, wer nach Karl Theodor Bayern erben würde, war im Grunde eine Machtfrage und ist dank Frankreich, Preußen und einiger Intrigen zu unseren Gunsten ausgegangen. Aber Erbansprüche von Habsburg auf Bayern gab es immer. Heiratsverbindungen waren daher Teil des diplomatisch-politischen Machtnetzwerks.

Heute spielt Politik keine Rolle mehr, aber es hat sich mehr an Heiratsnetzwerken erhalten, als ich erwartet hatte. Ich dachte, dass die Generation nach mir diese ganzen Zusammenhänge gar nicht mehr wahrnehmen wird – aber sie nehmen sie ernster als wir. Und die nächste Generation auch wieder. Vielleicht liegt es daran, dass wir die gleiche Sprache sprechen, wir lachen über die gleichen Sachen, wir sind irgendwo entspannter und mehr zu Hause und können uns auch besser lesen als jemand, der von ganz woanders herkommt. Es gibt aber heute doch mehr und mehr Ehen, in denen ein Ehepartner nicht mehr aus dem Adel kommt, und in denen beide Ehepartner mit beiden Schwiegereltern genauso gut auskommen und sich ebenso wohl fühlen und ganz selbstverständlich zusammen sind, wie in Ehen, wo beide aus gleichen Familien kommen.

Der bayerische Adel ist unter sich genauso vernetzt, allerdings eben nicht so international wie die Familien der ehemals regierenden Häuser. Doch es gibt noch ein lebendiges Bewusstsein dafür, dass man einen guten Namen zu verlieren hat. Auch das Gefühl einer Verpflichtung ist immer noch weit verbreitet. Im Ganzen, meine ich, gibt es, im Gegensatz zur Wahrnehmung in der Öffentlichkeit, beim Adel anteilig weniger schwarze Schafe als in anderen Gruppen. Das wird jetzt vielleicht auch nachlassen, aber dieses Bewusstsein, zu einer Familie zu gehören und einen guten Namen zu haben und eine Geschichte dahinter, das ist lebendig geblieben. Es ist doch etwas Besonderes, dass es jetzt, hundert Jahre nach dem Ende der Monarchie, einen Adel gibt, der völlig unabhängig davon, ob er einen Titel nicht legal führen kann, wie in Österreich, oder legal wie hier in Deutschland, sich zu seiner Familie und zum Standard der Familie gehörig fühlt. Ich finde das bewundernswert – etwa wenn man die Familien im ganzen Land ansieht, die auf ihren Schlössern sitzen und sich abmühen, diese als Kulturgut zu erhalten, so gut es nur irgend geht. Sie sitzen im Gemeinderat, im Kindergartenausschuss, die Frauen kümmern sich im Stillen um soziale Projekte. Was ich in dieser Hinsicht wahrnehme, flößt mir Respekt ein. Die Adeligen hier im Land hängen wie der europäische Adel, dem ich angehöre, alle zusammen. Es scheint, wenn ich es ein wenig böse ausdrücken darf, auch der Standesdünkel abzunehmen, weil jetzt ein Großteil der Ehen nicht mehr nur unter Adeligen geschlossen wird. Wenn Paare lustig und gescheit sind, viel richtig machen, da wird nicht mehr viel darüber nachgedacht; sie gehören einfach zur Familie.

Es ist für nicht wenige Familien eine sehr schwierige und herausfordernde Aufgabe, ihren Adelssitz zu erhalten; das braucht viel Opferbereitschaft. Auch die Forderungen des Denkmalschutzes machen das nicht leichter. Ich glaube aber, diese Stammsitze haben auch soziologisch eine wichtige Funktion. Die Dörfer, die noch diese Art von Mittelpunkt haben oder eine Adelsfamilie, die im Leben der Gemeinde aktiv ist, behalten noch sehr viel mehr Identität und Eigenleben als andere Dörfer. Ich sehe es beispielsweise in der Umgebung von Stammham, in Sandersdorf. Da sind immer mehr Dörfer ohne Laden, ohne Schule, ohne Wirtshaus; das sind Schlafquartiere. Die Aktiven steigen in der Früh in den Autobus, fahren nach Ingolstadt in die Arbeit und kommen am Abend zurück; die alten Leute gehen am besten in ein Heim, weil sie nirgends mehr zusammenkommen können, um einen Kaffee zu trinken oder um einzukaufen. Das heißt, das Dorf ist irgendwo blind und stumm geworden. Beerdigt wird mit einem Leihgeistlichen, der von irgendwoher kommt. Damit hört das Leben dieser Orte auf. Doch so lang – und das klingt jetzt vielleicht komisch – irgendwo ein kleines Schloss in der Mitte ist mit einem kleinen Besitz dabei und eine Familie, die bereit ist, im Kirchenrat, im Gemeinderat mitzumachen und sich einzusetzen für den Ort, ist es lebendiger. Er bleibt noch am Leben.

Königliche Besuche mit und ohne Protokoll

Wenn heute Besuche von Regierenden Familien kommen, hat das keinen politischen Hintergrund mehr, man redet frei über alles Mögliche, auch über ernste Themen – wie man will. Es gab in Nymphenburg immer wieder private und sehr entspannte Treffen mit der internationalen Verwandtschaft, aber auch welche mit großem Protokoll. Dazu gehörte der Staatsbesuch von Königin Elisabeth in München im Mai 1965. Diesen Besuch erinnere ich noch in vielen kleinen Details. Das Königspaar wohnte in der Residenz. Man hatte der Königin den heiligen Georg aus der Schatzkammer in ihr Zimmer gestellt. Das beeindruckte sie so, dass sie schmunzelnd zu meiner Mutter sagte: «Ich habe zuhause nur einen aus Gold.» Nach dem Mittagessen in der Residenz war vor der Gala-Oper ein Besuch in Nymphenburg bei den Eltern vorgesehen. Das war wunderbar: Da fuhren wir von der Residenz mit Blaulicht und gut 120 Stundenkilometern über die Nymphenburger Straße hierher, das einzige Mal, dass ich das erleben konnte! Das habe ich genossen. Wir wurden hier aufgestellt, und dann fuhren sie vor mit Polizei und Autokolonne. Wir gingen durch die Arkade auf der Gartenseite in den Steinernen Saal hinauf – die Königin mit den Eltern voraus und ich

Royales Ambiente. Queen Elizabeth II. während ihres ersten Staatsbesuchs in Deutschland bei einer Reitervorführung in Nymphenburg, rechts und links von ihr das Ehepaar Goppel, 1965, Foto Rudi Dix

mit Philip und meinem Bruder hinterdrein. Da sah Philip plötzlich auf der Brüstung ein Mikrofon liegen. Er nahm es und sagte hinein: «What a lousy house, a ghastly cottage». Die Königin merkte etwas und sagte nur: «Philip!!» Unten stand so eine Glaskabine, in der ein Techniker saß; der hupfte in die Höhe, weil das eine Direktübertragung war. Er war geistesgegenwärtig und schaltete einen Störsender ein, so dass man nicht verstand, was Philip sagte. Der Besuch verlief sehr nett und persönlich; die Königin war bester Dinge. Wir unterhielten uns gut und lachten viel. Der Abschied war dann wieder sehr öffentlich. Meine Eltern hatten die Königin vorher noch nie getroffen. Ich war ihr schon einmal begegnet, und Philip war öfter bei Jagden hier.

Prince Charles kam mehrfach zu Besuch. Einmal war er hier zum Tee, und da er schönes Porzellan mag, wurde ein besonders schönes Porzellan ausgesucht. Das war bloß ein Tablett mit zwei Tassen und der Kanne dazu aus dem 18. Jahrhundert. Wir saßen in Ruhe und wollten miteinander reden. Der Diener kam herein, ganz stolz in Livree. Er hatte dieses Tablett in der Hand und goss den Tee ein, doch die Kanne machte nur «pfifftt», und der Tee kam überall heraus und ergoss sich über Charles, über mich, über den Tisch. Das war eine Schokolade-Kanne, gedacht für heiße Schokolade, wie man sie im 18. Jahrhundert trank und nicht für Tee geeignet. Der arme Diener! Ich dachte, ihn trifft der Schlag. Er wurde schneeweiß. Dann kam er mit Badetüchern, und wir trockneten den Charles und mich und den Tisch – und lachten eigentlich die nächste Stunde nur noch. Als ich Charles bei einer anderen Gelegenheit fragte, ob er wieder einmal kommen möchte, sagte er: «Erst, wenn du eine neue Teekanne hast.»

Er war auch einmal mit Diana da. Da wurde aus der Schatzkammer eine prächtige Toilette geholt und ein Zimmer gerichtet, damit Prinzessin Diana sich frisch machen konnte, bevor es weiter ging. Wir wollten angeben. Als der Butler ihr sagte, sie könne in den zweiten Stock gehen, um sich ein bisschen frischzumachen, sagte sie: Das braucht es nicht, wenn er einen Kaugummi hätte, würde das reichen. Alle waren sehr enttäuscht, man hatte so einen Aufwand betrieben, und dann wollte sie nur einen Chewinggum! Gegen Ende machte sie einen Witz, und ich musste lachen. Da sagte sie: «Endlich lacht jemand über meine Witze, Charles lacht nie darüber.» Damals befand sie sich auf dem Höhepunkt ihrer Beliebtheit, und sie sah sehr gut aus.

Wenn Königinnen und Könige zum Staatsbesuch kommen, bin ich meist zum Staatsempfang eingeladen. In vielen Fällen kommen sie dann noch auf eine Tasse Tee nach Nymphenburg. Königin Sirikit von Thailand war einige Male privat da, einmal übernachtete sie auch hier. Bei ihrem letzten Besuch 2007 hatte sie sich mit den Damen ihrer Begleitung angesagt. Wir dachten, das sind fünf oder sechs Hofdamen, und richteten ein paar Badezimmer her, damit sie sich frischmachen können. Zunächst kamen zehn Damen. Sie räumten das Badezimmer völlig aus und stellten ihre eigenen Flaschen hinein. Dann kam die Königin mit, ich glaube, 52 Damen. Wir muss-

Fernöstlicher Charme. Königin Sirikit von Thailand mit Herzog Franz von Bayern bei einem Empfang in der Münchner Residenz, München 2007, Foto Catherina Hess

ten schauen, wie wir genügend Teetassen für alle herbringen. Sie selbst war reizend wie immer. Ich kannte sie ja von meinen Besuchen in Thailand her gut. Wir tranken Tee, und am Abend war Oper angesagt, «Hochzeit des Figaro». Wir waren sehr spät dran. Ein Mitarbeiter der Staatsoper stand oben an der Treppe, um sie in Empfang zu nehmen, und es lagen plötzlich vielleicht zwei Dutzend Thailänder auf den Stufen des Nationaltheaters mit der Stirn am Boden. Sie sagte: «Tut mir leid, ich muss sie begrüßen.» Und sie ging zu allen hin, sprach mit ihnen, und dann standen sie auf. Dieser Kniefall hat mich auch in Thailand erschreckt. Ich war dort, das Zimmer voll mit Leuten. Wir schwätzten alle lustig. Es ging die Türe auf, es machte «Rumpf», und ich stand allein da: Alle andren lagen am Boden. In Thailand gilt der König noch als Gott-König. Mir ist nie ganz klargeworden, wie sich das mit dem Buddhismus vereinigen lässt, aber irgendwie können sie das.

«Figaro» fing später an.

VI.

Repräsentant der Familie

«Die Kontakte zu den Ministerpräsidenten
waren immer sehr eng»

Ich bin kein sehr politischer Mensch und hatte auch nie das Gefühl, ich möchte jetzt selbst das Ruder in die Hand nehmen. Aber es gab einen Grundsatz in der Familie: Man hielt sich immer bereit, mitzuhelfen, wenn es sinnvoll und nötig gewesen sein sollte oder wenn man darum gebeten wurde. Aber man drängte sich nie auf. Wir wollten immer für alle offen bleiben. Das war bei meinen Eltern anders als beispielsweise bei Otto von Habsburg, der in Österreich keine Wirkungsmöglichkeit hatte, daher in Bayern Parlamentarier wurde und im Europaparlament eine bedeutende Rolle spielte.

Unsere Familie hatte immer den Ministerpräsidenten, den Landtagspräsidenten und die bayerischen Politiker und Politikerinnen als Gesprächspartner. Da darf sie eigentlich nicht parteipolitisch gebunden sein. Das verträgt sich am Ende nicht mit dem Selbstverständnis der Familie. Wir müssen immer für alle da sein. Das klingt jetzt ein bisschen großspurig, aber es ist ein Grundverständnis, und wenn man das aufgibt, läuft man am Ende Gefahr, zum Interessenvertreter von Gruppierungen zu werden. Das geht über die eigene Beteiligung an der Politik hinaus. Wenn jemand sagt: «Du gehörst doch zum Adel», widerspreche ich, da der Adel genauso eine Gruppe des bayerischen Volkes ist wie die Bauern, die Handwerker, die Beamten und alle anderen auch. Wenn ich das Haus Wittelsbach vertrete, muss ich für alle in gleicher Weise da sein.

Wir haben in Bayern eine Sondersituation: Wir saßen ganz am

Anfang mit einem sozialdemokratischen Ministerpräsidenten in engster Freundschaft beieinander und danach mit einer langen Reihe von Ministerpräsidenten und Ministern aus der CSU genauso. Das heißt aber auch heute nicht, dass man sich nur mit dieser Partei eng verbindet. Bei meinen Eltern und meinem Großvater sowieso, auch bei mir, konnten die Leute aus allen Parteien immer am Tisch sitzen, offen und fröhlich miteinander reden. Es passierte sehr selten, dass Leute aus parteipolitischen Gründen gezögert hätten, eine Einladung anzunehmen.

Nur mein Vetter Konstantin schlug eine politische Laufbahn ein, und ich erinnere mich, dass diesbezüglich in der Familie am Anfang doch ein kleiner Vorbehalt bestand. Letztlich sagte man dann: warum nicht, das ist eigentlich selbstverständlich, das kann jeder tun, solange er damit nicht die Familie festlegt. Als klar war, dass damit das Haus Wittelsbach keinerlei Freiheit verliert, sondern genauso offen bleibt für alle Parteien wie zuvor – solange es nicht Parteien sind, die man wirklich ablehnen muss –, bestanden keine Bedenken mehr. Als Chef des Hauses Wittelsbach stehen mir jedoch viele diskrete Werkzeuge zur Verfügung. Ich kann dadurch, dass ich zu einer Veranstaltung gehe, aktiv sagen, für diese oder jene Sache trete ich ein. Solche Dinge sind möglich. Ich kann mich für Themen einsetzen. Aber wirklich politisch kreativ sein konnten wir kaum.

Zur Zeit meiner Eltern war der Kontakt zum ganzen Land, zur Entwicklung im Land und zur Politik im Land noch viel enger. Es waren weniger Menschen, es war alles kleiner, bescheidener, wenn auch durchaus würdig. Langsam änderten sich die Formen des öffentlichen Lebens. Die Zahl der Kontakte, der Verpflichtungen, wuchs kontinuierlich mit der Zahl der Menschen und mit ständig neuen technischen Möglichkeiten der Kommunikation. Es wurde alles immer protokollarischer. Damit sind auch die Entwicklungen in Politik wie in Wissenschaft und Wirtschaft nicht mehr so einfach zu erkennen.

Gespräche mit einem Ministerpräsidenten waren häufig, ohne dass ein Thema festgelegt oder eine Bitte formuliert wurde; es war ein

Austausch über die Situation und Entwicklung in Bayern und darüber hinaus. Dabei ging es darum, von meiner oder seiner Seite Beurteilungen oder auch Grundeinstellungen klarzumachen. Nur in ganz seltenen Fällen habe ich um ein Gespräch gebeten, um ein Anliegen vorzubringen, eine Frage zu stellen oder einen Hinweis zu geben.

Meistens standen kulturelle oder kulturpolitische Fragen im Mittelpunkt, wenn beispielsweise Streitigkeiten über Ausleihen von wichtigen und empfindlichen Kunstwerken plötzlich politisch wurden. Mancher Austausch über bestimmte Fragen zog sich über mehrere Jahrzehnte hin. Über den Neubau für ein Museum des 20. Jahrhunderts konnte man oft sprechen, bekam aber nur Ausflüchte zu hören. Bei Franz Josef Strauß waren es eher schon klare Absagen. Erst Ministerpräsident Stoiber konnte dafür gewonnen werden, aber dann war es Kultusminister Zehetmair, der die Mauer durchbrach. Für Sachfragen waren sowieso die Kontakte zu den Fachministern und ihren Häusern der richtige Weg. Da gab es viele Gespräche. Bei Zehetmair fand ich fast immer Verständnis und Zustimmung – bis in Personalfragen hinein –, und bei Kultusminister Hans Maier erlebte ich oft, dass er eh schon viel weiter und hellsichtiger gedacht hatte als ich. Bei Zehetmair übrigens genauso.

Die Kontakte zu den Ministerpräsidenten waren immer sehr eng. Mit Hoegner und seiner Frau waren wir eng befreundet, Hans Ehard kannten wir gut; mit seiner Frau bestand der Kontakt noch lange nach seinem Tod weiter. Ich erinnere mich auch an Hanns Seidel, der nicht sehr lang im Amt war, doch von allen Leuten hoch geschätzt wurde. Mit Alfons Goppel und seiner Frau war die persönliche Bekanntschaft wieder sehr intensiv; zwischen ihm und meinen Eltern bestand eine wirkliche Freundschaft. Dazu eine Illustration: Mein Vater hatte mich, wie immer am 24. Dezember, vormittags angerufen und gesagt: «Ich brauch' noch ein Geschenk für deine Mutter, besorg mir was.» Das ging mir sehr auf die Nerven. Irgendwann kaufte ich den größten und grellsten purpurroten Spitzenbusenhalter, den ich in ganz München finden konnte, verpackte das schön und gab es meinem Vater. Dann war Weihnachten, das Geschenk wurde unter den Christbaum gelegt, meine Mutter packte es aus, schaute ein bisschen komisch, ebenso mein Vater. Nach einem Schreckmoment lachten alle laut, und am Ende landete dieser Gegenstand als Dekoration am Christbaum. Am nächsten Vormittag kam das Ehepaar Goppel und machte einen Weihnachtsbesuch. So eng war die Freundschaft. Und alle hatten vergessen, was da noch am Christbaum hing. Die Goppels kamen also herein, sahen den Christbaum, wunderschön dekoriert. Beide lachten Tränen.

Ich erinnere mich noch an eine zweite Geschichte mit Goppel. Da war Kardinal József Mindszenty, der letzte Fürstprimas von Ungarn, nach seiner Freilassung aus schlimmster Kerkerhaft in München. Mein Vater gab für ihn in Nymphenburg ein Mittagessen; Kardinal Wetter war dabei, und das Ehepaar Goppel war ebenfalls eingeladen – doch die Goppels erschienen nicht. Wir warteten eine Zeit lang, und dann kam ein Anruf: Es lag ein Missverständnis vor – sie waren nach Berg gefahren. Goppel sagte, fangt an, wir kommen später dazu. Wir setzten uns zum Essen. Dann ging die Tür auf, und das Ehepaar Goppel kam herein. Der Ministerpräsident hatte von den Knien ab keine Hosenbeine mehr, sondern nur noch dünne Streifen von Stoff: Er war in Berg den sechs Dackeln in die Hände gefallen oder besser: in die Fänge geraten, die ihm die Hose zerrissen hatten. Er hatte den Witz, einfach so zu kommen. Ich erinnere mich, Kardinal Mindszenty bog sich über den ganzen Tisch vor Vergnügen. Das erhellt, wie informell es damals zugehen konnte! Meistens schwätzten bei solchen Gelegenheiten alle durcheinander. Ich habe aber noch keinen Ministerpräsidenten oder Minister erlebt, der dann am Tisch nicht mit irgendjemandem ein ernstes Gespräch angefangen hätte. Wenn man ein Thema ansprechen wollte, ging es mehr darum, die Gelegenheit zu schaffen. Das Geschehenlassen spielt eine große Rolle dabei. Das sind die Möglichkeiten, in der Gesellschaft Einfluss zu nehmen.

Bis zum Tod von Franz Josef Strauß waren die Zugänge zur Staatskanzlei für uns als Familie sehr einfach. Für die technologische Entwicklung Bayerns hatte Strauß große Bedeutung. Er war von diesen Ideen fast besessen, interessierte sich für jede neue Technik, für jede Erfindung, wollte alles selbst wissen und ausprobieren. Er war immer wieder in Berg bei meinem Vater; die beiden diskutierten nächtelang. Ich war manchmal dabei, bis ich so müde war, dass ich nicht mehr konnte. Es waren Gespräche, in denen man völlig ungeschützt sprach. Strauß war da bis ins Innere voller Sorge: Was wird aus dem Land? Was wird aus dem Föderalismus? Ist der Föderalismus jetzt noch richtig? Wie lässt sich das mit einem europäischen Föderalismus verbinden, mit einem Europa der Regionen? Es ging Strauß aber auch um die Entwicklung der Moral des Landes, und zwar in einem ernsten Sinn gemeint. Wie gehen wir mit der wachsenden Bevölkerung um, wie verkraften wir das alles? Solche Themen wühlten ihn auf. Das war beeindruckend und zeigte sein Format. Doch seine ungewöhnlich starke Persönlichkeit hatte auch viele Schattenseiten: Strauß regierte überall hinein und akzeptierte keine Kompetenzbereiche. Auch dass zum Beispiel die SPIEGEL-Affäre zur Staatskrise wurde, zeigt, dass er bei der Handhabung der Macht sein Temperament nicht zu zügeln verstand. Das schadete der Glaubwürdigkeit der Demokratie sehr.

Strauß verlangte auch von anderen viel. Das erzählten mir seine engsten Mitarbeiter. Wenn etwas in der Nacht passiert war, kam er in der Früh ins Büro, ging zu einem Mitarbeiter: «Hast du ein Exposé darüber?» Der darauf: «Nein, soll ich eins schreiben?» Dann Strauß: «Das nächste Mal muss das Exposé da sein, bevor ich frage» – über schwierigste Themen! Ich erlebte ihn auch, als er einmal nicht Recht behielt. Nach einer wirklich harten Auseinandersetzung mit ihm wurde ich zu einer Besprechung gebeten; ich kam in den Raum, und er klang gar nicht freundlich. Ich war aber gut vorbereitet und legte die Punkte klar. Er stellte noch zwei Fragen, die ich beantworten konnte, dann sagte er: «Ja, dann haben Sie eigentlich völlig Recht.» Und gab dann noch für die Sache 100 000 Mark, die gerade gebraucht wurden. Mir imponierte das. Strauß wollte sicher seine Macht durchsetzen, aber wenn er irgendwo nicht Recht hatte und dies auch einsah, konnte er das anerkennen.

Wirtschaftlich war die wichtigste Gründung wohl die Gesellschaft Airbus, die europäische Konkurrenz zur amerikanischen Firma Boeing. 1970 wurde Strauß dort Aufsichtsratsvorsitzender. Diese Dinge brachten Bayern enorm voran. Die anderen Ministerpräsidenten griffen das auf und führten es weiter, aber keiner so sachverständig wie Strauß. Er war einige Male auf Jagden in Stammham. Auch dort wurde bis um drei Uhr in der Nacht diskutiert. Keiner schaffte es, sich der Zugkraft von Strauß zu entziehen. Man konnte sich gegen sein Temperament aufbäumen. Aber ihm ist zu verdanken, dass in Bayern so ein Welt-Technologiezentrum entstanden ist.

Es hängen noch andere Erinnerungen mit Strauß zusammen. So bat mich einmal August Everding, damals Generalintendant der Bayerischen Staatstheater, zu einem Gespräch in das Prinzregententheater. Es hatte nach dem Krieg als Ersatz für das zerstörte Nationaltheater gedient und wurde nach dem Wiederaufbau der Oper geschlossen. Der Zustand war schlimm: grau, schmutzig, öde, verlassen. Und niemand hatte Interesse daran – außer eben August Everding. Er führte mich herum und mahnte, dass dieses Haus unbedingt gerettet werden müsse. Seiner Begeisterung konnte man sich kaum entziehen, ich schon gar nicht, denn die Schönheit dieses Baus wurde durch seine Ausführungen greifbar. Dr. Hubert Mennacher, ein Mithelfer in vielen kulturellen Anliegen, gesellte sich bald zu uns, und wir starteten eine richtige Bürgerbewegung. So wuchs in ganz München und darüber hinaus die Begeisterung für dieses Theater, und die Hoffnungen stiegen. Auch die Regierung unter Franz Josef Strauß zeigte sich nach und nach zugänglicher. Es gab zusammen mit Everding ein sehr gutes Gespräch mit Strauß, und bei der Verabschiedung drehte sich Strauß zu mir um, schnalzte mit den Fingern und zischte: «Jetzt hat mich der schon wieder über den Tisch gezogen!», musste darüber aber selber lachen. Das Prinzregententheater wurde wunderschön, noch schöner als zuerst erwartet, und ist bis heute sehr beliebt. Everding war brillant und willensstark. Man konnte ihm einfach nicht entkommen, nicht einmal Franz Josef Strauß.

Nach dem Tod von Franz Josef Strauß wurde Max Streibl Ministerpräsident. Er war ein Schulkamerad von mir. Wir waren per Du, und da rief man sich einfach an, wenn irgendetwas war. Da brauchte man sich gar nicht erst zusammensetzen. Aber er war ja nicht sehr lange Ministerpräsident. Mit Edmund Stoiber wurde der Kontakt seltener. Doch die direkten Gespräche mit dem jeweiligen Regierungschef sind schon fast eine Tradition: Bei Stoiber war ich immer wieder mal für eine halbe, für eine ganze Stunde für ein Gespräch, in dem er mir darlegte, was er dachte und beabsichtigte. Da hatte ich dann die Möglichkeit, mich dazu zu äußern, Stellung zu nehmen und eigene Gedanken einzubringen, die manchmal auch aufgegriffen wurden. Es gab immer wieder sehr direkte, sehr persönliche und temperamentvolle Momente. Ich war zufällig in seinem Büro, als er von seinem großen Wahlsieg erfuhr, er hatte die absolute Mehrheit gewonnen. Als die Zahl hereinkam, machte er einen Luftsprung wie ein kleiner Bub vor Freude. Aber über die politische Entwicklung des Landes wurde immer weniger gesprochen, vor allem in den letzten Jahren. Beckstein bewährte sich sehr in der Finanzkrise, aber er blieb für mich immer der große Innenminister.

Bei Seehofer wurden die Kontakte wieder enger. Es ist ein Zufall, dass seine Frau einen kleinen Waldbesitz hat, der in Stammham direkt an unserem Wald angrenzt. Auch er selbst ist Ingolstädter. Daher sind sie oft in der Gegend. Seehofer kam schon mal für einen Nachmittag oder Vormittag nach Stammham; wir fuhren zusammen im Auto durch den Wald, saßen aber dann noch einmal eine Stunde oder zwei zusammen und sprachen miteinander.

Es gibt Gepflogenheiten: Wenn ein Ministerpräsident gewählt wird und ins Amt kommt, nimmt er Verbindung auf. Mich berührte es sehr, als Söder Ministerpräsident wurde und er nach zwei Wochen anrief. Er kam her, allein, und wir konnten zwei Stunden lang à deux reden. Das war mehr als nur ein Höflichkeitsbesuch.

Auch mit vielen Ministern gab es enge Kontakte – zum Beispiel mit Hans Maier als Kultusminister und, wie erwähnt, mit Hans Zehetmair. Die Diskussion um ein Museum des 20. Jahrhunderts

Diskussionen um die Moderne Kunst. Prinz Franz von Bayern und Kultusminister Hans Maier während der Ausstellungseröffnung «Sammlung Prinz Franz von Bayern», München 1985

betraf ja alle Ministerpräsidenten und Kultusminister und erstreckte sich über Jahrzehnte. Die Stellungnahmen waren sehr verschieden. Manche sagten, «ja, so etwas brauchen wir unbedingt», und taten gar nichts; einer aber meinte, «der Schmarrn kommt mir nicht ins Haus» – das gab es auch.

Man darf sicherlich unseren Einfluss nicht überschätzen, aber die Möglichkeit, immer wieder einmal auf einen Punkt hinzuweisen, die gab es, und sie brachte manchmal vielleicht auch etwas Gutes. Ein Beispiel waren die Erklärungen über die Natur, zu Wald und Wild. Da ging es darum, ob es in der Erklärung heißt: Wald vor Wild oder Wild vor Wald. Das war ein Punkt, an dem ich etwas betroffen war, weil der Wald vor das Wild gestellt werden sollte – das heißt die Forstwirtschaft vor die Tiere der Natur. Da war und bin ich der Meinung, das muss ein Gleichgewicht bleiben. Das war ein Thema, das gegen unsere Meinung entschieden wurde, und es war nicht das einzige. Es ging aber auch um Themen wie die Energiewirtschaft und um die Autoindustrie, verbunden mit der Frage, warum man jetzt allein die Umstellung auf Elektroautos forciert und nicht auf Wasserstoffautos umsteigt – eine Technologie, die wahrscheinlich am Ende noch geeigneter wäre. Doch da sind die Herstellungskosten der Fahrzeuge und die Fragen der Batteriefähigkeiten wohl noch nicht gelöst.

Solche Dinge kamen immer wieder zur Sprache. In diesen Tagen sind viele neue Themen aufgetaucht, die zu Recht im Vordergrund stehen: der Krieg in der Ukraine, die Energiekrise, der weitere Verlauf der Pandemie, die Angst vor Teuerungen, die viele Menschen belasten werden. Daneben bleibt aber die Kulturpolitik doch ein wichtiges Thema. Noch ist es nicht so weit, aber ich kann mir schon vorstellen, dass einmal ein Moment kommt, wo ich den Ministerpräsidenten um eine Viertelstunde bitte. Wenn es ein Sachgespräch ist, ist ein Referent dabei, sonst gibt es danach nur Rückfragen. Aber üblicherweise ist es ein Gespräch zu zweit in seinem Büro oder hier in Nymphenburg.

Eine weitere Möglichkeit der politischen Einflussnahme besteht darin, dass man in vielen Gesprächen und bei jeder Einladung, bei jedem Empfang, bei jedem Essen neben jemandem sitzt und dort seine Standpunkte vertreten kann. Wenn Politiker dann merken, dass sie aus der Gesellschaft Gegenwind bekommen, werden sie vorsichtiger. Das sind gewisse kontrollierende oder sanft beeinflussende Kräfte. Manchmal erfragen Politiker auch inoffiziell meine Meinung, bevor sie sich öffentlich äußern – dies ist aber Gott sei Dank selten!

Ich sehe es als einen Teil unserer Aufgabe, gegebenenfalls die Interessen des Landes, wenn notwendig sogar gegenüber der regierenden Politik zu vertreten. Dazu gehört die Grundfrage des Föderalismus. Darüber nachzudenken, wie Föderalismus heute noch denkbar und sinnvoll oder wie notwendig er noch ist, damit müssen auch wir uns auseinandersetzen. Bei diesem Thema hat sich mein

Vater zum einzigen Mal mit einer echten Verlautbarung an die Öffentlichkeit gewandt: Es war eine Warnung, den Föderalismus nicht aufzugeben. In diese Frage spielen so viele Dinge hinein. Da geht es um die Kulturhoheit der Länder, die abbröckelt. Auf der anderen Seite ist die Vernetzung und Globalisierung von Wissen, Forschung, Kultur und Kunst wünschenswert. Mein Standpunkt dazu war immer, dass wir uns trotz der Internationalisierung nicht von anderen vorschreiben lassen sollten, was wir zu denken haben. Wenn ich, wie in diesem Fall, etwas als problematisch ansehe, suche ich entweder das informelle Gespräch mit den zuständigen Politikern bei einem Essen oder ich bitte um eine kurze Unterredung. Auch über die Grundlagen unserer Demokratie und neue Formen für sie muss bei völlig neuen Möglichkeiten der Beeinflussung nachgedacht werden.

Als Vertreter der Familie in der ersten Reihe

Ich werde immer in die erste Reihe gesetzt, ob ich das im Einzelfall will oder nicht. Dort sitze ich als Vertreter der Familie neben den anderen Ehrengästen. An sich trenne ich die eigene Person mit all ihren Eigenschaften von der Rolle als Familienchef, in der ich anders denken und mich anders positionieren muss. Wenn ich für die Familie hingehe und damit demonstriere, das Haus stimmt zu oder steht hinter dieser Sache, dann muss ich gesehen werden, sonst brauche ich gar nicht hingehen; ich muss begrüßt werden, und zwar in der richtigen Form und an der richtigen Stelle, und ich sollte dann auch in der ersten Reihe sitzen. Würde ich falsch positioniert, dann würde damit die Familie hintangestellt. Da muss man schon ein wenig aufpassen, denn das gehört zur Präsenz der Familie in der Öffentlichkeit.

Das ist auch auf der anderen Seite mein Schicksal: Bei jeder Eröffnung oder jedem Galakonzert muss ich in der ersten Reihe sitzen und höre nur die Pauken oder die drei Posaunen direkt vor mir, und den Rest der Musik bekomme ich kaum mit. Wo ich viel lieber zehn

Reihen weiter hinten sitzen würde, darf ich es nicht. Einmal saß ich, völlig im Einverständnis mit den Einladenden, in der fünften Reihe – da kamen danach Leute zu mir und sagten: Was erlauben sich die, dass die dich in die fünfte Reihe gesetzt haben, und beklagten sich bei mir über die schlechten Manieren der Gastgeber. Das heißt, sobald ich in der Öffentlichkeit erscheine, bin ich keine reine Privatperson mehr. Egal, ob ich jetzt als Familienchef hingehe oder nicht. Aber auf diese Positionierung muss ich auch Wert legen. Wenn es Gelegenheiten gab, wo das unsicher war, ließ ich schon mal vorher vorfühlen, wie man mich zu platzieren und zu begrüßen beabsichtigte. Sonst gehe ich lieber nicht hin.

Die Stellung eines Familienchefs bietet viele Möglichkeiten, gibt aber auch einen Rahmen vor. Schon seit der Zeit meines Großvaters und meines Vaters haben wir eine eigene Verwaltung, die für alle unsere Aktivitäten, angefangen vom Protokoll mit den gesellschaftlichen und öffentlichen Verpflichtungen über die Vermögensverwaltung bis zur Organisation des privaten Haushaltes zuständig ist. Dieser Verwaltung, heute «Verwaltung des Herzogs von Bayern», steht ein Präsident vor, der mein engster Mitarbeiter ist und mein volles Vertrauen besitzt.

Es hätte sicher Tätigkeiten gegeben, die mit meiner Funktion als Familienchef schwer vereinbar gewesen wären. Dann hätte ich das für mich aufgeben und etwas anderes machen müssen. Aber ein Engagement für Moderne Kunst, kulturelle, soziale, politische Interessen – solange es nicht Parteipolitik ist –, all das ist denkbar, und fast jeder Einsatz ist durchaus vereinbar mit einer Stellung als Familienchef, als Repräsentant der Familie.

Wenn man bei vielen Veranstaltungen anwesend ist, erlebt man immer wieder amüsante Episoden. Ich erinnere mich an eine Einladung mit Bundeskanzler Kohl 1990, der sich im Rahmen der Zweiplus-Vier-Verhandlungen in München mit dem französischen Staatspräsidenten François Mitterrand traf. Es gab einen großen Empfang im Antiquarium der Residenz. Plötzlich nahm mich Kohl beiseite und sagte: «Kommen Sie mit, wir gehen jetzt woanders hin.» Wir

Repräsentative Aufgaben der besonderen Art. Herzog Franz von Bayern und die Vorsitzende des Dackelklubs, Isabelle Gräfin Oppersdorff, bei einem Besuch des Dackelklubs in Nymphenburg, 1993, Foto Wolfgang Kirkam

verschwanden mit Mitterrand durch irgendeine Seitentür, gingen in den Franziskaner und aßen dort Weißwürste. Das war sehr interessant, und wir unterhielten uns zu dritt sehr gut. Doch dann erkannten uns Leute am Nebentisch, und irgendwann tauchten einige verstörte Polizeibeamte auf, weil sie entdeckt hatten, dass wir nicht mehr in der Residenz waren, und wir wurden wieder in die Residenz abgeführt.

Die Anwesenheit von Vertretern der Familie bei so vielen Veranstaltungen entwickelte sich anfangs aus historischen Gewohnheiten, die nach 1945 wieder aufgenommen wurden. Es blieb immer eine Selbstverständlichkeit und war wohl auch von staatlicher Seite so gewünscht. Ich glaube, wir waren ein bisschen Teil des Bildes von Bayern, wie es auch die offizielle Seite gerne zeigen wollte. Deswegen wurden wir bei sehr vielen öffentlichen Gelegenheiten eingeladen. Es war interessant, und wir fühlten uns eingebunden.

Ganz selten hatte einmal jemand Schwierigkeiten mit der Anrede. Das war nie ernst. Es gab manchmal sehr witzige Formulierungen von Leuten, die sich etwas scheuten, zu nahe zu kommen: Ein Politiker, der mich eigentlich nicht offiziell begrüßen wollte, eröffnete eine Ausstellung. Er begrüßte alle anderen, mich nicht, sprach dann über die Ausstellung, erwähnte in seiner Rede ein paar Stücke, die Leihgaben von mir waren, und sagte: «Und deswegen freue ich mich besonders, dass Sie auch da sind.» Das fand ich prima. Aber im Allgemeinen war das nie ein Problem.

Bei vielen Terminen im Land sprechen die Leute über Projekte oder über Ideen, die sie haben, und versuchen, oft auch mit Erfolg, einen dafür zu begeistern, damit man ihnen weiterhilft, Türen öffnet, Dinge befürwortet. Das gehört dazu und ist gut so. Für eine überzeugende Idee setze ich mich gern ein und schreibe wem auch immer einen Brief, dass ich das gehört habe und gut finde. Sehr oft hilft das. Ich muss mir aber gründlich überlegen, wofür ich eintrete, wie oft, wie viel und an welcher Stelle, um den Bonus, den ich habe, nicht zu verspielen.

Ein Beispiel ist das Münchner Marionettentheater, eine charmante kleine Einrichtung, die völlig im Schatten steht und bei der Vieles in Frage gestellt war. Ich kümmerte mich zusammen mit der Frau des ehemaligen Regierungspräsidenten Böhm und Leiterin der bayerischen Vertretung in Brüssel, Edeltraut Böhm-Amtmann, und der Münchner Zweiten Bürgermeisterin Gertraud Burkert ein bisschen darum, schrieb ein paar Briefe und telefonierte mit dem Oberbürgermeister. Jetzt gibt es die Hoffnung, dass diese Einrichtung weiter besteht, und wenn man einen Freundeskreis aufbaut, kann ich vielleicht ein bisschen mithelfen, dass irgendwann einmal eine Sanierung und ein Weiterbau anzudenken sind. Um solche Projekte geht es im ganzen Land. Ich habe halt den Vorteil, dass ich aufgrund unserer Familie leicht den direkten Zugang zu fast allen Stellen bekomme.

Manchmal allerdings gingen auch bei mir Dinge schief – doch selbst das war oft eher vergnüglich. So war ich einmal in einer kleinen Stadt zusammen mit der Staatssekretärin Mathilde Berghofer-Weichner, die sehr nett war. Wir wurden im Festzug in einen Pferdewagen gesetzt. Frau Berghofer-Weichner sagte mir noch: «Da habe ich wirklich Sorge, denn wenn ich in ein Pferdefahrzeug steige, gehen die Pferde immer durch.» Ich lachte noch, doch fünf Minuten später gingen die Pferde wirklich durch und fuhren im Galopp durch das Stadttor, das viel zu eng war für den Wagen. Wir flogen mit dem Wagen, der in Splitter ging, durch die Gegend; doch es ist nichts passiert, und wir erreichten das Ziel mit dem Auto.

In früheren Zeiten kam ich oft zu Auswärtsterminen mit dem eigenen Wagen; da war das alles noch weniger protokollarisch. Man konnte mit dem Auto irgendwo auf den Parkplatz fahren und dann zu Fuß ankommen. Jetzt stehen meistens Leute auf einem roten Teppich und warten. Man muss eigentlich vorfahren und aussteigen, sonst wird man zur Peinlichkeit. Aber das war nicht immer so.

Nicht nur ich reise durchs Land; auch viele andere Mitglieder der Familie. Sehr wichtig ist mir dabei die alte Tradition, dass sich viele der weiblichen Mitglieder der Familie engagieren. Ein besonderes Beispiel bietet dafür meine Urgroßtante Prinzessin Therese mit ihrer bedeutenden wissenschaftlichen Karriere; das setzt sich auch in der jetzigen Generation fort. Bereits die Schwestern meines Großvaters – und nach dem Krieg vor allem meine Mutter – kamen zu einer Vielzahl von Veranstaltungen. Jetzt sind es die Gattinnen meiner Vettern. Auch mein Bruder und meine Vettern übernehmen

Freundschaftliche Verbindungen. Charlotte Knobloch, Herzog Franz von Bayern und Thomas Greinwald bei der Premiere von «I Capuleti e i Montecchi» im Nationaltheater München, 2011, Foto Weißfuß

viele Vertretungen. Ich muss mit meinen Jahresringen immer strenger auswählen, wo ich selbst hingehe. Daher habe ich mich inzwischen ja fast aus allen Gremien verabschiedet, aber das Telefon funktioniert nach wie vor gut.

Bei Anlässen wie der Eröffnung des Hauses der Bayerischen Geschichte in Regensburg war ich selbst anwesend. Da hätte ich schon einen sehr triftigen Grund haben müssen, mich vertreten zu lassen. Auch zu Veranstaltungen im jüdischen Gemeindezentrum am Jakobsplatz oder in der Synagoge gehe ich gern selbst, so zu einem Solidaritätsgebet 2019, bei dem Söder sehr gut gesprochen hat. Da war das Dabeisein eben eine wichtige Demonstration, dass ich für die Sache mit eintrete. Mit Charlotte Knobloch bin ich richtig befreundet. Ich halte sie für einen Glücksfall für unser Land. Die Akzeptanz des jüdischen Lebens nach dem Krieg – nach allem, was war, mit allen Verletzungen – wäre wohl anders verlaufen, wenn es sie nicht gegeben hätte. Sie gehört zu den Personen, die immer im richtigen Moment ihren Mund aufmachen, die sich immer hinstellen und sehr klug und sehr mutig einen Standpunkt vertreten. Sie war wirklich, ich glaube für das ganze Land, der Inbegriff des wieder aufblühenden jüdischen Lebens.

Ein ganz anderes Beispiel ist der bayerische Sportschützenbund mit seinen rund 470 000 Mitgliedern. Dort lernt man den verantwortlichen und vorsichtigen Umgang mit Waffen, Selbstdisziplin und Kameradschaft. Dafür setze ich mich gern ein und habe dabei keine Angst vor Ambivalenzen; Dinge können in der Öffentlichkeit manchmal kontrovers sein, aber man muss genau hinsehen und sie ernst nehmen. Für mich geht es darum, dass hier die jungen Leute Verantwortung und Fairness lernen und dass der Zugang für alle in der örtlichen Gemeinschaft offen ist. Ich bin Schirmherr und kann an verdiente Mitglieder goldene und silberne Patronatsabzeichen für ihre Verdienste verleihen und dabei auf solche Themen hinweisen.

Wissenschaft, Wirtschaft, Geistesleben

Durch unsere breit gestreuten Kontakte können wir in der Familie eine bunte Vielfalt von Eindrücken und Informationen erhalten, die schon ein ganz gutes Bild der Entwicklungen in Bayern und weit darüber hinaus möglich machen. Dazu einige Momentaufnahmen: Unvergesslich ist mir der Bau des Forschungsreaktors in Garching, des sogenannten Atom-Eis. Alles stritt sich über dieses ganz neuartige Bild; man fuhr die Autobahn hinauf und hinunter, um es immer wieder aus der Ferne anzusehen. Es wurde der Beginn des Forschungsstandortes Garching der TUM. Wiederum einen großen Eindruck hinterließ die Einrichtung der Erdölraffinerien bei Ingolstadt. Zuerst staunte man über das fabelhafte Glitzern der Anlage bei Nacht. Auch diesmal standen mir alle Türen offen, um mehr über das ganze Projekt der Pipeline zu erfahren, auch über die Diskussionen, was dieses Projekt für die Landschaft, für die Donau bedeuten könnte. Im Vordergrund aber stand der beeindruckende Vorgang, wie dieses Ingolstadt plötzlich ein ganz neues Gesicht bekam. Das wurde später durch den Zuzug von Audi noch verstärkt. Alle Regierungen Bayerns förderten durch ihre Politik in kluger Weise neben der wirtschaftlichen Entwicklung mit Nachdruck Wissenschaft und Forschung. Bayern entwickelte sich so vor unseren Augen zu einem aufregenden Standort für Wissenschaft, Forschung und in gleicher Weise für die Wirtschaft. Ich erinnere mich an ein Mittagessen, bei dem ich neben Hans Koschnick saß, damals Regierender Bürgermeister von Bremen. Bremen hatte große wirtschaftliche Probleme. Neben dem Hafen bereiteten ihm noch viele weitere Bereiche Sorgen. Ich sagte nur ganz harmlos: «Ja, mir tut's leid, dass Sie im Moment so viele Probleme haben.» Und da antwortete er mit lauter Stimme, so dass alle am Tisch es hören konnten: «Ja, wir haben schwere Probleme, und ich weiß auch genau, wo das herkommt. Ihr in Bayern, Ihr habt immer die Forschung und die Wissenschaft unterstützt und damit ist Eure Wirtschaft aufgeblüht und wirklich gewachsen. Wir haben die Industrie unterstützt und die Forschung vernachlässigt, und deswegen haben wir jetzt Probleme.» Dieses Gespräch ist mir in lebendiger Erinnerung geblieben.

An diesen zukunftsweisenden Themen waren in Bayern immer alle beteiligt, alle interessiert. Uns war klar, dass Bayern auf diese Weise für viele Jahre wirklich ganz vorne dabei sein würde. Ich hatte das Glück, vor vielen Jahren im Kuratorium der TUM zu sitzen, dies unter dem Vorsitz von Karl-Heinz Kaske, dem großartigen Vorstandsvorsitzenden der Siemens AG. Es gab viele Fragen im Zusammenhang mit den steigenden Zahlen der Studierenden; es ging um die gedanklichen Abgrenzungen zu den wachsenden Fachhochschulen bis hin zu Fragen der Entwicklung der Forschung. Ich habe nie wieder jemanden getroffen, der sich neben enormer Fachkenntnis mit so viel Herz und Verstand in die Situation der damaligen Studierenden einfühlen konnte.

Daneben erlebte man in München viele große Geister, zum Beispiel in der unter Emil Preetorius und Wilhelm Hausenstein neu gegründeten Akademie der Schönen Künste. So diskutierten an einem Abend Werner Heisenberg und Thrasybulos Georgiades über den Nomos in der Musik. Dann wieder las Romano Guardini in der Universität oder predigte gegenüber in der Ludwigskirche. Zu Guardini hier noch eine kleine persönliche Erinnerung: Ich sehe im Geiste lebhaft vor mir, wie er auf dem Gang nach St. Ludwig hinüber zusammen mit Professor Maggiolini aus der Universität heraustrippelte. Er hatte einen verschmitzten Humor. Ich sah ihn einmal in der Buchhandlung Hugendubel in einer Ecke stehen und lesen; also ging ich hin, um Grüß Gott zu sagen: Er las einen Krimi. Er ging immer zu Hugendubel, holte sich die Krimis aus dem Regal und las sie dort im Stehen. Später übernahm die Katholische Akademie seine Bibliothek, darin gibt es einen ganzen Bestand von Kriminalromanen; da bestätigte sich diese Erfahrung. In der Katholischen Akademie hörte ich auch vielfach Karl Rahner. All diesen großen Denkern konnte man in München begegnen.

Heisenberg beeindruckte mich besonders mit seiner Vielseitigkeit. Privat vollkommen unkompliziert und fröhlich, konnte er gleichzeitig unglaublich komplizierte Sachverhalte so einfach erklären, dass man meinte, man hätte es verstanden. Wie brüchig diese Vorstellung war, merkte man erst, wenn man versuchte, es anderen zu erklären. Ich erinnere mich auch an ein Gespräch in der Universität zwischen Franz Josef Strauß, dem damaligen Rektor Nikolaus von Lobkowicz und Joseph Ratzinger, bei dem man nicht mehr genau sagen konnte, wer von den dreien der Geschwindeste im Kopf war.

Eine wertvolle Erinnerung sind mir auch die Jahre im ersten Hochschulrat der Ludwig-Maximilians-Universität seit 1999. Ein Hauptthema war seinerzeit die Entwicklung des neuen Campus in Martinsried neben dem Klinikum Großhadern, mit dem Schwerpunkt in den Biowissenschaften. Man überlegte, wie man diese Institute geographisch so legen konnte, dass sich die Studierenden oder Professoren der verschiedenen Häuser zwanglos und ohne dass man sich groß verabreden musste, begegnen konnten, damit aus zufälligen Gesprächen neue Ideen entstehen könnten; dabei ging es unter anderem um die Lage der neuen Mensa. Es war damals auch interessant zu beobachten, wie sich sofort die pharmazeutische Industrie rings um Martinsried ansiedelte, um nahe an der Forschung zu sein, die seither dort betrieben wird. Jetzt passiert wieder ganz Ähnliches im Prozess der Kooperation der Medizin in Augsburg und Großhadern. Das sind Entwicklungen, die den wissenschaftlichen Fortschritt in Forschung und Wirtschaft mitbestimmen.

Ich beobachtete auch den stetigen Aufstieg mancher Industrien, allen voran BMW und Siemens. Das Gleiche gilt natürlich für den sensationellen Beschluss, die Max-Planck-Gesellschaft in München anzusiedeln. Die Regierung wusste um das Gewicht dieser Entscheidung und bot klugerweise die Residenz als Sitz an. Auch die Fraunhofer Gesellschaft wurde für Bayern gewonnen, während eine andere traditionsreiche Institution bereits in München ihre Heimat hatte: Das Deutsche Museum ist neben dem Smithsonian in Washington das bedeutendste technische Museum der Welt. In einem Kuratorium des Museums war ich lange Mitglied.

Die Universitätsneugründungen außerhalb Münchens waren anfangs verwirrend. Man verstand den erstrebten Aufbruch ins Land hinaus, wobei mit dem Hauptstadtdenken – der Konzentration nur auf die Zentren München, Würzburg und Nürnberg – gebrochen wurde. Das empfand ich als positiv. Es blieb aber die Frage, ob so viele neugegründete Universitäten in einem kleinen Land auf Dauer lebensfähig bleiben würden. Doch diese Universitäten setzten dann neue Schwerpunkte. So wurde Passau plötzlich attraktiv, und viele junge Leute gingen dorthin, weil man Studiengänge anbot, die es

Zugewandt. Herzog Franz von Bayern im Park des
Schlosses Nymphenburg, München 2011, Foto Klaus Haag

Im Dialog. Kunstministerin Marion Kiechle im Gespräch mit Herzog
Franz von Bayern in der Pinakothek der Moderne, München 2018,
Foto Die Neue Sammlung – The Design Museum (A. Laurenzo)

Unter Freunden. Herzog Franz mit Corinna Thierolf bei einem Ausflug der «International Patrons» der Pinakothek der Moderne in Schloss Herrenchiemsee, 2013, Foto Daniel Grund

Hohe Auszeichnung. Herzog Franz von Bayern bedankt sich für die Verleihung des Romano-Guardini-Preises der Katholischen Akademie Bayern, München 2022, Foto Felix Hörhager

Der Hausherr. Herzog Franz von Bayern an der Gartentüre in Schloss Nymphenburg, 2015, Foto Marc Wittkowski

Dackelfreundschaft. Herzog Franz mit Beppi in der Privatwohnung in Nymphenburg, 2018, Foto Hans-Albert Treff

Im Gespräch über Kunst. Herzog Franz von Bayern in seiner Privatwohnung in Schloss Nymphenburg, 2016, Foto Städel Museum

anderswo nicht gab. Auch Augsburg entwickelt sich in einer Weise, die ich mir bei der Gründung der Universität nicht hätte vorstellen können. Auf diese Weise entstand eine beeindruckende Forschungslandschaft in Bayern. Wir dachten anfangs, auch wenn nicht alle Universitäten am Ende durchhalten, findet doch eine große Entwicklung statt. Die Regierung plante bewusst zur Stärkung des Standortes Bayern, die Kultur, die Wissenschaft und auch die Wirtschaftskraft über das ganze Land auszudehnen. Es breitete sich ein Netzwerk aus, und es entstanden Bildungsmöglichkeiten, Denkzentren, Forschungseinrichtungen. Es war faszinierend zu beobachten, wie sich diese intellektuelle Kulturlandschaft formte.

Eine weitere Verbindung bereitete mir gleichfalls immer Freude: die Treffen der Nobelpreisträger in Lindau. Das Zusammentreffen von so vielen bedeutenden Wissenschaftlerinnen und Wissenschaftlern und intellektuell lebendigen jungen Menschen aus der ganzen Welt entwickelt eine wunderbare Dynamik und wirkt dann seinerseits wieder in die ganze Welt hinaus. Ich halte Lindau für eine Kostbarkeit für Bayern. Als Insel im Bodensee, eingebettet in eine Kulturlandschaft, strahlt Lindau und alles, was dort passiert, nach Österreich, in die Schweiz, nach Frankreich und letztlich in die ganze Welt aus, und zieht jetzt auch noch andere wichtige Kongresse an – beispielsweise «Religions for Peace».

Mit Blick auf die Forschung glaube ich nicht, dass man sich Sorgen machen muss. Unsere beiden großen Universitäten in München – LMU und TUM als Exzellenzuniversitäten – stehen in Lehre und Forschung auf Weltniveau und in Deutschland an der Spitze und bieten den Forschenden alle nur möglichen Freiräume, aber auch die anderen bayerischen Universitäten haben sich bestens entwickelt.

Der Präsident der TUM, Thomas Hofmann, hielt bei der Amtsübernahme eine bemerkenswerte Rede über das Studium der Zukunft: Man wird sich alle 15 oder 20 Jahre wieder in der Universität treffen, um sich mit neuen Entwicklungen vertraut zu machen und weiter zu lernen. In der technischen Entwicklung wird es zwar immer wieder zündende Blitzlichter in Gestalt völlig neuer Erfindungen geben. Aber diese Entwicklung wird die Mitwirkung aller brauchen, einschließlich der Geisteswissenschaften. Nur dann können wir unsere Spitzenstellung halten.

Bayerns Tradition – Bayerns Öffnung zur Welt

Auch das Verhältnis dieses neuen Bayern zur Tradition liegt mir am Herzen. Man denke nur an die Schätze der Bayerischen Staatsbibliothek, die dank der Säkularisation die größten Bestände an Handschriften weltweit besitzt. Alle Mittelalterforscher müssen einmal hier gewesen sein. Das finde ich sehr gut: In so vielen Fragen und auf so vielen Forschungsgebieten sollte man eben einmal in Bayern oder zumindest mit Bayern in Verbindung gewesen sein, um Wesentliches erarbeiten zu können! Es ist wichtig, dass es auch das alte, im positiven Sinn traditionsgebundene, zutiefst wissenschaftsnahe Bayern weiterhin gibt. Dieses geistige Bayern blüht lebendig, wenn auch im Verborgenen, obwohl es eine gewaltige Geschichte hat. Auch heute noch beeindruckt mich beispielsweise, was eine bayerische Benediktinerakademie leistet. Da kommen Benediktiner aus Österreich, aus der Schweiz und von überallher. Solche Phänomene sind, wie mir scheint, sehr bayernspezifisch und für das Land bedeutsam.

Doch hinzu kommt ein weiteres: Ich finde, wir sollten den Ehrgeiz entwickeln, noch viel mehr zu fördern, und zwar mit dem Ziel, dass alle begabten jungen Leute in Bayern in die Welt hinausgeschickt werden. Sie sollten einmal in London gewesen sein, in Paris, in Rom, in New York. Heute wahrscheinlich auch in Peking oder Shanghai. Denn dann kommen sie mit einem ganz anderen Blick und einem anderen Horizont wieder hierher zurück.

Es ist mein Ehrgeiz, dass wir in Bayern nicht verprovinzialisieren, sondern dass Bayern seine eigene Stimme behält – in Deutschland, aber auch als Bayern weit darüber hinaus im internationalen Maßstab. Dass unsere Universitäten die besten im Land sind, dass die Museen Weltrang haben, dass es in der Musik eine Oper auf höchstem Niveau gibt: Diese Ambition sollten wir uns alle zu eigen machen. Ich weiß auch, wie es einem geht, wenn man diesen Rang verliert. Vor langer Zeit habe ich in New York erlebt, dass große Ausstellungsvorhaben geplant wurden. Man wollte deswegen mit London sprechen, mit Paris und in Asien vielleicht mit Tokio. Wenn es um Deutschland ging, ging es immer um Berlin. Da habe ich einmal eingewandt, man solle doch auch mit München sprechen. Die schauten mich an: «Where is Munich?» Auch wenn es darum ging, sehr wichtige Kunstwerke zu erwerben, und man dachte, die sollten nach Deutschland kommen, wurde meine Position einfach weggewischt, wenn ich München ins Spiel brachte. Man sagte, da kommt nur Berlin in Frage. Da merkte ich sehr genau, wie es einem geht, wenn man seine Kraft verliert. Das ist Gott sei Dank heute nicht mehr so.

München profitierte zunächst nach der deutschen Teilung davon, dass Berlin nicht mehr die alles beherrschende Rolle spielte. Durch die Zuwanderung aus den Vertreibungsgebieten im östlichen Europa und aus der DDR kamen nicht nur Unternehmen wie Siemens und große Verlage, sondern auch viele Individuen mit großem Potential nach Bayern. Aber man machte lange Zeit nicht viel daraus. In internationalen Diskussionen hörte man eine Stimme aus Frankfurt oder eben aus Berlin oder Bonn, nur sehr selten aber eine aus München. Das ist inzwischen anders geworden – aber dass es so bleibt, ist etwas, worum man ständig kämpfen muss. Man darf sich nie mit Zweitklassigkeit abfinden. Man zahlt dabei drauf. Ich erinnere mich an die Berufungsverhandlungen für einen sehr wichtigen Lehrstuhl: Wir hatten den Traumkandidaten dafür, und er wollte auch kommen. Dann bot ihm Berlin ein Institut mit acht Mitarbeitern an, und er ging dorthin. Berlin kann sich alles erlauben: Man baut mit Milliarden ein großes Forum und holt sich, wen immer man will.

Im Grunde geht es aber nicht um Konkurrenz mit Berlin. Vielmehr muss München seine Bedeutung durch die eigene Kraft definieren. Deswegen ist es mir so wichtig, dass die Münchner mit New York reden, mit Paris und eben einfach weit über unser Land hinaus. Sie müssen in den geistigen Strömungen ihrer Zeit um die ganze Welt mitdenken und ihre Gedanken einbringen. Darum geht es. Wenn sie sich nur um ihre lokalen Interessen und Zwiste kümmern und die Welt die Welt sein lassen, dürfen sie sich nicht darüber wundern, dass die Welt sie ignoriert. Wir müssen ständig dranbleiben, dass wir hier nicht faul werden und uns mit dem Hiesigen abfinden. Stattdessen müssen wir weit offen bleiben für alle neuen Entwicklungen.

So wird zum Beispiel die Künstliche Intelligenz ein immer wichtigeres Thema, von dem ich selbst keine Ahnung habe, das mich aber trotzdem fasziniert. Man darf sich solchen Entwicklungen nicht verschließen und sie ignorieren, sonst ist man plötzlich hinten dran. Das ist für Bayern eine Überlebensfrage, denn Bayern wird nur so lange seine eigene Stimme behalten und noch irgendeine Art von Unabhängigkeit, wie es selbst etwas einbringt. Je weniger es selbst leistet und darstellt, desto weniger wird es am Ende selbst bestimmen können, was es sein will oder wie es sein will.

«Das Bild der Familie muss immer wieder neu erfunden werden»

Die Präsenz des Hauses im Land ist mir ein Grundanliegen. Nur wenn wir präsent bleiben, können wir noch etwas für das Land tun. Ich glaube bestimmt, dass die Familie hier im Land eine besondere Position hat, und ich muss versuchen, diese zu erhalten und weiterzuführen. Im Grunde hatte ich es am Anfang nicht schwer, denn ich hatte einen Großvater, der im Land sehr präsent war. Da spielt natürlich auch die geschichtliche Entwicklung eine Rolle. Auch mein Vater zeigte in der Nachfolge seines Vaters weiterhin eine große Präsenz im Land. So habe ich mich leichtgetan, darauf aufzubauen.

Aber mit jeder neuen Generation fällt ein größerer Teil der Erinnerungen weg. Also müssen wir mit der Zeit vor allem den jungen Leuten wirklich erklären, wieso es uns noch gibt, inwiefern unsere Präsenz im Land noch einen Sinn macht und welche Aufgaben unsere Familie im Land noch erfüllen kann. Das wird sicher in den kommenden Jahren immer schwieriger werden. Ich kann nur versuchen, für die Familie so viele Chancen wie möglich zu erhalten. Was die nächste Generation dann daraus macht, wird deren eigene Aufgabe sein.

Die Zeiten ändern sich, und so muss die Familie sich gemäß den Gegebenheiten immer wieder neu erfinden. Es ist zu fragen: Was ist übernommene Tradition und was ist in der Gegenwart nötig und vermittelbar? Wo muss man neue Gedanken einbringen? Viele in meiner Generation bekamen als Basis feste Grundsätze mit, die wir auch verteidigen und auf deren Einhaltung wir schauen. Aber auch wir müssen bereit sein, gegebenenfalls unseren Kurs zu ändern, um neuen Entwicklungen zu entsprechen, ohne dabei unsere Grundsätze aufzugeben.

Das geschichtliche Interesse, auch für Lokalgeschichte, ist immer noch groß. Und häufig sind eben diese Geschichten mit Namen und Ereignissen aus der Geschichte unserer Familie verbunden. Trotzdem nimmt unsere Bekanntheit ab. Das ist ganz natürlich, eben eine Generationenfrage. Aber wenn wir uns für neue Ideen und Bedürfnisse einsetzen, wird unsere Bereitschaft eigentlich immer gerne angenommen. Da kann die Einzelperson mit ihrem Wissen und ihrer Erfahrung so manches beisteuern. Aber auch das Ansehen der Familie wirkt mit – sie vermittelt so etwas wie Kontinuität.

Ich habe mich im letzten Jahr aus sehr vielen Ehrenämtern verabschiedet. Fast in allen Fällen sagten die Beteiligten: Bitte schicken Sie wieder jemanden von der Familie, damit ihr dabei seid. Auch wenn ich darauf hinwies, dass es hier doch gar nicht um eine Wittelsbacher Einrichtung gehe, wollten es alle so. Das meine ich mit der Präsenz des Hauses. Das schwindende Geschichtswissen liegt sicher auch am Zeitgeist, aber ich muss es zur Kenntnis neh-

Das letzte gemeinsame Foto. Die Geschwister Herzog Max Emanuel in Bayern, Fürstin Marie Charlotte von Quadt und Wykradt und Isny, Fürstin Marie Gabrielle von Waldburg zu Zeil und Trauchburg, Herzog Franz von Bayern, 80. Geburtstag von Herzog Franz, Schleißheim 2013, Foto Eleana Hegerich

men und sehen, wie ich mit der ganzen Familie damit zurechtkomme.

Es ist wichtig, dass die Leute im ganzen Land wissen, auf welchem Standpunkt wir in wichtigen Fragen stehen. Bei diesen Themen musste ich allerdings eigentlich nie viel sagen, da man meistens wusste, wo ich stehe. Das war eine Art von Verlässlichkeit, für die viele Leute dankbar waren. In manchen Dingen steht die Familie immer noch für Rechtschaffenheit und menschliche Grundsätze. Ich predige es den Jungen in der Familie immer wieder, dass es Gelegenheiten gibt, bei denen man sich zurückhält, und dass es auch Aktivitäten gibt, die zwar ganz und gar legal sind, die man aber trotzdem einfach nicht macht. Die Jungen in der Familie werden von ihren Eltern erzogen, die aber auch ihrerseits schon in diesem Sinn erzogen wurden. Es gab kleine Ausrutscher, aber im Grunde

Ungewöhnliche Perspektiven. Die Gäste der Geburtstagsfeier für Herzog Franz von Bayern im Steinernen Saal von Schloss Nymphenburg, 2003, Foto Wolfram Kirkam

wissen alle, wofür sie stehen und dass sie, wenn sie schon zu der Familie gehören, Achtung, Respekt, Höflichkeit und auch noch wirtschaftliche Vorteile genießen, sich auch dementsprechend verhalten und in ihrem Denken einstellen müssen.

Eine Familie kann in der Kontinuität nur dann wirksam werden, wenn sie sichtbar auftreten kann. Für ein Haus Wittelsbach gehört dazu eine gewisse Repräsentation. Ohne das Wohnrecht in Nym-

Das Bild der Familie · 177

phenburg würde es uns sehr schwerfallen, sichtbar zu bleiben. Wir könnten im Sonntagsanzug zu jedem Festakt gehen, in der ersten Reihe sitzen und da gesehen werden, aber einladen könnten wir nicht mehr.

1500 Gäste im Jahr: die Nymphenburger Empfänge

Einladungen sind für uns ein wichtiger Weg, mit den Menschen im ganzen Land in Kontakt zu bleiben. Unsere Nymphenburger Empfänge fußen auf einer langen Tradition. Vor 1918 gab es viele Empfänge bei Hof – zu Neujahr, zu Geburtstagen und zu anderen Anlässen. Auch mein Großvater lud viele Leute zu sich ein: in den Jahren der Weimarer Republik und nach dem Zweiten Weltkrieg, nach seiner Rückkehr nach Bayern. Mein Vater etablierte dann die Nymphenburger Empfänge. Die Auswahl der Gäste ist eine ziemlich mühselige Arbeit. Wir sitzen manchmal zwei oder drei Tage zu sechst beisammen und gehen eine Liste von rund 9000 Namen durch. Es gibt sehr viele Leute, die wir immer wieder einmal in einem Rhythmus von zwei, drei oder vier Jahren einladen. Wir versuchen jeweils eine gute Mischung zu bekommen. Es entstehen am Ende manchmal Schwerpunkte, aber trotzdem immer eine möglichst bunte Zusammenstellung. In unseren Karteien stehen Kunst, Wissenschaft, Medizin, Kirche, und wir haben darin Vertreter der staatlichen Verwaltung und der Kommunen, Landräte, Oberbürgermeister, Bürgermeister – und dann noch einmal eine große Liste von Namen mit Freunden, Bekannten, Verwandten oder einfach von Namen, die man hört und bei denen man sagt, ja der oder die wären doch einmal interessant. Das ist ein breites Feld für die Auswahl; und daraus dann 1200 oder 1500 Namen herauszuarbeiten und neue hinzuzufügen, die heuer eine Einladung bekommen, ist eine interessante, aber auch harte Arbeit.

Bei den Empfängen selbst kam ich bisher mit vielen Gästen leider zu wenig ins Gespräch. Ich überlege immer wieder, ob ich da einen Fehler mache. Meist bleibe ich an meinem Tisch sitzen, weil sich fast immer interessante Gespräche entwickeln. Erst nach dem Essen trinken wir in einem anderen Raum Kaffee, da können sich noch einmal alle durchmischen. Oft überlege ich mir, wie ich mit mehr Gästen ins Gespräch kommen könnte. Es gibt Gastgeber und Gastgeberinnen, die über eine unglaubliche Energie verfügen und über die Gabe, mit allen zu sprechen, auch wenn es ein gesetztes Essen ist. Es gibt sicherlich auch Möglichkeiten, Dinge zu ändern; aber über all das muss man gründlich nachdenken.

Ich glaube, es ist einfach gut, wenn jedes Jahr rund 1500 Leute im ganzen Land eine Einladung von uns bekommen, selbst wenn sie absagen müssen. Sie haben jedenfalls meine Einladung erhalten und zur Kenntnis genommen, dass es uns gibt. In Wahljahren sagen Politiker natürlich oft ab, weil sie zu anderen Veranstaltungen gehen müssen. Es gibt auch Tage, für die der gesamte Klerus absagt, weil genau dann etwas Wichtiges in der Kirche stattfindet. Aber normalerweise bekommen wir viele Zusagen.

Diese Abende bereiten mir Freude. Alle Leute meinen immer, das müsse doch furchtbar anstrengend sein. Es gibt sicherlich Abende, an denen es ein bisschen schwerfällig ist, an denen man ein bisschen mehr ackert; aber gelangweilt habe ich mich fast noch nie. Und sehr oft kamen Gespräche zustande, die für mich sehr interessant waren und die ich so gar nicht erwartet hatte.

In der Regel bekomme ich wenig direkte Rückmeldung, ob die Mischung gestimmt hat. Es freut mich aber, wenn mir jemand von einem gelungenen Projekt erzählt und anmerkt: «Das hat sich alles so gut gefügt, weil ich bei Ihnen an dem Abend die und den kennen gelernt habe.» Das passiert erstaunlich oft. Ein Beispiel war das Projekt *Lichtblick Hasenbergl*. Ich lud die Initiatorin, Johanna Hofmeir, zu einem der Empfänge ein. Als sie ankam, begriff sie noch nicht recht, warum sie eingeladen war. Am Ende des Abends war sie begeistert darüber, dass sie mit durchaus einflussreichen Leuten über ihr Projekt sprechen konnte. Ich erinnere mich, dass sie in der Mitte stand und mindestens die Hälfte der Gäste ihr zuhörte oder mit ihr redete. So kann man Gelegenheiten schaffen.

Den Abend zu beenden war in den früheren Jahren manchmal etwas mühsam, wenn ein harter Kern sich festgeschwatzt hatte. Früher stand auf den Einladungen: «Wagen um halb elf», dann wusste man, wann es zu Ende ist. Das schreibt heute niemand mehr. Aber einmal kamen die Hunde in der Küche aus und mischten sich unter die Gäste, die gerade aufbrachen. Das wiederholte sich und wurde zur Tradition. Wenn die Hunde kommen, heißt das Aufbruch. Manche Leute, die öfter eingeladen sind, fragen: «Wann kommen denn heute die Hunde?»

Einmal gab es auch einen kleinen Zwischenfall: Unten am Eingang werden die Einladungen kontrolliert. Man weiß genau, wie viele Leute kommen. Vor ein paar Jahren waren plötzlich zwei Gedecke zu wenig, es waren zwei Besucher mehr als erwartet. Das konnte sich niemand erklären, aber man musste davon ausgehen, dass zwei Gäste da waren, die nicht dazugehörten. Ein junges Paar redete fast nur miteinander. Die Frau trug, für den Empfang eher erstaunlich, einen schwarzen Lederrucksack. Auf Rückfrage sagten sie ihre Namen, die aber nicht auf der Liste standen. Die Frau meinte dann ganz forsch: «Wir sind von der Berliner Morgenpost und haben uns gedacht, wir schauen uns das mal an und schreiben einen Artikel darüber.» Wir ließen das dann laufen. Der Artikel, den sie schrieben, trug die Überschrift: «Ein Abend bei den Dinosauriern».

Ich habe durchaus Verständnis und setze vielfach auch voraus, dass die Leute auf ein Phänomen wie uns nicht gefasst sind und sich nicht vorstellen können, was das eigentlich soll. Oft gibt es auch Berührungsängste, da das eine Welt oder ein Phänomen ist – nicht zuletzt auch ein historisches –, mit dem sie nicht wirklich etwas zu tun haben wollen. Das verstehe ich vollkommen. Aber eigentlich entdeckten bisher immer beide Seiten, wenn man zusammentraf, dass man zusammen über etwas reden und auch lachen konnte. Sicherlich ist es eine Besonderheit, dass die Empfänge in Nymphenburg stattfinden und die Bezüge zur Geschichte sehr präsent sind. Das

Klügste ist es aber zu sagen: «Ich finde es nicht gut, dass sich Leute bei anderen ins Haus einschleichen. Aber Saurier liebe ich.» Wenn Leute uns gegenüber spöttisch sind und ein bisschen herabsehen auf so ein Traditionsgetue, muss man eben schauen, dass man die Lacher auf seiner Seite hat, dann kann man auch sehr viele dieser Leute am Ende gewinnen. Wenn man keine Möglichkeit hat, zu reagieren, ist es am besten, sich nicht zu äußern, so wie es die Engländer machen: No comment, das heißt: Man begibt sich nicht auf dieses Niveau – und das wird auch akzeptiert. Für mich selbst will ich nichts, außer mich nicht zu langweilen.

Ein bisschen kann man die Geselligkeit an diesen Abenden übrigens auch steuern, nicht zuletzt durch die Zusammenstellung der Gruppen für die Tische. Zudem laden wir auch gezielt Gäste aus allen Bereichen und aus allen Landesteilen ein, damit sie sich kennenlernen. Solche Geselligkeit wird leider immer seltener, und das bedauere ich.

Diskussion im kleinen Kreis: die Berchtesgadener Gespräche

Mit einer anderen Art von Veranstaltung knüpften wir bewusst an die Symposien von Max II. an, der seit 1854 in der Residenz, aber auch in Berchtesgaden, Wissenschaftler einlud und mit ihnen diskutierte. Die Berchtesgadener Gespräche waren vor allem die Idee des ehemaligen Intendanten des Bayerischen Rundfunks, Professor Albert Scharf, und von der historischen Seite her von Professor Hans-Michael Körner. Das entwickelte sich gut und war immer ergiebig und interessant. Es ist jeweils ein ganz kleiner Kreis – höchstens zehn bis 14 Personen, die um einen Tisch sitzen, intensiv und völlig ergebnisoffen diskutieren. Da kommen immer wieder gescheite Ideen heraus. Es bleibt offen, ob Resultate aus diesen Gesprächen weiterverwendet werden oder nicht. Aber das eine oder andere ist immer wieder an der richtigen Stelle eingeflossen.

Es ist nie Presse zugegen, die darüber berichtet. Das ist nicht geplant, außer wir beschließen im Gespräch, dass man etwas an die Öffentlichkeit bringen sollte. Das gab es schon auch. Professor Scharf hat zwar immer wieder einmal Zusammenfassungen von Ergebnissen gemacht, aber nie mit dem Zweck, diese zu veröffentlichen. Wenn das Thema feststand, wurde sehr genau überlegt, wer teilnehmen sollte, und dann gezielt ausgesucht. Da schaut man, wer zur Sache etwas Substantielles beitragen kann. An den letzten drei Abenden dieser Gesprächskreise ging es um eine Frage, die mich damals beschäftigte: Was wird jetzt aus Europa, was geschieht, wie geht es da weiter? Vielfalt ist die große Stärke Europas. Sie muss erhalten bleiben. Es geht mir vor allem um den Aspekt eines Europas der Regionen und die Möglichkeiten des Föderalismus. Es ist immer zu fragen: Wo wäre verknöcherter Föderalismus falsch? Wo ist Vielfalt notwendig? Das muss man abwägen. Nach der ersten Zusammenkunft sagten alle Teilnehmer: «Können wir das nicht nächstes Jahr weiterführen?» So geschah es auch, und jetzt nach der Corona-Pandemie müssen wir zusehen, wie wir diese Gespräche wieder aufnehmen.

Die Ritterorden

Als Familienchef hat man noch weitere Verpflichtungen. Es gibt mehrere Ritterorden, die mit dem Haus Wittelsbach eng verbunden sind. Dazu gehört der St. Georgs-Ritter-Orden, in dem der Familienchef Großmeister ist. Dieser Orden hat heute mehr Mitglieder als je zuvor in seiner Geschichte – über einhundert. Alle Jungen wollen da dazu. Der Gottesdienst der St. Georgs-Ritter findet in der Hofkapelle der Residenz statt, die Kapitelsitzung ebenfalls in den Räumen der Residenz. Die blauen Mäntel der Ritter sind kürzer als die früheren und ohne Hermelin und Schleppe, wie man sie noch auf den Porträts der bayerischen Könige sieht. Diese sehr schönen Treffen in der Residenz wurden nach dem Krieg wieder eingeführt, und die Bayerische Schlösserverwaltung macht in sehr zuvorkommender Weise mit.

Dieser Orden ist eine lebendige, aus der Geschichte überlieferte Form, die sich erhalten hat und die von den Jungen gut angenommen wird. Ich bin als Großmeister auch für die Aufnahme in den Orden zuständig. Das ist eine große Zeremonie, die einmal im Jahr im Frühjahr am Ordenshauptfest stattfindet, verbunden mit einem Gottesdienst. Im Spätherbst gibt es noch eine Ordens-Konferenz. Die Mitgliederzahl ist an die vorhandenen Insignien gebunden. Plätze werden frei, wenn jemand stirbt oder in die obersten Ämter einrückt und sich dort emeritieren lässt. Es besteht stets eine Liste von sechs bis acht Anwärtern, die warten müssen, bis ein Platz frei wird. Für den Orden gibt es immer noch relativ strenge Aufnahmeregeln, die wir allerdings so abgemildert haben, dass sie heute noch anwendbar sind. Für die bayerischen Adelsfamilien sind die Aufnahmebedingungen weniger streng, und es werden mehr Ausnahmen gestattet. Mit der Mitgliedschaft sind zwar keine Aufgaben verbunden, aber doch ein gewisser Verhaltenscodex, und es gab auch einige wenige Fälle, in denen der Orden jemanden verabschiedete, der nicht mehr dem Codex entsprach.

Ursprünglich hatte der St. Georgs-Orden auch ein soziales Projekt: Die Georgs-Ritter betrieben ein Krankenhaus in Bad Brückenau, das dann aufgegeben wurde, weil es im Land immer mehr Kliniken gab. Der Erlös aus dem Verkauf dieses Krankenhauses ist immer noch der Grundstock des Ordensvermögens. Dazu gehören auch zwei Eigentumswohnungen, die dem St. Georgs-Club überlassen sind. Dort können die jungen Leute, die nach München kommen und hier studieren wollen, Vorträge hören und Veranstaltungen durchführen.

Auch ohne konkrete soziale Aufgaben im Orden spüren die Mitglieder doch Verpflichtungen. Als die Situation in den Flüchtlingslagern im letzten Winter so schlimm wurde, richtete ich eine Bitte um Spenden an die Malteser und auch an die Mitglieder des St. Georgs-Ritter-Ordens. Es kamen eine Lawine von Kleiderspenden und auch erstaunlich viele Geldspenden. Der Malteser-Hilfsdienst nahm das alles entgegen, und es konnte eine große Kleidersendung nach Slowenien gehen; einen größeren Geldbetrag erhielt zudem ein Flüchtlingslager in Griechenland. Da wirkten die Georgi-Ritter, die Malteser-Ritter und der Malteser Hilfsdienst zusammen. Mir liegt gerade der Bericht eines Maltesers vor, der in Griechenland mehrere Flüchtlingslager bereist hat. Wahrscheinlich wird das die nächste Aktion auslösen. Auch die große Flüchtlingswelle aus der Ukraine bietet wieder einen höchst verstörenden aktuellen Anlass, aktiv zu werden.

Der zweite Orden, der Hubertusorden, ist der eigentliche Hausorden. Um die Insignien zusammenzuhalten, ist er in Form einer Stiftung organisiert. Dieser Orden wird an Familienmitglieder und manchmal an nahe Verwandte wie Belgien, Luxemburg und Liechtenstein und an Personen, die sich Verdienste um das Land erworben haben, verliehen.

Die anderen Orden – also die Malteser, die Deutschherren, die Grabesritter und alle anderen – sind keine bayerischen Orden. Sie haben zwar einen bayerischen Zweig, sind aber international. Ich selbst bin Mitglied im Malteserorden und war bei seiner Gründung Protektor des Malteser Hilfsdienstes; auch heute werde ich noch zu den Beiratssitzungen eingeladen. Der Anfang war sehr schwierig, später musste das rasante Wachstum bewältigt werden. Man war froh, den hunderttausendsten Helfer auszubilden, dann war es bald der Millionste; und so ging es weiter bis heute. Dieser Beirat ist eine größere Runde; da wird berichtet und diskutiert. Innenminister Joachim Herrmann ist immer ein interessierter Teilnehmer. Oft war ich nur Zuhörer, manchmal aber konnte ich auch einen inhaltlichen Beitrag leisten. Die Verantwortlichen wissen, dass sie mich außerhalb der Sitzungen anrufen können, wenn es irgendwo brennt, und dann schauen wir, ob ich durch eine Vermittlung helfen kann.

Als die Flüchtlingskrise im Jahr 2015 ihren Höhepunkt erreichte, betrieben die Malteser in Kiefersfelden ein Auffanglager. Ich fuhr hin, um mir das anzuschauen und um mein Interesse, meine Anteilnahme zu zeigen. Deswegen lud ich die dort Tätigen nachher auch zum Essen in Berchtesgaden ein. Darüber wurde zwar nicht in der

Öffentlichkeit berichtet, aber in einem gewissen Kreis spricht es sich doch herum und motiviert dann vielleicht auch andere. Wenn man irgendwo helfen will, muss man schauen, in welchen Zusammenhängen die Öffentlichkeit gut anzusprechen ist und wo viel Hilfe kommt. Man muss analysieren, wo die Leerstellen sind. Ich habe immer wieder erlebt, dass Organisationen Spenden für ihre Leistungen und auch für ihre Ausstattung bekamen, aber nicht wussten, wie sie für ihren Betrieb die Stromrechnung und schon gar nicht die nötigen Gehälter bezahlen konnten. Es war mir immer wichtig, diese Leerstellen auszufüllen, damit die Dinge dann auch wirklich funktionieren können. Das bewährte sich.

Ein ganz anderer Bereich ist die Stiftung Maximilianeum. Durch diese Stiftung von König Max II. erhielten hochbegabte junge Männer im Maximilianeum einen Freiplatz für ihr Studium, und es wurde ihnen der großartige Bau über der Maximiliansterrasse errichtet, der der Stiftung noch heute gehört. Da man die Satzung nicht ändern konnte – sie war Teil des letzten Willens von Max II. –, fand mein Vater eine Möglichkeit, eine weitere Stiftung zu machen, damit auch Mädchen im Maximilianeum aufgenommen werden können. Inzwischen machen sie einen wichtigen Anteil aus, jedes Jahr kommen neue dazu. Ich gehe manchmal zum Mittagessen zu den Maximilianeern und Maximilianeerinnen. Das ist immer sehr anregend und lebendig. So blitzgescheite junge Leute, voller Fragen! Was sie erzählen, ist stets interessant.

Der Hilfsverein Nymphenburg

Meine Mutter begründete den Hilfsverein nach dem Ungarn-Aufstand von 1956, da man damals zum ersten Mal wieder mit Menschen in Ungarn in Kontakt kam und erfuhr: Wer lebt noch? Wer ist alt und krank und lebt in irgendeinem Keller, wer braucht was? Daraufhin begann meine Mutter zusammen mit Franziska von Habsburg, der Witwe von Erzherzog Max, dem jüngeren Bruder von Kaiser Karl, im kleinen Grenzverkehr in Kleinstpaketen Medikamente an alte Leute in Ungarn zu schicken, manchmal auch ein kleines Lebensmittelpaket. Die Zusammenarbeit mit dem Haus Habsburg war von Anfang an sehr eng. Zunächst ging es um Verwandte und Bekannte oder um deren ehemalige Dienstboten. Das funktionierte erstaunlich gut, so dass diese Aktivitäten zunahmen. Bald wurde ein Verein daraus, der sich sehr gut entwickelte. Ein Motor des Vereins war über all die Jahre Ernst Frank, unsere wichtigste Kontaktperson in Rumänien Frau Irina Crăciun. Rudolf von Habsburg veranstaltete mit seiner Frau Angie zusammen mit vielen Freunden in Belgien jedes Jahr einen Wohltätigkeitsball, der eine hohe Summe erbrachte.

Zunächst ging es um Ungarn, dann immer stärker um Rumänien, ein bisschen auch um Bulgarien und neuerdings Albanien. Die Hilfe für Ungarn wurde weniger, als sich dort die wirtschaftliche Situation verbesserte und eine Generation von Bedürftigen, die man gekannt hatte, wegstarb. Sobald es möglich war, unternahm ich mit Erzherzog Michael, Erzherzog Rudolf und seiner Frau Reisen nach Ungarn und immer wieder nach Rumänien, und wir sahen nach, ob es die Leute eigentlich wirklich gab, denen wir Geld schickten, und was sie brauchten.

Die Zustände, die wir bei der ersten Reise direkt nach dem Fall von Ceaușescu antrafen, waren haarsträubend. In Ungarn waren wir vor allem in Budapest. In Rumänien waren es Bukarest und Umgebung, die Bukowina, ebenso Siebenbürgen und Moldawien. In Bulgarien besuchten wir vor allem Schulen. In einem Waisenhaus in Rumänien standen in einem Raum unzählige Bettgestelle mit zwei bis vier Kindern in jedem Bett und völlig verdreckter Bettwäsche. Wir fragten in einem Kinderheim nach der Aids-Situation und fanden heraus, dass das Personal keine Aids-Test machen durfte, weil man vor dem Resultat Angst hatte. Wir machten heimlich Tests, und es stellte sich heraus, dass sämtliche Kinder und das gesamte Personal infiziert waren. Viele der Kinder haben das später nicht überlebt.

Was die Altenheime betraf, so erinnere ich mich an einen Raum, der voll war mit Bettgestellen in einem ähnlichen Zustand wie in den Waisenhäusern und in denen dicht gedrängt alte Frauen lagen. Bei diesen Frauen waren einige schwer krank, einige dement, und die Luft in diesen Räumen war unerträglich. Auch gab es sehr wenig Personal. Trotzdem sagte mir eine alte Frau strahlend, es ginge ihr herrlich, es sei ihr noch nie so gut gegangen; das gab mir eine Vorstellung von den Lebensumständen einer armen Bauernfamilie auf dem Land.

In diesen Heimen herrschte oft eine extreme Not, finanzielle Budgets waren zugesagt, aber das Geld kam, wenn überhaupt, oft erst ein Jahr später; auch gingen immer wieder die Lebensmittel und Medikamente aus. Ich erinnere mich an ein Altenheim, in dem fünf bis sechs Pflegerinnen für über hundert Alte zuständig waren. Diese Pflegerinnen brachten Zwiebeln und Kartoffeln, die sie in ihren Vorgärten angebaut hatten, mit zur Arbeit, um daraus eine Suppe für das ganze Heim zu kochen. Der Hilfsverein schickte Lebensmittel, jedoch immer in Abstimmung mit jeder Institution. Dem erwähnten Waisenhaus schickten wir auch auf gut Glück Reinigungsmittel, einen großen Topf Farbe und Linoleum-Rollen. Als wir das Heim das nächste Mal besuchten, war es nicht mehr wiederzuerkennen, alles sauber, die Wände hell und an den Wänden hingen ausgeschnittene Bilder aus einem Kalender des Münchner Zoos, den wir mitgeschickt hatten.

Bei unseren Fahrten stellte sich heraus, dass in Rumänien die Roma und ihre Siedlungen als ein großes Problem angesehen wurden und dass man sie total ausgrenzte. Die Roma wiederum zogen in manche Orte einfach ein, das waren zum Teil wunderschöne alte Ortschaften, die seit kurzem leer standen, da die Bewohner nach Westeuropa weggezogen waren. Romafamilien zogen dorthin, nach ein paar Jahren war alles heruntergewohnt und kaputt; dann verließen sie den Ort wieder. Es gibt auch große Romadörfer mit elenden Hütten ohne jegliche Hygiene, in die sich die Rumänen kaum hineinwagten. Zusammen mit einer Leiterin des Roten Kreuzes fuhren wir mit einem VW-Bus mitten in so ein Dorf. Die zwei rumänischen Hilfsvereins-Mitarbeiter, die dabei waren, blieben im Auto sitzen. Aber wir stiegen aus. Da kamen von allen Seiten die Leute. Wir sprachen mit ihnen Ungarisch, was sie gut verstanden. Wir besprachen, dass der Hilfsverein dort mitten im Dorf einen kleinen Bau errichteten könnte für so etwas wie einen Kindergarten. Es entstand eine Art Kindertagesstätte mit einer kleinen Schule und einer medizinischen Abteilung, wo die Bewohner ihre Kleider waschen, aber auch baden, duschen und medizinische Betreuung erhalten können. Das schlug unglaublich gut ein. Ich war immer wieder, auch unangekündigt, dort. Da standen Schlangen vor dem Eingang, das Ganze war sauber und tipptopp wie am ersten Tag. Daraufhin errichteten wir in einem anderen Teil des Dorfes, das sehr groß ist, einen zweiten solchen Bau. Und jetzt unterstützt der Hilfsverein Bemühungen, dass am Rand des Dorfes, aber schon außerhalb, kleinere Wohneinheiten für Familien gebaut werden; er bietet zudem jungen Leuten Hilfe an, in Berufe zu kommen. So kann man etwas erreichen, und das verändert auch vor Ort das Bild der angeblich unverbesserlichen «Zigeuner». Es gibt aber – und auch das sei nicht verschwiegen – immer noch die andere Seite: Wir fuhren aus dem Dorf heraus und ganz in der Nähe durch einen anderen Ort. Da standen die Paläste der reichen Romafamilien in allen Farben im abenteuerlichsten Zuckerbäckerstil. Die Polizei weigerte sich mitzufahren. Wir waren aber neugierig und wollten doch durchfahren. Daraufhin hieß es: Aber bitte auf der Hauptstraße bleiben und nicht stehenbleiben. Da sahen wir diese Paläste; es standen vor den Toren große Rolls Royces. Wir wurden mit Misstrauen genau beobachtet. Das Erschütternde ist, dass diese bitterarmen riesigen Elendslager nur in ein paar Kilometer Entfernung liegen, aber von den reichen Roma nicht einen Pfennig bekommen; da gibt es keine Hoffnung auf irgendeine Hilfe von dort.

In der Bukowina kamen wir in Klöster mit herrlichen Kirchen. Die meisten sind orthodoxe Frauenklöster und zum Teil bitterarm. Ich war in einem Kloster, und dort herrschte große Seligkeit, weil

Benefizauktion für Bildungsprojekte in Afrika. Prinz Ludwig von Bayern (M.) und Herzog Franz von Bayern (r.) im Auktionshaus Neumeister bei einer Wohltätigkeitsversteigerung zu Gunsten des Hilfsvereins Nymphenburg, München 2018, Foto Robert Haas

sie eine Kuh geschenkt bekommen hatten. Ich musste dort auch essen, es wurde großzügig gefangener Fisch aufgetischt. Es waren etwa zwölf Schwestern. Anschließend musste ich natürlich auch diese Kuh besuchen gehen. Als ich die Äbtissin nach dem Namen der Kuh fragte, sagte sie mit verzückten Augen «Manuela»; es war nicht ganz leicht, ernst zu bleiben. Einige dieser Nonnen wurden gute Freundinnen.

Abgesehen davon, gibt es auch international übergreifende Aktivitäten des Hilfsvereins. So haben wir vom Hilfsverein aus gemeinsam mit einer belgischen Organisation ein großes Altenheim gebaut. Das wurde ein regelrechtes Pilotprojekt für Rumänien, und es läuft sehr gut. Inzwischen hat der Hilfsverein auch Entwicklungsprojekte in Afrika in sein Programm aufgenommen, um die sich mein Neffe, Prinz Ludwig, intensiv kümmert.

VII.

Das Haus, seine Aufgaben, seine Darstellung

Der Wittelsbacher Ausgleichsfonds

Die Entstehungsgeschichte des Wittelsbacher Ausgleichsfonds reicht im Grunde über zweihundert Jahre zurück. Bereits 1799 hatte Kurfürst Maximilian IV. Joseph, der dann als Max I. der erste bayerische König wurde, das Vermögen von drei Wittelsbachischen Linien geerbt. Das war ein riesiger Komplex, und es war damals schon nicht ganz klar, was als Hausgut und was als Eigentum des Landes anzusehen war. Im Rahmen der Reformen seines leitenden Ministers Maximilian von Montgelas brachte der Kurfürst dann die sogenannten Kabinettsgüter und die vorhandenen Kunstsammlungen ein, um damit Reformen zu finanzieren und die wirtschaftliche Lage des Staates zu stabilisieren, die infolge der napoleonischen Kriege instabil war. Im Gegenzug erhielten die Könige Zahlungen über die sogenannte Zivilliste, die ab 1834 ein fester Posten im Staatshaushalt für die Finanzierung des Königshauses und seiner Aufgaben war – also eine laufende Zahlung als Ersatz für die Nutzung des Eigentums. Sie diente zugleich der Deckung des Repräsentationsaufwands. Diese Zivilliste erlosch 1918 mit dem Ende der Monarchie, und damit lebten die Ansprüche auf das Eigentum wieder auf. Noch im November 1918, also im Monat der Revolution, beschloss das bayerische Kabinett unter Kurt Eisner, die Wittelsbacher nicht zu enteignen. Dazu dachte Kurt Eisner viel zu rechtlich. Ich sehe heute Kurt Eisner mit ganz anderen Augen als die Generation vor mir.

Die Verhandlungen darüber, welche Ansprüche nach dem Ende der Zivilliste abzugelten waren, führten im beiderseitigen Einvernehmen klugerweise zur Errichtung einer öffentlich-rechtlichen Stiftung, des Wittelsbacher Ausgleichsfonds. Der Staat war ja 1918 formal zum Besitzer des Wittelsbachischen Eigentums geworden. Er brachte Teile dieses ehemals Wittelsbachischen Vermögens mit Immobilien und Liegenschaften in diesen Fonds ein, um die Ansprüche unseres Hauses gegen den Staat zu entschädigen. So konnte Einkommen erwirtschaftet werden. Dahinter stand aber noch ein ganz anderes Problem, das sichtbar wurde, als die Fideikommisse – Vermögensmassen, die für den Eigentümer gebunden waren und über die er folglich nicht frei verfügen konnte – 1919, also während der Verhandlungen, aufgelöst wurden. Es gab einen Fideikommiss Ludwigs I., der den größten Teil seiner Kunstsammlungen umfasste, und der wurde, nachdem König Ludwig III. gestorben war, Privateigentum meines Großvaters. Es lag weder in seinem Interesse noch in dem des Staates, dass das alles auseinanderfallen würde: die Glyptothek, Antikensammlung, große Teile der Alten und der Neuen Pinakothek. So gab mein Großvater diese Sammlungen zusammen mit den von ihm selbst erworbenen Kunstwerken als Schenkung aus Privatvermögen in den Fonds. Auch Teile der älteren Kunstsammlungen, wie zum Beispiel Teile der Schatzkammer, kamen hinzu. Für Teile des Kunstvermögens, die aus anderen Bereichen stammten, errichtete mein Großvater eine zweite öffentlich-rechtliche Stiftung – die Wittelsbacher Landesstiftung.

Zum Wittelsbacher Ausgleichsfonds, der 1923, also vor genau hundert Jahren, errichtet wurde, gehörten auch Wohnrechte und ein großer Bestand von Mobiliar, über deren Verwendung der Familienchef verfügen kann. Das erwirtschaftete Einkommen aus dem Wittelsbacher Ausgleichsfonds fließt an das Haus Wittelsbach; es bildet die wirtschaftliche Grundlage unseres Lebens.

Dieser Fonds ist also eine Ausgleichsleistung für den Verzicht der Familie auf jene Vermögensansprüche, die im Raum standen und auch nicht bestritten wurden. So ist beispielsweise das Wohnrecht in

Schloss Nymphenburg der Ausgleich für den Verzicht auf das Eigentum an einer ganzen Reihe von Schlössern. Diese ganze Stiftung ist eine faire und sehr weise Lösung, die sich für alle Seiten seit hundert Jahren bewährt hat. Sie bewirkt im Übrigen dass wir, die Mitglieder der Familie, uns stets zur guten und pfleglichen Handhabung dieses überkommenen Gutes verpflichtet fühlen: Vor allem der große Kunstbesitz ist für die Öffentlichkeit gedacht und soll für diese in den Museen zugänglich sein. Die gesetzlichen Regelungen von 1923 schufen eine rechtliche Grundlage für das Verhältnis zwischen dem bayerischen Staat und dem Haus Wittelsbach. Es gibt in dieser Hinsicht also keine Privilegien, sondern nur genau bezeichnete Rechte. Es gibt auch keine Zahlungen des Staates an die Familie in irgendeiner Form; wir bekommen nur als Berechtigte die wirtschaftlichen Erträge aus dem Wittelsbacher Ausgleichsfonds. Ich bin als Chef des Hauses in die Rechte meines Vorgängers, meines Vaters, eingetreten; so wurde das auch formuliert, und mein Nachfolger wird das Gleiche tun.

Das Vermögen des Wittelsbacher Ausgleichsfonds wird verantwortlich von einem Verwaltungsrat geführt, den der Familienchef und die Familie beruft. Auch der Staat, und zwar in Gestalt des Finanzministeriums und des Kultusministeriums, heute Ministeriums für Wissenschaft und Kunst, entsenden jeweils einen Vertreter in diesen Verwaltungsrat. Er entscheidet alle wichtigen Fragen und beruft eine Generaldirektion zur Führung der Geschäfte. Der erste Generaldirektor des WAF war Hans von Rauscher, der den WAF über die ganzen Jahre unserer Abwesenheit im Exil während der NS-Zeit mit beispielloser Loyalität erhalten hat. Mit allen seinen Nachfolgern wie auch mit allen Vorsitzenden und Mitgliedern des Verwaltungsrats hatten wir großes Glück. Sie entwickelten diesen vielfältigen Vermögenskomplex, der ja auch viel Verantwortung für kulturelles Erbe bedeutet, mit großer Voraussicht und Kreativität bis heute weiter.

Im Fonds arbeiten heute 240 Mitarbeiter. Natürlich darf sich die Familie nicht in die Geschäftsführung des Fonds einmischen. Wir stimmen vielmehr einmal im Jahr in der sogenannten Hausversammlung über die Arbeit des Verwaltungsrates ab und erteilen Entlastung. Trotzdem ist mir ein enger Kontakt wichtig, denn die Tätigkeiten des Fonds werden in der Öffentlichkeit in unmittelbarem Zusammenhang mit dem Prestige des Hauses wahrgenommen.

Mitunter tritt eine Situation auf, in der der Verwaltungsrat aus seiner Verantwortung heraus Möglichkeiten prüfen muss, die völlig legal und wirtschaftlich geboten sein mögen, aber in der die Familie trotzdem sagen können muss: Das steht uns nicht gut an, diesen Weg sollten wir nicht gehen. Auch bei zentralen Fragen aus dem Bereich der Kunstsammlungen, etwa bei der Restaurierung oder der Ausleihe von besonders wichtigen Kunstwerken, ist uns die Möglichkeit mitzureden wichtig.

Nach dem Ende des Zweiten Weltkrieges, als wir wieder nach Bayern zurückkamen, bestand der Wittelsbacher Ausgleichsfonds noch in seiner rechtlichen Substanz weiter – aber die wirtschaftliche Lage war natürlich genauso chaotisch wie überall nach Kriegsende. Mit den wenigen Angestellten kamen wir bald in guten persönlichen Kontakt, doch in vielen Bereichen brauchte es lange, bis die Abläufe wieder reibungslos funktionieren konnten. Damals gab es ja auch noch eine Menge von Vorschriften, Verboten und Behinderungen, nicht zuletzt durch die Besatzungsmächte und die ersten Anfänge staatlicher Strukturen. Heute kann man sich das gar nicht mehr vorstellen. Viele beschädigte Gebäude, wie zum Beispiel Schloss Berg, mussten damals erst wieder saniert und instandgesetzt werden.

Auch das ganze Mobiliar und der Kunstbesitz im Bereich des privaten Gebrauchs war überallhin verstreut. An deren Rückführung habe ich die meisten persönlichen Erinnerungen, denn in diesem Zusammenhang fand vieles im Haus meines Großvaters in Leutstetten statt. Von allen Auslagerungsorten trafen Transporte in Leutstetten ein und wurden unter seinen sachkundigen Augen identifiziert, bestimmt und neu katalogisiert. Es ging da manchmal zu wie in einem riesigen Auktionshaus vor der Auktion. Zu meinen bleibenden Eindrücken gehört, wie aus verschmutzten unscheinbaren

Gegenständen und manchmal sogar aus lose beeinanderliegenden Bestandteilen wieder wunderschöne Möbelstücke entstanden, ebenso aus eher dunklen Leinwänden strahlende Bilder. Es gab auch ganz unterhaltsame Entdeckungen: Bei der Auslagerung wo auch immer wurden oft Gegenstände des Staates und des Fonds vermengt. Das musste erst wieder mühsam auseinandergeklaubt werden. So tauchten ein paar wunderschöne geschnitzte, vergoldete Wandappliken aus dem 18. Jahrhundert auf, die dem Fonds gehörten. Er besaß, ich glaube, acht Stück davon. Es fanden sich aber plötzlich immer mehr und am Ende waren es 14 oder 16! Einige im Besitz des Staates und einige beim Fonds; das hatte bei der Aufteilung 1923 niemand bemerkt!

Die Kunstsammlungen der Wittelsbacher Landesstiftung

Für die Verwaltung der Kunstsammlungen, die der Wittelsbacher Landesstiftung gehören, gibt es ein Kuratorium, dem der Minister für Wissenschaft und Kunst, der Leiter der Bayerischen Staatsgemäldesammlungen und der Chef des Hauses Wittelsbach angehören. Dadurch ist die Familie unmittelbar in die Verantwortung mit einbezogen. So hat zum Beispiel die Berufung eines neuen Generaldirektors der Staatsgemäldesammlungen für mich ein besonderes Gewicht, und ich empfinde es als selbstverständlich, dass ich über die Auswahl informiert werde. Schließlich verwaltet diese Instanz, wenn man über den reinen Wert nachdenkt, wohl mehr als 80 Prozent des Gesamtvermögens von WAF und Landesstiftung.

Die Verständigung in diesem Kuratorium war immer sehr freundschaftlich und gut; es wurde stets Einstimmigkeit angestrebt. Zentrale Aufgabe ist die Zustimmung bei wichtigen Ausleihen aus den Sammlungen. Natürlich werden viele Anfragen unterhalb einer von uns festgesetzten Wertgrenze durch die Verwaltung bearbeitet. Aber die Ausleihe großer Objekte muss oft intensiv besprochen werden.

Dabei spielen konservatorische Gesichtspunkte und Risiken eine Rolle, und auch die Frage, wie lange ein Bild in der Hängung des Museums fehlen darf. Am Ende tragen wir die Verantwortung. Solche Anfragen können mitunter kompliziert, sogar politisch werden. Man muss dabei berücksichtigen, dass das Museum manchmal eine wichtige Ausstellung plant und die benötigten Leihgaben von anderen Museen nur bekommt, wenn wir auch ihnen entgegenkommen. Bei diesen Fragen haben Ablehnungen aus konservatorischen Überlegungen manchmal schon hohe politische Wellen geschlagen.

Es gibt beispielsweise ein bedeutendes Kunstwerk der frühen Goldschmiedekunst in der Schatzkammer, das Giselakreuz. Es gehört dem WAF. Das sollte für die 1000-Jahr-Feier in Ungarn nach Passau reisen, um dort mit der Reliquie der rechten Hand von König Stefan von Ungarn, dem Gatten Giselas, zusammen ausgestellt zu werden. An sich ein sehr schöner Gedanke. Aber das Giselakreuz besteht aus einer wunderschönen Hülle aus getriebenem Gold mit feinsten Emailplättchen und einem Holzkern, der teilweise nur noch ein ganz dünnes Gespinst ist. Der Zustand des Giselakreuzes ist so fragil, dass es überhaupt nicht bewegt werden, geschweige denn transportiert werden darf. Der Druck, das Objekt auszuleihen, wurde immer größer; auf politischer Ebene waren sogar der Präsident von Ungarn und der deutsche Bundespräsident einbezogen. Da wurde es für die beiden staatlichen Kuratoriumsmitglieder schwierig, nein zu sagen. Ich war der Einzige, der frei entscheiden konnte, daher bekam ich seinerzeit diesen Druck besonders zu spüren. Von kirchlicher Seite ging das bis hinauf zum Erzbischof von Esztergom, dem Kardinal Primas von Ungarn. Der wiederum schaltete den Bundespräsidenten und den bayerischen Ministerpräsidenten ein. Als das nichts half, erklärte er, dass er sich an den Papst wenden werde. In dieser Lage musste ich mich meinerseits gleichfalls an den Vatikan wenden, um eine solche Bitte zu verhindern, falls der Papst zu so etwas überhaupt bereit gewesen wäre; ich hätte ihm sehr ungern den Wunsch abgeschlagen, aber ich hätte es tun müssen. Dann hörte ich nichts mehr. Dieses eine Mal ging es wirklich so

weit. Wenn man das Kreuz ausgeliehen hätte, hätte das die Zerstörung des Kerns des Giselakreuzes bedeutet. Ich war oft dabei, als die Schatzkammer nach dem Krieg wieder eingerichtet und die Objekte gründlich restauriert wurden. Damals hatte man das Kreuz auseinandergenommen, und ich konnte den Zustand selbst sehen. Seither steht es in einer klimatisierten Glasvitrine und wird nicht mehr bewegt. Nicht einmal für den Primas von Ungarn.
Die Schatzkammer war im Krieg in Neuschwanstein und Hohenschwangau ausgelagert. Der Schweizer Architekt Tino Walz brachte bei Kriegsende einen Teil in seinem VW von Neuschwanstein in die Nähe des Chiemsees. Mir wurde erzählt, dass Dr. Jäger, der Finanzdirektor des Wittelsbacher Ausgleichsfonds, in Hohenschwangau war. Der zweite Teil der Schatzkammer war dort unterm Herd versteckt. Als die Amerikaner kamen und plünderten, verteilte Dr. Jäger einen Korb mit billigen Porzellanschwänen an die GIs; die waren glücksselig und zogen damit ab. Die Schatzkammer unterm Herd entdeckten sie nicht. Als nach dem Krieg Stück für Stück gesäubert und untersucht wurde, kam unter den frühen Objekten so manches zutage. Da gab es zum Beispiel eine Tabatiere aus dem 18. Jahrhundert, schön gearbeitet, mit einer großen Gemme auf dem Deckel. Sie stammt aus dem Besitz von Kaiserin Maria Amalia, der habsburgischen Gemahlin von Kaiser Karl Albrecht. Der Direktor des Nationalmuseums, Theodor Müller, schaute sie an und sagte: Vorsicht, die Gemme nochmal ansehen! Sie entpuppte sich als eine der größten und schönsten staufischen Adler-Kameen, die es gibt. Heute steht sie bei den mittelalterlichen Stücken, früher lag sie bei den Dosen der Kaiserin Maria Amalia. Diese brachte Schmuck im Wert von fast einer Million Gulden mit in die Ehe, darunter wohl diese Tabatiere. Die Gemme ist ein Spitzenstück. Aus dem Besitz der Kaiserin Maria Amalia stammte auch der als «Blauer Wittelsbacher» bekannte Diamant, dessen Verkauf immer wieder öffentliches Interesse findet: Sicherlich war dies ein bedauerlicher Entschluss, der aber der Notlage der Nachkriegszeit geschuldet war.

Das Giselakreuz war nicht die einzige Leihgabe, bei der ich Nein sagen musste. Öffentliche Aufregung gab es auch, als Nürnberg für das große Dürer-Jubiläum 1971 *Die vier Apostel* von Dürer aus der Pinakothek haben wollte. Da alle Zuständigen politisch in Schwierigkeiten waren, war ich derjenige, der aus konservatorischen Gründen Nein sagen konnte. Das gab einen Riesenaufstand. Der Landtag diskutierte darüber, und zwar heiß! Aber ich blieb bei meinem Nein. Ähnliche Diskussionen gab es über die mittelalterlichen Kaiserkronen in der Schatzkammer, die der Wittelsbacher Landesstiftung gehören. Sie sind ein ganz eigener Fall. Bamberg war bei der Säkularisation und Übernahme durch das Kurfürstentum Bayern im Jahr 1802 so hoch verschuldet, dass es auseinandergebrochen wäre, wenn man nicht die Schulden übernommen hätte. Die Schulden wurden alle von Bayern bezahlt. Die Bamberger Kronen kamen in die Schatzkammer nach München. Diese schmerzliche Erfahrung ist den Bambergern bis heute im Gedächtnis geblieben. Das eskalierte im Vorfeld des Bamberger Bistumsjubiläums 2007. Dass die Kronen jetzt einer Stiftung des Hauses Wittelsbach gehören und nicht dem Staat, wurde vielen wohl auch erst aus diesem Anlass bewusst. So hieß es dann, da muss halt der Herzog zustimmen. Es gab einen Landtagsbeschluss, dass man sich mit mir in Verbindung setzen werde. Erst in einem Gespräch zwischen Ministerpräsident Stoiber, dem Erzbischof von Bamberg und mir konnte ich meine Beweggründe erläutern und meine Absage bekräftigen. Wären die Kronen in die Schatzkammer des Doms in Bamberg gekommen, würden sie nur noch von den dortigen Besuchern und Besucherinnen gesehen. In München sehen sie viele Hunderttausend Menschen – und dort glänzen sie für die Geschichte Bambergs, die ja auch für uns ein bedeutender Teil der Geschichte Bayerns ist.

Auch das Porträt *Dürer im Pelzrock* wurde 2012 Gegenstand eines heftigen Streits: Es war 1971 noch ausgeliehen worden, doch vierzig Jahre später musste ich aus konservatorischen Gründen ablehnen. Wieder gab es eine Auseinandersetzung im Landtag, und wieder musste ich bei meinem Nein bleiben. Ich konnte wegen einer anderen Verpflichtung nicht nach Nürnberg zur Ausstellungseröffnung kommen, bei der in einer Festrede gesagt wurde, das sei gut so, denn ich hätte Nürnberg nur unter Polizeischutz verlassen können. Im Hintergrund spielte in Nürnberg wohl der Gedanke mit, eigentlich gehöre das Bild nach Nürnberg. Die Staatsgemäldesammlungen wiesen damals darauf hin, dass sich allein fünfzig Gemälde der Wittelsbacher Landesstiftung und 119 Werke des Wittelsbacher Ausgleichsfonds als Dauerleihgaben im Germanischen Nationalmuseum Nürnberg befinden. An den Dürer-Bildern entzündete sich jedenfalls ein Pulverfass. Das waren wahrscheinlich die dramatischsten Fälle. Hinter solchen Debatten stehen oft die Bemühungen lokaler Kräfte, Objekte, die seit der Säkularisation und Mediatisierung Anfang des 19. Jahrhunderts in der Münchner Schatzkammer liegen, als eine Art «Beutekunst» der Wittelsbacher zu inszenieren. So war auch das aus dem 15. Jahrhundert stammende Würzburger Schwert, das sogenannte Fränkische Herzogsschwert, weitgehend vergessen, bis es 1952 in eine Würzburger Ausstellung ausgeliehen wurde und sich dabei zu einer Art Symbol Frankens in Bayern entwickelte. Beim Würzburger Stadtjubiläum von 2003/04 flammte das wieder auf und schlug auch wieder Wellen bis in den Landtag.

Ich kenne die Argumente gegen das zentralistische München und über den Bedeutungsverlust der regionalen Kulturzentren. Doch wenn man das ändern will, muss man diese Zentren wieder neu beleben. Mit der Rückführung einiger kostbarer Objekte wäre da nicht viel erreicht. Viele dieser Objekte, die in den großen Museen Münchens von Millionen Besuchern aus dem In- und Ausland bewundert werden und in Erinnerung bleiben, würden andernorts weitgehend unsichtbar werden.

Keine weiß-blauen Flaggen in der Pfalz

Meine Kenntnisse über die bayerische Pfalz, die nach 1945 zunächst zur französischen Besatzungszone gehörte und dann von den Franzosen dem neu gegründeten Bundesland Rheinland-Pfalz zugeschlagen wurde, waren nicht sehr substanziell. Der WAF hatte dort ein Schloss, die Villa Ludwigshöhe. Ludwig I. ließ es ab 1846 in seiner geliebten Pfalz als Sommersitz im Stil italienischer Villen bauen; seit 1923 gehörte es zum Wittelsbacher Ausgleichsfonds. Nach dem Krieg kümmerte sich mein Großvater um dessen Instandsetzung und Möblierung. Das Schloss liegt sehr schön auf einer Anhöhe direkt neben Edenkoben, wo an sich ein ausgezeichneter Wein wächst. Auf der Rückseite des Berges gedeihen Edelkastanien, die Ludwig hatte pflanzen lassen, während sich auf der Vorderseite ein Weinberg hinunterzieht. Als ich nach dem Krieg das erste Mal mit meinen Eltern wieder dort war, kredenzte uns das sehr nette Verwalterehepaar den Wein, der auf dem Hügel nach Edenkoben zu gereift war. Mein Vater nahm einen Schluck und verzog ein bisschen das Gesicht, weil der Wein so überaus gesund schmeckte. Daraufhin sah ihn die Frau des Verwalters scharf an und sagte: «Uns schmeckt er!» Da hatten die Pfälzer Ludwig I. damals einen Hang angedreht, auf dem der schlechte Wein wuchs, während ringsherum ein hervorragendes Weingebiet lag.

Das war für mich damals die Pfalz. Als 1956 die Volksabstimmung kam und sich nur knapp acht Prozent für einen Verbleib bei Bayern aussprachen, war das für alle wie eine kalte Dusche. Damals ging schon viel verloren. Sogar die Prinzregententorte verlor eine Lage, weil mit der Pfalz ein bayerischer Stamm weg war. Ein Jahr später kam dann der nächste Schlag: Da ließ in Speyer das Domkapitel bei der Renovierung des Doms die Fresken im Nazarenerstil, mit denen Ludwig I. den Dom hatte ausmalen lassen, abschlagen, um den puren Stein wieder sichtbar zu machen. Nur ein Zyklus blieb bestehen. Einen Teil der Fresken rettete ein Restaurator in Eigeninitiative; sie wurden inzwischen teilweise restauriert, in ihrer Qualität erkannt und werden im Kaisersaal des Doms ausgestellt. Ich muss zugeben, dass ich auch das heutige Erscheinungsbild der puren Steinwände sehr schön finde. Bei der Wiedereröffnung des Doms 1961 war Bundespräsident Theodor Heuss zugegen, meine Eltern waren dort und ich auch. Da sah man dann genau, ob noch jemand bzw. wer weißblau geflaggt hatte – solche Dinge wurden durchaus wahrgenommen. Ich glaube, geflaggt hatte nur noch die Bayerische Vereinsbank. Heuss redete dann mit den Eltern darüber, aber schon versöhnlich schmunzelnd.

Als das Schloss Villa Ludwigshöhe 1975 vom WAF dem Land Rheinland-Pfalz als Kulturzentrum übergeben wurde, kam Helmut Kohl, damals Ministerpräsident von Rheinland-Pfalz. Er sprach die Traditionen sehr deutlich an und betonte, dass der Zusammenhang mit der Familie Wittelsbach nicht verloren gehen dürfe. Das bewegte ihn offensichtlich sehr. Es endete mit einer Tour durch alle Wirtshäuser der Pfalz – die ganze Nacht durch. Es war erstaunlich, was Kohl vertrug, aber auch, was er geschichtlich über die Pfalz wusste.

Über den Speyerer Dom, inzwischen UNESCO-Welterbe, blieb die Verbindung zur Pfalz für uns erhalten. 1996 begann die erneute Restaurierung des Doms. Dafür wurde auf Initiative von Bundeskanzler Kohl die *Europäische Stiftung Kaiserdom zu Speyer* ins Leben gerufen. In dieser Stiftung war Kohl Vorsitzender, auch Jean-Claude Juncker war dabei, damals Premierminister des Großherzogtums Luxemburg – wirklich interessante Leute. Im Stiftungsbeirat wurde ich Vorsitzender; jetzt hat das mein Bruder übernommen. Vor meinen Sitzungen besprach ich mich mit Kohl, er leitete dann die Kuratoriumssitzung, und danach gab es immer ein Abendessen mit ziemlich viel Alkohol. Da wurde dann die Präsenz der Pfalz wieder in liebenswürdigster Weise spürbar.

«Ludwig II. wurde zu einer Entdeckung» –
die großen historischen Ausstellungen

Als Michael Petzet die erste Ausstellung über Ludwig II. vorbereitete, war ich von Anfang an eingebunden. Sie fand 1968 in der Residenz statt. Ludwig II. ist eine der großen Legendenfiguren in unserem Land, für unsere Familie war er bis dahin eher eine Peinlichkeit. Er war ein Thema, über das man mit meinem Vater noch nicht reden konnte. Aber Petzet nahm ihn ernst und analysierte Ludwig II. kunstgeschichtlich und historisch. Das war aufregend. Ich war eng befreundet mit Michael Petzet und hatte mit ihm in Nymphenburg Tischtennis gespielt, als er noch Stift bei der Schlösser-Verwaltung war. Daraus erwuchs eine dauerhafte Freundschaft. Wir holten uns von überall die Leihgaben zusammen, all die Objekte, die heute nicht mehr ausgeliehen werden dürfen. Ich arbeitete 4000 bis 5000 Skizzen zu den Bauten mit allen Randbemerkungen von Ludwig II. durch. Da erst ging mir auf, was in Neuschwanstein eigentlich vor sich geht. Bei dieser Gelegenheit wurden auch Ludwigs moderne Seiten erkennbar: In Linderhof ließ er die erste elektrische Bühnenbeleuchtung der Geschichte installieren. Es gibt noch den Brief der Firma Siemens an Ludwig, in dem genau beschrieben wird, wie das mit den Dynamos funktioniert. Ludwigs Kommentar lautete allerdings: «Ich will nicht wissen, wie es gemacht wird, ich will nur die Wirkung sehen.» Ich hielt den Brief mit diesen Randbemerkungen in der Hand, den Petzet irgendwo gefunden hatte. Trotz Ludwigs Desinteresse an den technischen Vorgängen selbst wurden durch ihn unglaublich viele technische Erfindungen inspiriert. Sein Prunkschlitten von 1872 war mit einer der ersten Glühbirnen beleuchtet – das erste elektrisch beleuchtete Gefährt Bayerns, vielleicht überhaupt. Da ging mir zum ersten Mal auf, dass doch mehr hinter dieser Gestalt steckt und dass man sie auch ernst nehmen muss. So wurde Ludwig II. selbst zu einer Entdeckung.

Die Familie nahm mein Engagement mit großem Zögern auf. Als ich anfangs erzählte, dass ich mitmache, erntete ich nur Kopfschütteln. Aber als dann die Ausstellung stand und man sah, dass die Kunst und Architektur seiner Zeit nicht nur eine stilistische Entgleisung waren, sondern dass da ein neuer Stil entstanden war, eine neue Sicht der Form und des Ausdrucks, ja, dass Neuschwanstein unglaublich kreativ und in allem eine Neuformulierung war und dass es all den technischen Fortschritt zeigte, wurde es langsam doch ernst genommen. Die Ausstellung und der Katalog mit klugen

Großes Fest zum Wiederaufbau der Münchner Residenz. Blick in die Kurfürstenloge während der Eröffnung des Cuvilliés-Theaters. V. l. n. r. Herzog Albrecht von Bayern, Ilse Seidel, Ehefrau des bayerischen Ministerpräsidenten, der ehemalige und zukünftige bayerische Ministerpräsident Hans Ehard, Herzogin Marita von Bayern, Ministerpräsident Hanns Seidel, München 1958, Foto Max Scheler

Texten von Michael Petzet lösten dann durchaus ein Nachdenken aus – nicht nur in der Familie, sondern weit darüber hinaus.

Eine andere wichtige Gelegenheit war für uns alle die europäische Rokoko-Ausstellung in der Residenz von 1958, mit der auch ein großer Teil der wiederhergestellten Räume der Residenz und das Cuvilliés-Theater eröffnet wurden. Da passierte unglaublich viel. Die Ausstellung war überaus gelungen, und damals konnten noch Leihgaben reisen, die heute nicht mehr reisen dürften. Es gab eine große Eröffnung in der Residenz mit internationalem Publikum. Vor dieser Eröffnung im Cuvilliés-Theater wurde diskutiert, ob die deutsche Hymne zuerst gespielt wird oder das Bayern-Lied. Bayern siegte. Aber es spielte nicht das bayerische Staatsorchester, sondern ein Orchester der Bundesrepublik, und die machten sich ein Vergnügen daraus, die bayerische Hymne wirklich krachert als Blas-

Franz Josef Strauß und das Haus Wittelsbach. Eröffnung der Ausstellung
«Wittelsbach und Bayern» im Nationaltheater in München mit einer Rede
von Strauß, der die Verbundenheit der Bayern zum Haus Wittelsbach betonte.
V. l. n. r. Landtagspräsident Franz Heubl, Franz Josef Strauß, Lore Heubl,
Marianne Strauß, Herzogin Marie-Jenke, Herzog Albrecht von Bayern,
München 1980, Foto Fritz Neuwirth

musik zu spielen. Danach kam die Bundeshymne als Kaiser-Quartett von Haydn. Wir alle schluckten einen Moment, mussten dann aber schmunzelnd zugeben, dass man alles unterschiedlich sehen kann. Es blieb ein unvergesslicher Eindruck.

Ich fand auch andere historische Präsentationen großartig, beispielsweise die Ausstellung über Kurfürst Max Emanuel in Schleißheim 1976. Sie machte für mich aber auch zum ersten Mal die Fragwürdigkeit dieses Mannes sichtbar, und es war Kardinal Döpfner, der mich in einem ersten Gespräch bei der Eröffnung darauf hinwies. Max Emanuel war eine besondere Persönlichkeit: dieser Schneid, das Barocke – er war wirklich wie wenige andere die Verkörperung seiner Zeit. Auch kunstgeschichtlich und architekturgeschichtlich verlieh er dem ganzen Land Impulse. Wir verdanken ihm viel. Aber ich sehe auch die Fragwürdigkeit seiner Persönlichkeit. Das Land litt furchtbar in der Zeit seiner Herrschaft, so wie das Volk stets unter den Schneidigen ganz besonders leidet.

Die erste große Ausstellung über die gesamte Geschichte unserer Familie fand im Jahr 1980 statt: «800 Jahre Wittelsbach». Da wurde zum ersten Mal unsere Familie in ihrer Verwobenheit mit dem Schicksal des Landes sichtbar. Bemerkenswert waren auch die Festlichkeiten zu «200 Jahre Königreich» im Jahr 2006. Da zeigte sich ein im Grunde völlig unverkrampfter Umgang mit bayerischer Geschichte in allen ihren Perioden – inklusive Max Emanuel und Ludwig II. Ich empfand es als erfreulich, dass über all das gejubelt werden konnte, ohne dass uns jemand unterstellt hätte, dass wir daraus politisches Kapital schlagen wollten. Niemand brauchte sich dessen zu schämen, dass man einmal eine Monarchie war. Die Feiern waren irgendwie locker und inhaltlich objektiv. Wir hier im Land feiern mit großem Vergnügen alles, was glänzt, und das ist auch gut so. Solange es nicht zu falschen Gedanken führt. Und das tat es nicht.

Mich persönlich interessiert immer auch der Blick über Bayern hinaus. Die Ausstellung über Karl IV. in Nürnberg 2016 werde ich nicht vergessen. Es beeindruckte mich sehr, dass die wohl von Karl IV. gestiftete Büste Karls des Großen als Reliquie in einem Sonderwagen von Aachen nach München reisen konnte und hier 24 Stunden nicht in der Ausstellung, sondern am Altar stand, bevor sie nach Prag weiterreiste. Karl IV. ist eine singuläre Erscheinung, auch als Kaiser, sein Itinerar ist beeindruckend, er war überall in Europa und wurde sieben Mal gekrönt. Er war ein wirklich europäischer Herrscher.

Die bayerische Geschichtslandschaft

Zu den Historikern und Historikerinnen der bayerischen Geschichtswissenschaft bestand in meiner Familie immer ein enger Kontakt, aber ich kann mich nicht erinnern, dass jemals versucht worden wäre, die Geschichtsschreibung zu beeinflussen. Es gingen ständig Fragen hin und her, es wurden Bücher geschrieben, Archive benutzt. Für mich spielte Max Spindler eine große Rolle; er war da, seit ich mich erinnern kann. Ich mochte ihn gern. Karl Bosl war dann in manchen Dingen schon sehr neu und stellte immer wieder Dinge in Frage. Wichtig war, dass die bayerische Geschichtsschreibung den Berliner Perspektiven eine objektivere Aufarbeitung entgegensetzte. Es ging dabei nicht zuletzt um eine neue Sicht auf das 18. Jahrhundert, als noch der Machtkampf zwischen Habsburg und Preußen im Mittelpunkt stand, und um die Rolle Frankreichs. Dann kam mit Napoleon der Umbruch. Plötzlich wurde die gesamte Politik neu gedacht. Bayern und Württemberg wussten genau, warum sie an der Seite Napoleons kämpften. Welche Alternativen hätten sie seinerzeit gehabt? Bayern war in keiner starken Position; die österreichischen Truppen standen im Land und nur wenige Jahre zuvor hatte Österreich beim Tod von Kurfürst Karl Theodor bereits versucht, Bayern zu schlucken. Daher schlossen sich die Bayern Napoleon an – so wenig sie ihn mochten.

Der Königstitel für Max Joseph war dann vollkommen richtig und logisch für das Land – und nicht nur eine Gnade Napoleons: Das alte Reich, die Wahl eines Kaisers gab es nicht mehr, und somit auch keine Kurfürsten. Bayern wurde gleichzeitig viel größer mit lauter neuen Landesteilen; für das, was damals entstand, musste man eine Klammer finden, gewissermaßen einen Hut, unter dem alle sich zusammenfinden konnten. Mir würde dafür nichts anderes einfallen als eine Königskrone. Als das Königreich etabliert war und Bayern stark genug, konnte es sich wieder Wien zuwenden. Vor allem als man sah, dass es mit Napoleon schnurgerade in den Graben ging. Die Verfassung war ein weiterer herausragend wichtiger Schritt auf diesem Weg zu einem bayerischen Gesamtstaat; auch das kann man nicht von der Monarchie trennen. Es war eine unglaubliche Abfolge von Ereignissen, die genau im richtigen Moment passierten: Die anderen Wittelsbacher Linien sterben aus, und plötzlich kommt diese letzte Linie der Pfälzer mit einem Maximilian von Montgelas in einer völlig neuen Zeit in ein völlig neues Land. Ein Herrscher aus der altbayerischen Linie hätte sich wahrscheinlich sehr schwergetan, dieses neue Denken zu akzeptieren. Die Pfälzer hingegen brachten es mit. Unter diesem Gesichtspunkt verdankt Bayern den Pfälzern in dieser Zeit enorm viel.

Ich bin überzeugt, dass schon in den abendlichen Gesprächen bei König Max II. über solche Themen gesprochen wurde. Dieses Interesse setzte sich bei meinen Eltern fort und blieb dann auch bei mir lebendig. Wenn es neue Bücher über unsere Familiengeschichte gibt, die ich gut finde, dann kaufe ich eine größere Zahl und schicke sie an alle Familienmitglieder, wohlwissend, dass die nicht immer gelesen werden. Aber es ist ein Hinweis, und der wird dann doch zur Kenntnis genommen.

Darüber hinaus bin ich der Auffassung, dass neben den nationalen und internationalen Geschichtsbezügen auch die Lokalgeschichte in Bayern ungeheuer wichtig ist: Beispielsweise interessieren sich die Straubinger aus naheliegenden Gründen sehr für die Geschichte von Straubing und haben daher eine gute geschichtliche Verankerung in ihrer Stadt. Es war auch schon die Position von Ludwig I., der die historischen Vereine förderte, um lokale Identitäten zu stärken. Das sehe ich ebenso. Professor Hans Pörnbacher ist in dieser Hinsicht für mich beispielgebend, weil er in aller Bescheidenheit über kleine Orte schrieb und ihnen ihre Geschichte gab. Die Politik sollte die Bedeutung der Lokalgeschichte im Auge behalten. Natürlich brauchen wir Historiker von Format, die die großen Überblicke schaffen und erarbeiten, aber daneben ist es unerlässlich, wieder dieses Interesse an der eigenen Heimat im ganzen Land zu stärken. Das ist auch der Weg, auf dem man die Zugezogenen integrieren kann.

Ich bekomme sehr viele Fragen aus der Lokalgeschichtsforschung – immer wieder schreiben Leute: Bei uns gibt es die und die Erzählungen und Geschichten, was hat es damit auf sich, stimmt das? Wenn man darüber spricht, begegnet man sehr oft Leuten, die noch gar nicht lange in dem betreffenden Ort leben. Das Haus Wittelsbach war an vielen Prozessen und Ereignissen im Land beteiligt. Vielleicht wurde ich auch deshalb häufig zu lokalhistorischen Ausstellungseröffnungen eingeladen. Sehr oft, ich möchte nicht sagen wie oft, gehörte dazu eine kleine Festaufführung. Und es ging zumeist um die Agnes Bernauer, die wir ertränkt haben. Die habe ich immer wieder in irgendeiner Form präsentiert bekommen und dabei fast eine Art von stillem Vergnügen empfunden.

VIII.
Die Beziehungen zu den Kirchen

Evangelische Christen, die Ökumene und
die jüdischen Gemeinschaften

Die Wittelsbacher der bayerischen Linie waren immer katholisch, die Pfälzer Linie dagegen evangelisch-reformiert. Der erste König Max I. konvertierte zum katholischen Glauben, ebenso Ludwig I., aber die Königinnen nicht. Und Max II. heiratete ebenfalls eine protestantische Prinzessin. So fand der erste evangelische Gottesdienst in Bayern in Nymphenburg in den Privatzimmern der Königin statt, weitere in Schloss Tegernsee folgten. Aber die Verbindung meiner Familie zur evangelischen Kirche war schon deshalb sehr eng, weil der katholische bayerische König als Landesherr der Summus Episcopus, der Bischof, der Protestanten war. Da die drei ersten bayerischen Königinnen evangelisch waren, bot das Königspaar auch für evangelische Bayern Identifikationsmöglichkeiten.

Nach dem Zweiten Weltkrieg wurde das politische Gewicht der evangelischen Christen im Land durch den Zustrom evangelischer Flüchtlinge und Vertriebener noch spürbarer, während vorher vor allem in Altbayern die katholische Kirche tonangebend war. Die evangelischen Landesbischöfe haben im Land sehr an Statur gewonnen; es waren kluge Köpfe darunter. Auch das ökumenische Miteinander der beiden Religionen wurde immer stärker, immer bewusster gelebt. Inzwischen hatten wir ja auch eine ganze Reihe evangelischer Ministerpräsidenten. Zudem kommt das protestantische Franken in den letzten Jahren viel mehr zu Wort, das schafft in Bayern eine gute Balance. Aber wir, das Haus Wittelsbach, sind bis heute immer katholisch geblieben, nicht nur aus Tradition, sondern aus Überzeugung. Dabei ist heute unsere Beziehung zur Evangelischen Landeskirche sehr eng und freundschaftlich.

Sicher hat auch unsere Familie in der Entwicklung der Religionen bis zum Anfang des 20. Jahrhunderts einiges versäumt: Meine Familie bot fast keine Anknüpfungspunkte mehr für Protestanten. Meinen Großvater und auch meinen Vater kenne ich auf Bildern nur mit einem Nuntius Pacelli, mit einem Kardinal Faulhaber und mit wichtigen katholischen Persönlichkeiten. Sie hätten sich vielleicht doch ein bisschen mehr daran erinnern müssen, dass sie als Haus Wittelsbach auch für sehr viele evangelische Christen zuständig waren. Da fehlte wohl etwas von unserer Seite.

Mir ist die ökumenische Annährung der letzten Jahrzehnte sehr wichtig. Diese Möglichkeit entstand im Krieg, als die Kirchen sich in der Not gegenseitig ihre Kirchenräume liehen und sich gegenseitig halfen – beim Verstecken von Juden genauso wie beim Retten von Kunstwerken, wenn eine Kirche zerbombt war. Ich glaube, dass da im ganzen Land ein Zusammenhalt entstand, der die Atmosphäre grundlegend veränderte. Deswegen konnte sich das nach dem Krieg, wenn auch mit Holpern und Poltern, so positiv entwickeln, dass bis heute ein so enger Kontakt möglich wurde. Ich hoffe, er bleibt, bin aber auch überzeugt, dass die bis jetzt erreichte Ökumene nicht mehr zurückgedreht werden kann.

Seit dem Ende des Zweiten Weltkrieges hat sich auch eine sehr gute Freundschaft zwischen meiner Familie und den jüdischen Gemeinschaften in Bayern entwickelt. Das entstand vielleicht schon aus dem gemeinsamen Verfolgungserlebnis der KZ-Zeit, wurde aber sehr verstärkt durch persönliche freundschaftliche Beziehungen zu vielen bedeutenden jüdischen Persönlichkeiten – allen voran, wie erwähnt, zur Präsidentin der Israelitischen Kultusgemeinde München und Oberbayern, Charlotte Knobloch.

Begegnungen mit Benediktineräbten, Jesuitenpatres und Münchner Kardinälen

Seitens der Familie bestand schon immer ein sehr guter Kontakt – manchmal enger, manchmal weniger eng – zu den Benediktinern in Bayern. Sie hatten seit der Frühzeit wesentlichen Anteil am Aufbau Bayerns. Manchmal war die Verbindung so eng, dass sie von uns einmal säkularisiert, aber dann auch wiedergegründet wurden! Ich kannte alle bayerischen Äbte. Abt Hugo Lang von St. Bonifaz war eigentlich der letzte große Barockprälat Bayerns. Er gehörte nach dem Ende des Krieges in München zu den prägenden Figuren. Er war wortgewaltig, humorvoll und fand durch seine weit ausgreifende Bildung immer monumentale Bilder bei der Vermittlung seiner Gedanken. Es gibt ein berührendes Foto vom zerbombten St. Bonifaz: Wie ein Abhang wirkt der sich quer durch das Bild ziehende Haufen Bücher, die aus der Bibliothek heruntergefallen oder zusammengetragen worden waren. Auf diesem Haufen steht Hugo Lang als junger Abt mit einem Buch in der Hand, in dem er liest. Er hielt auch die Predigt bei der Trauerfeier für meinen Großvater. Als Abt Hugo Lang starb, wurde der noch ganz junger Pater Odilo Lechner Abt, den ich schon seit Jahren von den Salzburger Hochschulwochen her kannte, die er mitorganisiert und geistig mitbestimmt hatte. Abt Odilo war eine Persönlichkeit mit bedeutender Präsenz in München und blieb stets sehr sichtbar. Seine Kombination von Klugheit und echter Frömmigkeit war ungemein überzeugend. Typisch dafür war die Gründung des Haneberghauses, wo das Kloster mit den Obdachlosen auf gleicher Augenhöhe umgeht.

Obwohl ich im Benediktinerkloster Ettal zur Schule gegangen bin, entwickelte sich nicht Ettal, sondern St. Bonifaz seit Kriegsende immer mehr zu unserem Hauskloster; die Grundlagen dafür hatte bereits König Ludwig I. geschaffen. Als mein Vater überlegte, für die Familie wieder einen Platz für Erdbegräbnisse zu finden, trat uns das Kloster Andechs, das zu St. Bonifaz gehört, ein Stück des

Zerstörung von Kultur. Abt Hugo Lang auf den Trümmern der Bibliothek des Klosters St. Bonifaz, München undatiert, Foto Wilhelm Nortz

Klostergartens ab, das jetzt unser Familienfriedhof geworden ist. Ein friedlich-fröhlicher Platz, in dessen Mitte ein großer Apfelbaum steht.

Gute Kontakte bestanden und bestehen aber nicht nur zu den Benediktinern: Der Jesuitenpater Augustin Rösch gehörte für mich in den späten Nachkriegsjahren zu jenen Gestalten, die eine wichtige Rolle spielten. Seit 1935 war er Provinzial der Oberdeutschen

Provinz des Jesuitenordens. In der NS-Zeit wurde er Mitglied des Kreisauer Kreises, tauchte nach dem Attentat vom 20. Juli 1944 zunächst unter, wurde dann jedoch im Januar 1945 von der Gestapo verhaftet, ins Berliner Zellengefängnis in der Lehrter Straße gebracht und dort schwer misshandelt. Nach dem Krieg baute er die Caritas in Bayern auf und kam so in Kontakt mit meinen Eltern. Ich war an vielen Projekten der Caritas, des Malteser Hilfsdienstes und ähnlicher Organisationen beteiligt. So war unser Kontakt zu Pater Rösch sehr eng. In diesem Aufgabenbereich gab es jedoch auch viele Spannungen und Kontroversen. Ich erlebte gemeinsam mit ihm oft Sitzungen, bei denen es hoch herging – auch in der Auseinandersetzung mit Behördenvertretern aller Ränge, deren Stimmen dabei scharf wurden, während sie mit den Augen rollten. Doch wenn ich anfing, mich zu fürchten, brauchte ich nur zu Pater Rösch zu schauen, der mit seinen freundlichen blauen Augen, einem imposanten Schädel und eisernen Nerven wirklich wie ein Fels in der Brandung stand und unwiderleglich gut argumentierte. Man konnte ständig von ihm lernen. Auch zu vielen anderen Jesuiten gab es in unserem Haus enge Kontakte.

Wichtig waren für unsere Familie darüber hinaus stets die Münchner Kardinäle. Zu Kardinal Faulhaber gab es eine enge Verbindung, über die ich bereits berichtet habe. Nach Faulhaber kam Kardinal Wendel, der gleichfalls ein außerordentlich kluger Kopf war. Er gründete die Katholische Akademie. Bei diesem festlichen Anlass waren alle bedeutenden Geister der Zeit aus Wissenschaft und Politik versammelt. Die Akademie entwickelte sich zu einem Forum, auf dem über durchaus kontroverse Themen wie zum Beispiel Scientology frei diskutiert wurde. Als Kardinal Wendel plötzlich starb, war es für die geistige Welt Münchens damals ein Schock.

Unter den Münchner Kardinälen ragte Julius Döpfner wohl am deutlichsten hervor. Er erschreckte sicher manch einen mit seinen sehr klar vorgetragenen Meinungen, aber er hatte damit vollkommen recht. Ich erinnere mich, dass ich mit ihm bei der Eröffnung der Ausstellung über Kurfürst Max Emanuel in Schleißheim sprach und er mir sagte: «Wissen Sie, eigentlich muss ich zugeben, ich mag den nicht.» Das fand ich bemerkenswert. Er begründete das dann auch gut. Es imponierte mir sehr, wie klar ein Kardinal Döpfner solche Dinge sah, und zwar in einer Zeit, in der bei uns die Heldenverehrung noch gang und gäbe war. Ich war damals bereits eng mit der Katholischen Akademie verbunden und vertrat die Position der Akademie ihm gegenüber, wobei oft die Funken stoben. Ich erlebte ihn auch beim Zweiten Vatikanischen Konzil, und es zeigte sich immer wieder, dass er einer der führenden Köpfe des Konzils war; damals schrieb er Kirchengeschichte.

Eine Geschichte ist mir im Zusammenhang mit ihm noch gut in Erinnerung: Er war beim Eucharistischen Weltkongress 1960 noch Erzbischof von Berlin und hielt die große Festpredigt beim Abschlussgottesdienst auf der Theresienwiese. Da machte er eine lange Pause im Sprechen. Später erzählte er mir, er predigte und hörte durch die Lautsprecher seine eigenen Worte mit Verzögerung als Widerhall, während er schon weiterredete. Das verwirrte ihn einen Moment lang so sehr, dass er den Faden verlor. Ein Albtraum bei einer Festpredigt vor einer Million Zuhörer! Da hörte er ein Flugzeug; es war verboten, dass Flugzeuge dort fliegen. So schaute er hinauf und wartete, bis das Flugzeug vorbei war, und alle Leute dachten, er schweigt deswegen. Er überlegte sich aber derweil verzweifelt: Was habe ich schon gesagt, was habe ich noch nicht gesagt. Als das Flugzeug weg war, konnte er wieder einsetzen und weiterreden. Das hat er mir selbst erzählt. Die Nerven zu haben, in solch einem Moment nicht den Kopf zu verlieren, das machte auf mich einen tiefen Eindruck.

Auf Döpfner folgte Kardinal Wetter; er war sehr jung und kam aus der Pfalz, aus Speyer. Er war immer sehr lebendig, nahm die Dinge wie sie sind, packte sie an und verlor eigentlich nie seinen Humor. Bei aller Liebenswürdigkeit und Eleganz in der Form war er klar und streng bei den wesentlichen Fragen. Ob man moraltheologische Fragen mit ihm diskutieren konnte, weiß ich nicht; auch kann ich nicht beurteilen, wie weit er bereit war, eigene Standpunkte zu verändern, Dinge einzusehen und einzulenken, wo er vielleicht zu weit auf einer Seite stand. Bei seinem 85. Geburtstag sagte er in einer Rede, dass er sich an seine ganze Lebenszeit sehr präzise erinnern kann, fast lückenlos. Und er kommentierte: «Das kommt einfach daher, weil ich immer jeden Tag und immer das Jetzt ernst genommen habe und immer jeden Tag völlig bewusst erlebt habe.» Da dachte ich: «Sapperlott, das könnte ich von mir nicht behaupten!»

Joseph Ratzinger ist mir immer wieder begegnet, obwohl seine Zeit als Erzbischof von München ja nur kurz war. Die Tatsache, dass ein Deutscher Papst werden kann, war dann eine ganz große Überraschung. Das konnte man sich kaum vorstellen. Er hatte aber noch unter Papst Johannes Paul II. einige große Reden gehalten, die im Grunde schon seinen Anspruch anmeldeten. Als er Papst war, sagten wir uns einmal als Familie zu einem Besuch bei ihm an, und bei dieser Gelegenheit war er sehr freundlich. Die gesamte Familie reiste mit. Er hatte eine halbe Stunde für uns, blieb dann aber über eine Stunde, weil es so viele Erinnerungen gab. Er kannte alle. Das Lustige war, dass wir damals in Rom den bayerischen Gebirgsschützen begegneten, die auch gerade zu einem großen Besuch bei ihm waren. Rom war, glaube ich, ziemlich sprachlos, als die bayerischen Gebirgsschützen mit Gewehren umgehängt in die Peterskirche einzogen zu einer Papstmesse. Er selber lachte nachher auch herzlich darüber. Das hatte es in Rom seit sehr langer Zeit nicht mehr gegeben. Sein Rücktritt kam ganz unerwartet. Ich finde, es war großartig von ihm, so einen Schritt zu tun, den seit Menschengedenken niemand mehr gewagt hatte. Man hat mir erzählt, dass er Jahre später mit einem Besucher, den er sehr gut kannte, darüber sprach. Dann schaute er den an und sagte: «Gelt, eine Bombe war's schon!» Ich bedauere es sehr, dass die laufenden Untersuchungen zu Missbrauchsfällen in der Kirche immer deutlicher zeigen, dass auch Joseph Ratzinger keinen angemessenen Umgang mit diesen schlimmen Vorkommnissen fand.

Kardinal Marx schätze ich außerordentlich und mag ihn auch. Es war ausgesprochen wichtig für die Ökumene in Bayern, dass ein

Papst und Herzog. Besuch der Familie Wittelsbach bei Papst Benedikt XVI.,
Rom 2006, Foto Modica/Fotografia Felici

Kardinal Marx und ein Landesbischof Bedford-Strohm ein ganzes Jahr lang zusammen unterwegs waren – zusammen nach Israel reisten, überall zusammen auftraten. Der einzige Punkt, an dem sie nicht gemeinsam handeln konnten, und das finde ich sehr bedauerlich, war das Abendmahl. Das gab es in der Geschichte vorher noch nie, dass der Erzbischof und der Landesbischof wie Geschwister auftraten. Nicht nur bei einer Gelegenheit, sondern ein ganzes Jahr lang im In- und Ausland. Wenn Kardinal Marx predigt, erkenne ich bei ihm jene echte Demut, die ihn glaubwürdig macht. Er reißt keine Sprüche; seine Gedanken sind unglaublich klar, und es ist überzeugend, wie er seine Standpunkte erklärt. Ich hörte ihn nach dem Angebot seines Rücktritts predigen, und ich sah ihn, nachdem der Papst das abgelehnt hatte – und ich nehme ihm hundertprozentig ab, dass das kein Schauspiel war. Ich glaube, er hat in der Kurie einen schweren Stand – wie der Papst auch. Unter den deutschen Bischöfen nehme ich ihn als den Hoffnungsträger für die Kirche

Ökumenisches Brüderpaar. Kardinal Reinhard Marx und Landesbischof Heinrich Bedford-Strohm bei der Verleihung des Ökumenischen Preises der Katholischen Akademie Bayern, München 2017, Foto Alessandra Schellnegger

wahr. Wenn er den aktuellen Weg der Kirche in Deutschland als synodalen Weg weiterführen und weiterentwickeln kann und wenn das akzeptiert wird, dann gehört er wirklich zu den Erneuerern der Kirche. Das ist ein höchst spannender Prozess, und ich glaube, ein welthistorischer Wendepunkt der Kirchengeschichte. Ich hoffe sehr, dass das ohne Spaltung geschieht. Aber in dem Fall wären es wohl nicht die Neuerer, die sich von der Kirche abspalten, sondern eher der verhärtete Kern, der sich an die Vergangenheit klammern will. Hoffen wir, dass es nicht dazu kommt!

«Ein Podium für Diskussionen»:
die Katholische Akademie

Die Katholische Akademie spielt seit den 1950er Jahren eine wichtige Rolle in Bayern. In ihrer freiheitlichen Ausrichtung hat sie sich immer als Forum für offene Diskussionen verstanden, bei denen zuerst einmal alle Positionen gehört wurden, bevor man weiterdiskutierte. Ich war lange Zeit Mitglied des Allgemeinen Rats und dann für viele Jahre Mitglied der Akademieleitung. Da gab es dramatische Momente. Dazu gehörte die erste Diskussion über die Theologie der Befreiung mit Pater Leonardo Boff aus Brasilien, der 1985 Redeverbot bekam. Der Kardinal von São Paulo vertrat die Position von Pater Boff bei der Diskussion, doch letztlich wurde die Idee abgelehnt, dass Gewalt erlaubt sei.

Die Akademie griff viele Themen auf, die seinerzeit erstmalig diskutiert wurden. Neben der Theologie spielte dabei die Kultur eine immer größere Rolle: So sprach dort der Romano-Guardini-Preisträger Krzysztof Penderecki, ebenso der Preisträger Hans Maier. Mit einer Reise der Katholische Akademie kam ich auch zum Konzil, dem Zweiten Vatikanum, nach Rom. Es war eine ganz kleine Gruppe, zu der auch die alte Baronin Elisabeth von Guttenberg gehörte. Wir waren drei Tage in Rom und konnten auf einer Besuchertribüne den Verlauf des Konzils beobachten. Bei den Abendessen erlebten wir dann viele bedeutende Persönlichkeiten unmittelbar, darunter den Jesuiten Augustin Bea, der noch mit 79 Jahren Kardinal geworden war. Mit ihm blieb ich auch später in Verbindung. Leiter unserer Gruppe war damals der junge Theologieprofessor Joseph Ratzinger.

In der Akademie fand 2004 auch das legendäre Gespräch zwischen Kardinal Ratzinger und dem Philosophen Jürgen Habermas über die Dialektik der Säkularisierung statt. Kardinal Ratzinger kam etwas zu spät und hatte kein Manuskript, da sein Flugzeug statt in München in Stuttgart gelandet und das Manuskript im Gepäck ge-

Preisverleihung. Romano-Guardini-Preis der Katholischen Akademie Bayern an Kardinal Reinhard Marx. V. l. n. r. Erzbischof em. Henryk Józef Muszynski, Kardinal Reinhard Marx, Kardinal Karl Lehmann, Kardinal Friedrich Wetter, Herzog Franz von Bayern, Dr. Johannes Singhammer, München 2014, Foto Lindenthaler

blieben war. Habermas sprach eine halbe Stunde lang. Er war nicht ganz leicht zu verstehen. Ratzinger analysierte danach über eine halbe Stunde die Punkte, die Habermas angesprochen hatte, und stellte glasklar seine Sicht dar, alles ohne Manuskript. Das Gespräch war eine Sternstunde der Akademie.

Alle Direktoren der Akademie verfügten über ein entsprechendes geistiges Kaliber, das für solche Debatten den Rahmen schuf. Sie genossen großes Ansehen, und die Diskussionen wurden auf höchstem Niveau geführt. Die Publikation *Die Debatte* fand starke Verbreitung. Ich weiß, dass die Sammelbände der *Debatte* auch im Vatikan in der Handbücherei stehen. In dieser Zeitschrift wurde über die Tagungen berichtet. Damit griff man oft Themen zum ersten Mal auf, über die man später öffentlich weiterdiskutierte.

Vor allem in den vielen Jahren in der Akademieleitung sah ich meine Aufgabe nicht zuletzt darin, vermittelnd zwischen Kardinal und Akademie zu stehen. Alle Ordinariate hatten naturgemäß den Wunsch, dass die Akademie ihren Standpunkt vertritt. Die Akademie wiederum vertrat vehement ihren eigenen Standpunkt – und da war ich absolut auf Seiten der Akademie! –, sich als freies Podium, als neutralen Grund zu definieren. Die Spannung zwischen diesen Polen wurde nicht geringer dadurch, dass es Diskussionen um die Finanzierung gab. Es war manchmal schwer, den anderen bayerischen Diözesen und Bischöfen verständlich zu machen, warum sie für eine bayerische Akademie in München bezahlen sollten. Das führte zu Debatten in der bayerischen Bischofskonferenz. Da konnte ich manchmal vermitteln. Insofern hatte ich schon über die Katholische Akademie immer eine enge Verbindung zum Ordinariat – vielleicht etwas mehr fachlich gebunden, als es noch bei meinen Eltern der Fall war.

Die Idee der Vielfalt in der katholischen Kirche – eine große Hoffnung

Ich weiß nicht, ob ich das richtig sehe, aber für mich war es immer ein Problem, dass ein Papstwort für alle Katholiken in der ganzen Welt in gleicher Weise gelten muss – sowohl in theologischen wie in disziplinarischen und organisatorischen Fragen. Jetzt entsteht die Idee der Vielfalt in der Kirche, das heißt, dass durchaus in Europa oder in Deutschland ein Weg beschritten werden kann, der für andere Weltteile vielleicht nicht geeignet ist, und dass dort wiederum andere Wege beschritten werden können, die für uns nicht geeignet sind. Dabei muss natürlich als Kern der christliche Glaube im Ganzen unantastbar bleiben – dann bleibt sie die eine Kirche. Wenn sich das durchsetzt, haben wir große Hoffnungen, Lösungen für strittige Fragen weiterentwickeln zu können, die dann nicht daran scheitern, dass sie in anderen Erdteilen und in ganz anderen Kulturen nicht vermittelbar sind.

Dazu zwei Beispiele: Ich war vor vielen Jahren im brasilianischen Belém nahe der Amazonas-Mündung bei den Franziskanerinnen; dort gibt es ein Kloster und auch ein kleines Museum. Diese Schwestern waren weit den Amazonas hinauf mit den eingeborenen Stämmen in Verbindung, die sonst kaum Kontakt zur Außenwelt hatten. Die Schwestern versuchten erst gar nicht zu missionieren. Für uns ist das heute selbstverständlich, aber damals war es das nicht. Da erwartete man, dass alle missionieren. Die Schwestern sagten: «Das kommt gar nicht in Frage, denn wir können die Leute nicht missionieren und dann allein lassen. Da kommt nie mehr jemand, der ihnen hilft oder der sie berät oder die Beichte hört.» Die Schwestern waren in ihren Gedanken ihrer Zeit schon weit voraus und akzeptierten auch die moralischen Vorstellungen der Leute in dem Amazonas-Gebiet als gültig; sie versuchten nicht, ihnen ihre eigenen Vorstellungen aufzunötigen. Sie hätten sicher keine Menschenopfer gutgeheißen oder die Tötung von Töchtern, die nicht im Stamm heirateten, aber diese Probleme stellten sich wohl auch nicht. Es ging um die Vorstellungen dieser Menschen von Moral, von Familie, von Erotik, es ging um ihre Eigentumsvorstellungen bis hin zur Abgrenzung zur Rache in Auseinandersetzungen mit anderen Stämmen. Ich war damals tief beeindruckt, wie diese Schwestern dort in aller Einfachheit unglaublich weit dachten und sehr viel für die Christenheit leisteten. Ein anderes Beispiel erlebte ich in Indien: Beim Eucharistischen Weltkongress lernte meine Mutter eine Mutteroberin von Karmeliten aus Indien kennen. Das war ein Kloster mit einer enormen Zahl von Schwestern, und die betreuten die Slums ihrer Stadt. Diese Mutteroberin redete vollkommen offen über Sexualität. Sie sagte: «Gehen Sie mal zu uns in die Slums; diese allerärmsten Leute, die haben gar nichts mehr. Und die einzige Freude, die sie überhaupt haben, ist der Sex, und was sollen wir die jetzt einschränken und ihnen ein schlechtes Gewissen machen, wenn es durcheinander geht. Lassen wir die doch.» Das sagte mir eine Oberin der Karmeliten! Das waren nicht momentane emotionale Entscheidungen über eine Situation, sondern hier sprach eine Mutteroberin, die, wie ich glaube, 1800 Schwestern vorstand. Diese Frau hatte einen glasklaren Verstand und wusste genau, was und weshalb sie etwas tat und was sie guthieß. Diese Schwestern besuchten nicht ihre Christen, sondern das war Caritas für Tausende und Abertausende der Allerärmsten. Die Schwestern kümmerten sich, sie akzeptierten die Menschen, wie sie waren, und akzeptierten die Begrenztheit ihrer Möglichkeiten. Das war ein weiter und hervorragender Spielraum.

Deswegen finde ich heute den Gedanken der Vielfalt in der Kirche so gut, weil sich dabei zeigt, dass unsere Vorstellungen und unsere Formen der Organisation – auch der Kirche, des Klerus – nicht überall gleich funktionieren, sondern dass man manchenorts etwas anderes braucht, ohne dabei christliche Grundsätze aufzugeben. Es geht darum, dass man offen dafür ist, dass man in Asien, in Indien, in Lateinamerika, in Afrika andere Formen des kirchlichen Lebens nicht nur akzeptieren, sondern für die Menschen dort wahrscheinlich sogar erst aufbauen muss; und es geht darum, dass, wenn in Europa der synodale Weg zugelassen und akzeptiert wird, was ich hoffe, dies nicht auch in Indien geschehen muss. Diese Möglichkeit der Vielfalt ist für mich der Schlüssel zu einer Weiterentwicklung der Kirche.

Die Kirchen verlieren im Moment viele Mitglieder durch die ständigen Skandale, die ruchbar werden. Vor allem die vielen Vorwürfe des Missbrauchs, die durch umfängliche Gutachten bestätigt wurden, sind fürchterlich. Aber wenn sie diese jetzt nicht aufarbeiten würden, wäre das noch schlimmer.

Vor diesem Hintergrund ist zumindest der Gedanke des synodalen Wegs ein echter Lichtblick – das ist eine großartige Idee. Im Ganzen, wenn man zurückschaut, nahmen diese 60, 70 Jahre seit dem Konzil einen faszinierenden Verlauf. Erst langsam wird mir klar, welche gewaltigen Entwicklungen seit damals in Gang gekommen sind.

IX.
Beobachter des Zeitgeschehens

«Wir waren weiße 1930er Jahrgänge»:
die Wiederbewaffnung

Die Diskussionen um die Wiederbewaffnung bekam ich hautnah mit, weil mein Vater dazu eine sehr eindeutige Meinung vertrat. Er brachte, aus seinem Werdegang völlig verständlich, so viele Zweifel mit, dass er mit alldem eigentlich nicht fertig wurde. Er hielt uns Kinder mit ganzer Kraft aus allem Militärischen heraus. Das war für ihn das Trauma seines Lebens. Er sah die Wiederbewaffnung daher sehr kritisch und beeinflusste uns in dieser Sache stark. Es blieb bei mir ein großes Fragezeichen und am Ende einfach das Gefühl: Wir sind weiße 1930er Jahrgänge. Ich brauche mich darüber nicht aufzuregen, weil ich eh nicht gefragt werde und ohnehin alles beschlossen ist. Mein Vater argumentierte mit Nachdruck dagegen, dass die Soldaten vereidigt werden. Er sagte jedem ehemaligen Militär, mit dem er sprach – und damals waren ja eigentlich alle noch irgendwann in ihrem Leben beim Militär gewesen: «Jeder von Euch hat schon so viele Eide gebrochen, tut's das den jungen Menschen nicht an, dass sie auf dieser Schiene der ständig gebrochenen Eide weiterfahren.» Was wohl sicherlich klug, wenn auch kaum umsetzbar war. So tat sich tiefer Zwiespalt auf – bis in die Familie hinein. Mein Großvater hatte immerhin einen hohen militärischen Rang als Heerführer im Ersten Weltkrieg bekleidet, doch mein Vater grenzte sich in dieser Sache klar von ihm ab. Das Thema Militär wurde im ganzen Land quer durch die Generationen höchst kontrovers diskutiert. Mit dem damaligen Bundesverteidigungsminister Franz Josef

Strauß führte mein Vater in dieser Sache heftige Streitgespräche. Aber Strauß ließ sich nicht beeinflussen.

Man darf dabei nicht die Vorgaben der Amerikaner nach dem Krieg vergessen. Jeder positive Gedanke an alles Militärische wurde unterdrückt, der Schulunterricht sollte antimilitaristisch sein, und unmittelbar nach dem Krieg wurde sogar überlegt, die deutschen Märchenbücher abzuschaffen, weil sie zur Grausamkeit erzögen. Es ging darum, die Mentalität grundlegend zu ändern. Auch bei uns im Gymnasium in Ettal war militärisches Denken negativ besetzt. Deswegen hörten wir auch nie etwas über militärische Strukturen. Bis heute bin ich mir nicht sicher, was bestimmte militärische Ränge bedeuten, wer eigentlich Ober und wer Unter ist.

Bei der Wiederbewaffnung ging es aber auch erstmals um die Frage der moralischen Verpflichtung zum Widerstand; immerhin wurde das Recht zur Wehrdienstverweigerung akzeptiert. Vorher war Gehorsam immer noch das erste Gebot, übrigens auch in der Kirche. Die Frage des eigenen Gewissens wurde erst damals wirklich ein ernstzunehmendes Thema. In dieser Zeit kam ein Denkprozess in Gang, der bis heute nachwirkt, und, wenn man so will, sind die 1968er Jahre auch ein Teil davon.

Danach begann die Diskussion um Atomwaffen. Das beunruhigte mich sehr, und ich war mir nie sicher, was in dieser Frage das Richtige wäre. So ist es wohl vielen Leuten gegangen. Es war eine völlig unentwirrbare Vermischung von Phobien und von sachlich begründeter Furcht – Furcht allerdings vor Sachverhalten, die man nicht ändern konnte, die längst da waren: Die Atombombe gab es, Atomkraftwerke gab es auch. Man bäumte sich angstvoll dagegen auf, und viele versuchten, die Stationierung von Atomwaffen oder den Bau weiterer Atomkraftwerke zu verhindern. Ich weiß bis heute nicht genau, was davon richtig und vernünftig war und was rein aus der Emotionalität heraus geschah. Erst der Atomunfall in Harrisburg, dann der GAU von Tschernobyl und jener von Fukushima lösten massive Schockwellen aus; damals begannen weite Teile der Bevölkerung, ernsthaft nachzudenken.

«Keiner hat ihn überstrahlt» – Kennedys Ermordung

Am 21. November 1963 fand vor geladenen Gästen die Wiedereröffnung des bayerischen Nationaltheaters statt. Ein großer Festakt – gegeben wurde «Die Frau ohne Schatten» von Richard Strauss. Am übernächsten Tag folgte die erste öffentliche Vorstellung mit den «Meistersingern von Nürnberg»; die Karten waren horrend teuer. Es kamen Gäste von überall her. Ein Großonkel von mir, Prinz Konrad von Bayern, feierte seinen 80. Geburtstag, er war mit einer Prinzessin von Savoyen verheiratet. Deshalb war König Umberto von Italien da, ebenso viele andere führende Persönlichkeiten aus Politik und Gesellschaft. Mein Vater gab am Tag nach der Eröffnung hier in Nymphenburg einen großen Empfang für Onkel Konrad. Alle Gäste der Oper waren eingeladen und alle kamen. Danach sollte es noch einen Empfang im Rathaus geben.

Die Eröffnung war glanzvoll, ebenso der Empfang. Der Kardinal, der Ministerpräsident und der Oberbürgermeister mussten wegen des Empfangs im Rathaus früher in Nymphenburg aufbrechen. Ich ging mit ihnen die Treppe hinunter, um sie zu ihren Autos zu begleiten. Auf der halben Treppe sprach mich einer der Diener an, es war der Engelbrecht: «Kommen Sie, Sie werden am Telefon verlangt.» Ich darauf: «Das geht jetzt nicht, ich muss die Gäste begleiten.» Er drängte: «Nein, bitte, es ist wichtig.» Ich entschuldigte mich, ging wieder hinauf. Am Telefon war meine Cousine Prinzessin Hetty von Auersperg: «Du, ich ruf dich aus New York an. Ich sitze vor dem Fernseher und sehe gerade, dass Kennedy erschossen wurde.» Ich erwischte die drei Herren noch und sagte es ihnen. Der Ministerpräsident fragte über die Polizisten, die ihn begleiteten, nach und erhielt die Bestätigung. Daraufhin sagte ich es den Eltern, dann wurde es bei uns irgendwie bekanntgegeben. Die Stadt sagte den Empfang im Rathaus ab. Bei der Aufführung am nächsten Tag gab es eine Schweigeminute für den ermordeten Präsidenten. Bei uns gingen zwar die meisten Gäste, doch eine ganze Reihe blieb. Wir trieben irgendwo zwei Fernsehgeräte auf. Alle saßen drüben im Weißen Salon auf dem Boden und schauten die ganze Nacht zu, was passierte. Zum Teil wurde das zeitgleich gesendet: Der Schuss war schon gefallen; der Transport ins Krankenhaus kam aber bereits als Live-Übertragung. Auch die Szene, in der Jackie Kennedy blutverschmiert hinter dem Sarg aus dem Krankenhaus trat, wurde direkt übertragen.

Die Anteilnahme war riesig. Kennedys Berlin-Besuch hatte alle berührt – und dieses «Ich bin ein Berliner», das klingt mir heute noch in den Ohren. Von allen amerikanischen Präsidenten war er in Deutschland der bekannteste. Keiner hat ihn überstrahlt. Für uns war Eisenhower natürlich auch ein sehr bekannter Name. Aber eine Sonderstellung wie Kennedy hatte kein anderer.

«Es flogen faule Eier» – 1968

Die Studentenrevolte von 1968 war wirklich eine Kulturrevolution. Ich erinnere mich an aufgeregte Menschenmengen. Ein entfernter Vetter, der sich aus Neugierde in die Menge mischte, bekam von einem Polizisten einen Schlag mit einem Gummiknüppel auf den Hinterkopf; er war bitter beleidigt, und wir lachten ihn aus. Ich ging damals in die Universität und ließ mich mittreiben. Da sah ich, dass in manchen Räumen junge Leute standen – es war wie eine Vorlesung –, die trainierten die Studenten im Reden halten nach einer Atemmethode. Sie brachten denen bei: So musst du reden, dass die Zuhörer falsch atmen und müde werden. Und das probten sie. Ich machte das auch mit, und es war wirklich so: Nach 20 Minuten fielen mir fast die Augen zu, weil die in einem Rhythmus sprachen, bei dem ich falsch atmete. Ansonsten hielt ich mich heraus, weil ich gegen schreiende Menschenmengen noch aus der Zeit vor 1945 so allergisch bin, dass ich bei vergleichbaren Anlässen immer sofort Reißaus genommen habe.

Anfangs regte ich mich auf, obwohl ich ein Aufbegehren der Studenten durchaus erwartet hatte. Ich war jedes Jahr bei den Rektoratsübergaben der Universität. Das war ein sehr feierliches Zeremoniell mit Aufzügen im Talar; die Professoren zogen ein, es wurden Reden gehalten, und es lief ab nach einem sich stets wiederholenden Protokoll. Ich saß unten, die Studenten oben auf der Empore. Ich erinnere mich, dass ich mir öfter dachte: Wann werden die endlich einmal etwas sagen zu diesem routinemäßigen, schon fast gedankenlosen Ritual, das da abläuft! Als es dann losging, war Ludwig Kotter Rektor, ein Tiermediziner. Mit ihm war ich etwas befreundet. Er bekam einen Wutanfall, stand im Talar dort, ballte die Fäuste und schrie zurück. Da ging es dann wild zu im Saal, es gab großes Getöse, es flogen faule Eier und ich weiß nicht, was noch. Da war man froh, wenn man einigermaßen unbeschmutzt und unbeworfen herauskam. Im Nachhinein betrachtet, war es aber ganz lebendig und interessant.

Einer der Auslöser für diese ganze Bewegung war die Unzufriedenheit darüber, wie die ältere Generation mit der Vergangenheit umging. Angetrieben zunächst von der Sorge um das Überleben und dann um den wirtschaftlichen Aufbau, war die politische und geistige Vergangenheit der NS-Zeit nicht aufgearbeitet worden. Es war eigentlich allen klar, dass die persönliche Verstrickung vieler Persönlichkeiten in das NS-Unrechtsregime, die sich bald nach Kriegsende wieder auf allen Ebenen der Gesellschaft tummelten, als wäre nichts geschehen, wohlwollend ignoriert worden war. Sehr sichtbar und spürbar wurde das alles in den sogenannten Auschwitz-Prozessen. Heute ist mir klar, dass die jungen Leute meines Alters diese Fragen vermutlich klarer und konsequenter wahrnahmen als ich selber, denn für mich folgte ja der Umgang mit der Geschichte der KZs wegen meiner eigenen Erlebnisse anderen Regeln.

Manche der Forderungen der Studenten waren sicher falsch und gefielen mir nicht. Was nachhaltig verstörend wirkte und viel Schaden stiftete, waren die Ideen von antiautoritärer Erziehung der Kinder: dass man die Kinder machen lässt, was sie wollen. Da wuchs, glaube ich, eine ganze Generation heran, die sich später mit ihren Eltern nicht mehr verstand. Zu solchen Themen sagt heute auch ein Daniel Cohn-Bendit, der damals zu den Hauptprotagonisten gehörte, dass das ein schwerer Irrtum war. Doch lösten diese unruhigen Zeiten am Ende sehr viel neues und besseres Denken aus. Es war der Anfang einer Entwicklung, die ich positiv sehe. 1968 war das Ende einer Welt, aber auch eines eingerosteten Denkens. Es lag wohl in der Luft, dass da eine gewaltige Veränderung notwendig war. Ich glaube, man war einfach reif dafür.

Mit der Wahl von Willy Brandt 1969 änderte sich auch die deutsche Politik, es änderte sich das Denken. Politische Gespräche klangen nun anders. Mit den Ostverträgen von 1970 und der Entspannungspolitik begann eine neue Ära. Ich erinnere mich, dass es gegen Willy Brandt große Vorbehalte gab. Gegen ihn wurde wegen seiner Zeit im Exil und seiner Namensänderung von Frahm in Brandt agitiert. Wenn ich boshaft bin: Unsere sehr konservativen Kräfte erkannten wohl bald, dass dieser Mann ihnen gefährlich werden konnte mit seiner Intelligenz, seiner Weltoffenheit, er war einfach ein Stück besser und ein Visionär. An ihm war nichts Gehässiges. Mir imponierte sehr, was er für die Versöhnung leistete. Aber selbst das wurde ja auch wieder höchst argwöhnisch beobachtet. Alle hatten Angst, Positionen aufzugeben. Aber er machte das so menschlich, dass er zu Recht den Friedensnobelpreis erhielt und am Ende jeder Respekt hatte.

Für Franz Josef Strauß war Brandt gewissermaßen ein geborener Gegner. Strauß war eine unglaubliche Persönlichkeit, und das Bild, das man heute von ihm hat, ist nicht ganz ausgewogen. Doch gewisse Schwellen konnte er nicht überschreiten. Die Größe eines Willy Brandt anzuerkennen, gelang ihm vermutlich nie; da war er einfach zu sehr Gegner und vom Temperament her zu sehr Politiker: Dem Feind konnte er keinen Freiraum lassen.

Mit der Radikalisierung der extremen Linken in Gestalt des RAF-Terrorismus im «Deutschen Herbst» 1977 kam ich nicht direkt in Berührung. Man war natürlich entsetzt. Ich erinnere mich nur, einen jungen Mann getroffen zu haben, der in Berlin studierte und der lachend erzählte: «Ich war in so Kreisen, die waren hochinteressant, die waren intelligent und aufgeweckt und hatten sehr aufmüpfige Ideen und bekämpften auch vieles, und da fühlte ich mich wohl, bis ich dann plötzlich merkte, dass die alle anfingen, Bomben zu basteln, und da zog ich mich dann zurück.» Ich erinnere mich gut an dieses Gespräch.

«Die ganze Welt sah atemlos zu»: die Mondlandung

Am 20. Juli 1969 war ich in Zürich unterwegs, und ich wusste: An diesem Tag wird die Mondlandung stattfinden, nach unserer Zeit mitten in der Nacht. Ich wohnte in einem kleinen Hotel; dort gab es keine Möglichkeit fernzusehen. Ich suchte dann die ganze Stadt ab, ob es irgendwo einen Fernseher gäbe, um in der Nacht die Landung anzuschauen. Schließlich fand ich ein ganz kleines Lokal mit einer schäbigen, finsteren Bar, deren Betreiber sagten, sie hielten nachts offen. Da saß ich dann, zusammen mit etwa dreißig Leuten. Und da warteten wir bis um drei Uhr in der Nacht. Es war atemberaubend, zu sehen, wie die Kapsel landet; und sie explodiert nicht ... sie kippt nicht ... sie bleibt stehen ... und dann geht die Tür auf. Und es gibt keinen Knall und alle sind tot. Und einer der Astronauten schaut hinaus und bleibt am Leben. Der andere schaut oben heraus, und einer klettert hinunter. Und setzt seinen Fuß auf den Boden und man schaut: Ist er jetzt hin oder nicht? Und es geht weiter, er macht den ersten Schritt und den zweiten und wagt einen kleinen Sprung. Der Moment ist für mich lebendig bis heute. Das war unglaublich beeindruckend. Und die ganze Welt sah atemlos zu. Man wagte ja kaum zu hoffen, dass dieses Unternehmen gut ausgeht.

Es gab ein Lebensgefühl in der amerikanischen Kunst, das auch diese Mondlandung reflektierte. Die Kunstszene, vor allem in New York, zeigte das zum Beispiel mit Bildern von Barnett Newman; er malte riesige Farbflächen. Von ihm gibt es ein Bild, das ist sehr hoch und nur blau. Das heißt im Grunde bereits: «Space is ours.» Es zeigt, dass die Wahrnehmung sich vom Innenraum zum Außenraum öffnet, aber auf der Erde weiter denkbar ist. Ich glaube, davon ist schon etwas in diesen Bildern angelegt.

Als Griff nach den Sternen, als religiöse Beunruhigung, empfand ich diese Vorgänge allerdings nie. Ich erinnere mich an ein Gespräch mit einem jungen Kardinal, der lachte und sagte: «Wieso, der liebe Gott ist doch auf dem Mond genauso zugegen wie hier unten. Also, was soll's?» Das machte es so selbstverständlich, dass das kein Thema mehr war.

Die Mondlandung selbst war natürlich politisch stark aufgeladen. Das sehe ich heute mehr als damals. Wir waren alle erschüttert, als die Russen vor den Amerikanern einen Sputnik in die Erdumlaufbahn schickten. Und ich sehe noch, wie wir alle eine Nacht im Freien saßen und schauten, ob man den Sputnik sieht, wenn er vorbeifliegt. Ich konnte ihn tatsächlich erkennen. Das war hochinteressant, aber irgendwie war man bedrückt, weil man nicht wusste, ob sich damit im Kalten Krieg eine neue Bedrohungslage ergeben würde – und als dann den Amerikanern die Mondlandung gelang, war die Welt wieder in Ordnung.

Ich war später auch selbst zum Abschuss einer Apollorakete in Cape Kennedy eingeladen. Gräfin Ruth Saurma, eine der Assistentinnen von Wernher von Braun, lebte in Alabama. Ich lernte sie irgendwie kennen; sie war sehr nett und vermittelte mir die Einladung. So war ich im innersten Kreis der NASA eingeladen, wohnte auch als Gast dort und lernte viele der Astronauten kennen, auch die jungen Auszubildenden. Wenn ich ihnen sagte, wo ich herkomme, hieß es gleich: «Bavaria? Oh, Nördlingen?!» Es gab keinen Astronauten, der nicht auch im Meteoritenkrater des Donauries ausgebildet wurde und geforscht hatte.

In der Mitte des Geländes stand eine Art Motel – große Hotels gab es dort nicht. Alle, auch die Staatsoberhäupter, wohnten dort. In diesen drei Tagen bekamen wir immer Drinks vor dem Essen, die von jungen Leuten serviert wurden. Als ich einmal fragte: «Wo bekommt Ihr denn die jungen Leute her?» Hieß es: «Das sind unsere Studenten.» Die auszubildenden Astronauten mussten also die Drinks servieren! Die ganze Anlage des Space Center war aufregend. Das Gebäude, in dem die Raketen gebaut wurden, war sehr hoch und groß – ein Hohlraum, so riesig, dass sich im Raum Wolken bildeten. Die mussten immer wieder beseitigt werden, damit die Luft für den Bau sauber war. Wir besichtigten das alles nicht als Touristen, sondern während der laufenden Arbeiten.

Abends gab es in barackenähnlichen Gebäuden Dinner; wir wurden mit dem Autobus hingefahren. Da war es sehr voll, wir kamen aber als Ehrengäste hinein und trafen dort auch die Astronauten, die schon auf dem Mond gewesen waren. Alle sagten, dass es jedes Mal überwältigend war, wenn man plötzlich die Erde sah, zuerst als Wölbung, dann als Halbrund und dann als Rund. Und auf einmal sieht sie aus wie eine strahlende farbige Kugel. Das muss ein gewaltiges Erlebnis sein.

Auch zum Raketenabschuss wurden wir in Autobussen auf Nebenwegen transportiert, weil ständig Tausende von Fahrzeugen unterwegs und die Straßen immer blockiert waren. Der König von Jordanien war dabei, die Frau von Präsident Johnson und noch ein paar andere. Der Knall des Raketenstarts war so gewaltig, dass man ihn wie einen Schlag auf den Brustkorb spürte. Die Erleichterung, dass alles geglückt war, empfanden wir alle. Lady Bird Johnson war mit ihrem Flugzeug da und sollte nach dem Abschuss der Rakete nach Hause fliegen. Auch der König von Jordanien hatte eines, ein etwas kleineres, ... und noch dazu illegal. Er flog es selbst, startete, und sein Flugzeug verhakte sich mit der Tragfläche des Flugzeugs der Präsidentengattin. Da war dann alles zu. Sie wurden wieder zu uns auf die Tribüne gebracht, es gab ein Verkehrschaos. Wir saßen fünf Stunden lang in fürchterlicher Hitze auf unserer Tribüne und kamen nicht mehr weg, bis dann irgendjemand wenigstens Wasser organisierte, damit wir etwas zum Trinken hatten. Lady Bird Johnson saß grantig an einem Ende der Tribüne, der Jordanier am anderen Ende. Das waren so meine Begegnungen mit der Raumfahrt.

«Es war nicht absehbar, ob russische Panzer rollen würden» – der Fall der Mauer

Es gab in Brüssel eine Ausstellung von Zeichnungen aus meiner Sammlung. Zur Eröffnung war ich angereist und wohnte in Schloss Laeken bei meinem Vetter König Baudouin. Der ehemalige Ministerpräsident Goppel entschuldigte sich; er hatte selbst eine Veranstaltung ein Stockwerk tiefer. Es waren ein paar hundert Leute gekommen, und während einer Rede betrat Goppel den Saal. Er unterbrach den Redner, entschuldigte sich und sagte: «Ich habe gerade den Anruf bekommen, dass in Berlin die Leute auf der Mauer sitzen und die Mauer einreißen.» Alles wurde abgebrochen, keine Reden oder Musik mehr; es erinnerte etwas an die Ereignisse bei der Ermordung Kennedys, doch diesmal war es voller Freude: Man fand auch wieder zwei oder drei Fernsehgeräte. Die Leute blieben sitzen und sahen sprachlos die Liveübertragung aus Berlin. Ich fuhr irgendwann heim, und König Baudouin und Königin Fabiola saßen in ihrer Bibliothek und schauten das Gleiche an. Wir redeten dann bis um fünf Uhr in der Früh über das, was da passierte. Es hatten schon alle wichtigen Staatsoberhäupter der Welt – außer denen von Russland und China – bei König Baudouin angerufen mit der Frage: «Was machen wir jetzt? Stellen wir uns dagegen? Machen wir mit? Sollen wir dafür Stellung beziehen?» Und er sagte: «Sich dagegen zu stellen wäre falsch und dumm.» Es sei eine große Chance. Dafür setzte er sich in dieser Nacht in diesen ersten Telefonaten sehr ein. Es war aufregend, daneben zu sitzen und mitzuerleben, wie man sich gegenseitig inoffiziell um Rat fragte. Es war die Frage: Was macht man jetzt? Es geschah ja gerade – und es war in diesem Moment noch nicht absehbar, ob russische Panzer rollen würden oder nicht. Aber Gorbatschow stimmte zu, und das machte das Ganze unumkehrbar. Ich bedaure es bis heute, dass ich nicht selbst nach Berlin gefahren bin. Wie gern hätte auch ich mit auf dieser Mauer gesessen – damals hätte ich das auch noch gekonnt.

Gorbatschow war einmal hier in Nymphenburg. Er war wegen einer staatlichen Veranstaltung im Haus, und da wurde er gefragt, ob er auf eine Tasse Tee für eine halbe Stunde zu mir kommen möchte. Wir saßen in einem der Seitensalons und unterhielten uns, auch über den Mauerfall. Er war eine beeindruckende Persönlichkeit, ganz ruhig und sehr sympathisch. Er sprach auch mit viel Humor über seine Kontakte zur deutschen Politik. Kohl war unglaublich witzig in vielen Dingen, und darüber konnte Gorbatschow herzlich lachen – auch noch im Nachhinein in seinen Erzählungen über einzelne Gespräche oder Bemerkungen. Was den Mauerfall betraf, so bestätigte er seine Überzeugung, dass seine damaligen Entscheidungen richtig gewesen waren.

«Die Natur ist ungeheuer verwundbar» – Klimaveränderung, Waldsterben, Naturschutz

In den Forsten des Wittelsbacher Ausgleichsfonds konnten wir lange beobachten, dass Bäume zu sterben begannen. Über die Frage, was das bedeutete, gingen die Meinungen weit auseinander: Ich erinnere mich, bei uns war der Wald sehr gesund, die Käferkalamität kam am Anfang vom angrenzenden Staatsforst. Da ging der Borkenkäfer immer weiter in den Wald, und der Wind wehte ihn natürlich ständig zu uns hinein. Man konnte sehen, wie die Schäden von der Forstgrenze her weiter fortschritten. Bis man dann anfing, darüber nachzudenken, dass die Gründe doch noch viel tiefer liegen, dauerte es wieder ein paar Jahre. Aber dann war es ganz klar: Jeder, der sich mit Wald beschäftigt, muss darüber nachdenken, ob eine weitere Generation Fichtenmonokultur noch lebensfähig und wünschenswert ist oder was man anders machen muss, welche Baumarten hier eine Zukunft haben.

Das große Thema ist die Erderwärmung – nicht nur als lineare Entwicklung, sondern auch als Zunahme der Extreme. Das zeigt, dass die Dinge sehr viel komplizierter sind – wie die Natur überhaupt ungeheuer kompliziert ist. Es gibt ein ständiges Verschwinden von Arten und Entstehen von neuen Mutationen oder Arten; all das hängt auch zusammen mit der Klimaveränderung. Die Menschen haben einen großen Anteil daran, und weitere Eingriffe des Menschen werden neue Veränderungen bringen. So hätte ich auch gezögert, wenn der Ausgleichsfonds vorgeschlagen hätte, sofort in hektische Aktivitäten zu verfallen, denn so kurzfristig lassen sich diese Dinge nicht regulieren. Aber man muss ständig weiter versuchen, den Wandel zu analysieren und zu überlegen, was auf lange Sicht helfen kann und was fehlgeht. Dieser Prozess hat ja für jeden Waldbesitzer auch wirtschaftliche Folgen. Dass jetzt Holz wieder viel mehr als Baumaterial verwendet wird, kann man nur positiv sehen – nicht nur als Waldbesitzer. Holz schafft ein gutes Raumklima, und es entstehen sehr viel gesündere Wohnungen; das finde ich prima. Aber auf das alles muss sich eine Forstverwaltung verantwortungsvoll einstellen.

Über die Nutzung der Wasserkraft fanden schon von Anfang an Gespräche zwischen meinem Vater und Ministerpräsident Hoegner statt. Als die industrielle Entwicklung weiterging, gab es bei meinem Vater heiße Diskussionen: Er stellte sich vehement gegen die Begradigung der Flüsse. Ich erinnere mich, dass er bereits Mitte der 1950er Jahre voraussagte, dass die Grundwasserspiegel sinken werden, wenn man begradigt. Und genau das ist passiert. Man begradigte die Donau, und natürlich starben die Wälder rechts und links des Flusses ab, und die Landwirtschaft nahm Schaden, weil das Grundwasser gesunken war. Dann errichtete man Querverbauungen und Stauwerke, um das aufzuhalten. Auf den aufgestauten Flächen bildeten sich riesige Eisplatten, die dann zu katastrophalen Eisgängen führten, bei Passau und andernorts. Solche Themen begleiteten mich bereits in Gesprächen mit meinem Vater – und sie sind mir bis heute präsent. Damals wollte das aber niemand wahrhaben. Heute erkennen wir, dass das Wasser als Rohstoff an sich ein kostbares und begrenztes Gut ist.

Als dann die Atomenergie kam, verstummten meiner Erinnerung nach alle in meinem Kreis, weil man von dem Thema so rein gar nichts wusste. Man konnte die Konsequenzen oder Vorteile nicht überblicken. Zuerst sah man es durchaus als positiv an, dass große Mengen Strom generiert und nicht mehr überall für die Gewinnung von Energie die Flüsse weiter kaputt gemacht wurden. Einer der Ersten, die dagegensprachen, war Enoch von Guttenberg. Er setzte sich vehement gegen die Atomkraft ein. Das sah ich damals noch nicht ein. Jetzt im Nachhinein sieht man, dass man mit den Problemen der Entsorgung ein ungelöstes Problem geschaffen hat. Dass die Kraftwerke jetzt wieder abgebaut werden, finde ich richtig. Aber als Preis dafür pflastern wir das ganze Land mit Windrädern zu. Doch irgendwo müssen wir ja die Energie herbekommen, die wir als modernes Technologieland brauchen. Wenn heute darüber diskutiert wird, dass aus dem Norden vom Meer her große Mengen Energie nach Bayern geführt werden sollen, sagt jeder: «Ja natürlich brauchen wir die Trasse, aber nicht bei mir.» Es wird dabei immer Kontroversen und Probleme geben. Aber das Energiethema begleitet mich seit 60 Jahren.

Ich bin kein Vertreter des Landschaftsschutzes *oder* der Windenergie. Man muss eigentlich immer Vertreter von beidem sein und schauen, wie man das in Einklang bringt. Denn es sind jeweils die gleichen Punkte: Dass die Natur zu schützen ist, daran besteht gar kein Zweifel. Es gibt aber auch die Bedürfnisse einer wachsenden Bevölkerung, denen man Rechnung tragen muss. Das ist verbunden mit der Frage: Wo verläuft die Grenze, an der man Verzicht fordern muss, um die Natur zu schützen? Es gefällt mir, dass die ganz jungen Leute jetzt doch sehr häufig Themen vertreten, die nicht nur ihr eigenes kleines Interesse und ihren unmittelbaren eigenen Vorteil betreffen, wie das oft in den Generationen davor der Fall war, sondern allgemein gültige Themen aufbringen, dabei auch Verzicht fordern und selber bereit sind, Verzicht zu leisten. Das halte ich für eine sehr positive Entwicklung. So erlebe ich immer wieder, dass junge Leute darauf verzichten, ein Auto zu haben oder den Führerschein zu machen. Das halte ich zwar für einen Fehler: Wenn der Vater einen Herzinfarkt hat und Sohn oder Tochter nicht Auto fahren können, kann so etwas fatale Auswirkungen haben. Aber dass diese Fragen zum Thema geworden sind und auch im Wege des Verzichts praktisch angegangen werden, finde ich großartig.

Ich war schon sehr früh im Umfeld meines Vaters mit Fragen des Naturschutzes konfrontiert. Das war und ist ein ständiger Lernprozess – auch ein Erkennen von Fehlern. Dass man dazulernt und Fehler einsieht, gehört einfach zum Leben dazu.

«Man konnte es zuerst nicht fassen» – 9/11

9/11 – das war eine Katastrophe. Es erlebten fast alle dieses Verbrechen live im Fernsehen. Bei 9/11 sah ich – wie das heute heißt – in Echtzeit zu. Einer der World Trade Towers brannte. Ein Flugzeug war hineingeflogen. Ich sah es zufällig und dachte zuerst: Das ist ein Science-Fiction-Film. Und dann erkannte ich: Da kommt ein zweites Flugzeug. Und ich sah, wie dieses Flugzeug gezielt in den zweiten Turm gesteuert wurde. Man konnte es zuerst nicht fassen. Man hatte ja schon früher ab und zu überlegt: Amerika kommt sich so unverwundbar vor, aber was, wenn einmal einer eine Bombe in ein dicht besiedeltes Gebiet wirft? Das könnte doch immer passieren. Aber man konnte sich nicht wirklich vorstellen, dass es passieren wird. Plötzlich war es dann Realität, und damals verlor Amerika ein Stück seiner Selbstsicherheit.

Ich saß einmal in den World Trade Towers bei einem Dinner des International Council im obersten Stockwerk. Wohl fühlte ich mich nicht da droben. Gemütlich war das nicht. Diese Türme waren eine Herausforderung an die ganze Welt! Osama bin Laden muss ein perfide intelligenter Mensch gewesen sein, um zu analysieren, welches der schmerzempfindlichste und zugleich verwundbarste Punkt der westlichen Welt war. Eine andere Zieloption wäre vielleicht der Petersdom in Rom gewesen – aber dann wäre der Anschlag eine vorrangig religiöse Frage gewesen, während er so ein wirklich politisches oder ideologisches Thema wurde. Es hätte kaum ein anderes

Bauwerk gegeben und einen anderen Weg, so effizient den hier so nachdrücklich dargestellten und aus der Sicht bin Ladens verderblichen westlichen Imperialismus und Kapitalismus zu treffen. Wenn er auf die Vereinten Nationen gezielt hätte, dann wären eine Menge Länder mitgetroffen worden, die es aus seiner Perspektive wohl nicht verdient hatten. Hätte er sich die Freiheitsstatue vorgenommen, wäre es eine Abrechnung allein mit Amerika geblieben. Mit den Twin Towers erhielt der Anschlag jedoch eine klare antikapitalistische Ausrichtung. Ich glaube, es gibt niemanden, der davon nicht betroffen war, negativ oder triumphierend positiv. Entziehen konnte sich dieser Gewalttat niemand, weil sie eben so präzise traf. Doch es macht mich schon nachdenklich: Wir sprechen alle darüber, wie betroffen wir waren, doch die dreieinhalbtausend getöteten Menschen sind immer in Gefahr, in die zweite Reihe zu rutschen, weil bei uns etwas anderes getroffen wurde. Man darf sie aber niemals vergessen. Mich bewegen immer noch die Bilder, wie die Leute in den Straßen rennen und die Wolke kommt hinterdrein und überrollt sie; das schaut aus wie Pompeji: Da, glaube ich, war das genauso. Auch damals sind die Menschen gerannt, und da ist auch die Wolke gekommen. Aber das eine war eine Naturkatastrophe, und bei 9/11 handelte es sich um Massenmord. Der schlimmste Moment war in meiner Wahrnehmung, als man sah, wie von ganz oben ein Mensch aus dem Fenster sprang und dann im freien Fall war – der Sturz hörte gar nicht auf, der Fallende kam gar nicht an. Und man vergisst so leicht die Situation der anderen – der Leute in dem dritten Flugzeug, aus dem ein Passagier, der wusste, was kommen würde, noch seiner Frau eine SMS schickte und sich von ihr verabschiedete. Dieses dritte Flugzeug, das die Passagiere selbst zum Absturz brachten, um ein weiteres Attentat zu verhindern, ist eine amerikanische Heldengeschichte, die wirklich passierte.

Der Bildhauer Fritz König hatte die riesige Kugel geschaffen, die vor dem World Trade Center stand, und die mit den Türmen unterging. Das hat ihn sehr getroffen, es war sein Hauptwerk. Ich sprach mit ihm darüber, weil ich ihn gut kannte. Er flog hinüber, und es gibt einen Film von Percy Adlon darüber, der dessen Gesicht zeigt, als die Kugel plötzlich wieder aus dem Schutt herauskam, zwar etwas beschädigt, aber noch zu reparieren. Sie wurde dann im Gramercy Park aufgestellt. Ich war dort: Da war sie plötzlich erreichbar und der ganze Grund um sie herum voll mit kleinen Blumensträußen, Fotografien von Angehörigen, von Leuten, die umgekommen sind. Und damit trennte sich diese Kugel von Fritz König – jetzt ist sie nicht mehr sein Werk, sondern sie ist zu einem Wallfahrtsort in New York geworden. Auch das trieb Fritz König sehr um: dass seine Kugel untergegangen war und damit sein Lebenshauptwerk; und es starben dort dreieinhalbtausend Menschen. Er war zutiefst betroffen, so etwas zu sehen und zu spüren. Percy Adlon, der mit ihm eng befreundet war, fragte ihn nach 9/11, und Fritz König gab die rätselhafte Antwort: «Ich bin ein Täter.» Ich denke die ganze Zeit darüber nach, was hinter diesem Satz steckt: Er meinte wohl, dass diese Kugel, und damit auch sein Werk, Teil dieser Hybris war. Als alles zusammenbrach, die Kugel sich von ihm löste, plötzlich etwas anderes wurde und nicht mehr in erster Linie sein Werk blieb, war dies auch für ihn das Ende einer Hybris: bescheidener, aber vielleicht wertvoller.

X.

Persönliche Schlaglichter

«Wenige Dinge veränderten mich abrupt»

Nach dem Krieg gab es plötzlich wieder eine Zukunft für mich. Das zu verstehen, brauchte Zeit. Jetzt liegt eine bald 70 Jahre dauernde Entwicklung Deutschlands in Frieden, Freiheit und Wohlstand hinter uns. In diesen Jahren habe ich wenig oder nur selten darüber reflektiert, wie gut es uns jetzt geht – vielmehr war es immer aufregend, was alles an Neuem auf mich zukam.

Zuerst entdeckte ich, dass es plötzlich wieder Verwandtschaft und Familienleben gibt, dass es Apfelalleen gibt, auf denen man Falläpfel suchen kann; nichts von dem hatte ich vorher je erlebt. Es war alles neu, und die Arbeit beim Bauern war genauso neu wie alles andere. Dann fand ich mich in Ettal wieder. Allein so ein Gebäude war etwas Neues, ja, dieses ganze Leben war neu. Dann schreibt man sich in eine Universität ein, voller Illusionen, wie das so sein wird – und alles ist ganz anders, aber nie schlechter als das, was man erwartet hat. So ging es immer weiter.

Wenige Dinge veränderten mich abrupt. Aber die vielen neuen Situationen waren mir damals durchaus bewusst. Im Studium gab es keinen Zwang zu irgendetwas mehr, man musste eben ein paar Arbeiten schreiben, mehr nicht. Auch diese Art von Selbstbestimmtheit war völlig neu für mich: dass mir niemand in der Früh sagte, was ich heute machen muss. Das war vorher in Familie und Schule klar geregelt. Diese neu entdeckte Freiheit bedeutete für mich mehr, als man sich heute wohl vorstellen würde. In der Welt, in der ich aufwuchs – und dazu gehörten auch noch die Schulen –, hatte der Begriff des Gehorsams ein unangemessen großes Gewicht. Es wurde mir immer klarer, dass auch mein Vater – wie noch sehr viele seiner Altersgenossen – in ein Obrigkeitsdenken hineinerzogen war, das fast alle Bereiche des Lebens beeinflusste. Ich könnte mir vorstellen, dass das militärische Denken, auch wenn es bei uns in Bayern weit weniger verbreitet war, aus ähnlichen Quellen schöpfte. In vielen Fragen forderte auch mein Vater einfach Gehorsam. Das musste zu Reaktionen führen, auch bei mir. Erst langsam fand ich für mich eine Balance zwischen reinem Widerspruchsgeist und Ungehorsam auf der einen Seite und einfach neuen Gedanken und Sichtweisen andererseits. Das Pendel schwang aus zwischen Gehorsam und Revolte. Es musste zur Ruhe kommen durch die Betonung der eigenen festen Grundsätze, für die man dann auch vor seinem Gewissen verantwortlich ist.

Den ganz neuen Zustand der Freiheit kostete ich jedenfalls nach allen Seiten aus – entdeckte Oper, Theater, Kunst im Museum und an der eigenen Wand, aber auch Skifahren und Reisen quer durch die Welt. Hinzu kam die eigene Wohnung. Das war wiederum eine enorme Veränderung; plötzlich war ich ganz frei und selbstbestimmt. Es ging mir damit besser als vielen Zeitgenossen: Ich hatte etwas mehr Geld und mietete eine große Wohnung; damals konnte man sich die Wohnungen in München noch aussuchen ... Für mich waren Wohnungen mit hohen Wänden wichtig, damit ich meine großformatigen Bilder aufhängen konnte. Diese neue Freiheit hinterfragte ich nicht, aber sie war ein anderer Zustand als vorher. Ich lernte auch, Gäste einzuladen, und das ermöglichte Kontakte ganz anderer Art und auf einem für mich neuen Niveau. So lernte ich junge Künstler kennen, deren Bilder an meinen Wänden hingen. Ich hatte zwar meine Aufgaben im Rahmen der Familie, es wuchs aber auch eine gewisse Selbständigkeit, und ich orientierte mich nicht mehr nur an Zuhause. Das waren Veränderungen, die ich sehr bewusst durchlief. Als ich in München in meiner neuen Wohnung in der Schackstraße saß, die Olympiade anging, und ich den ganzen Tag das Haus voll mit Gästen hatte, die man kannte oder auch nicht, fragte ich mich eben nicht mehr: «Was sagen meine Eltern dazu, soll ich das so machen oder soll ich etwas anderes machen oder soll ich mich um andere Gäste kümmern, die in München sind?» Da war die Unabhängigkeit deutlich spürbar. Kurzum: Die wichtigste Veränderung in dieser Zeit war für mich sicher die zunehmende Freiheit.

Ich übernahm dann nach und nach etliche Aufgaben von meinem Vater, der sich mehr und mehr zurückzog und sich seinen wissenschaftlichen und jagdlichen Interessen widmete. Da machte ich gewissermaßen seine Hausaufgaben. Aber ich fragte nie, ob das eigentlich richtig ist, sondern das war einfach so. Ausbruchsgedanken hat jeder junge Mensch, die hatte ich auch, mitunter sogar sehr ausgeprägt. Immer wieder dachte ich: Ich muss von hier weg, ich muss aus dem rauskommen. Aber das waren Ideen, aus dem Augenblick heraus geboren, und am Ende blieb ich. Auch erkannte ich, dass ich etwas bewirken konnte: Denn in meiner Freiheit setzte ich gerade mit der zeitgenössischen Kunst eigene Dinge um – ich übernahm Verantwortung, sah aber auch Ergebnisse. Also erweiterte ich das familiäre Pflichtenkorsett gewissermaßen um meine eigenen Interessen. Zwischen diesem Pflichtenkanon und meiner Neugier gab es eigentlich auch später nie einen Konflikt: Wenn man versucht, seine – das ist ein großes Wort – Pflicht zu erfüllen oder seine Aufgaben wahrzunehmen, finde ich es völlig selbstverständlich, dass man dabei offen für alles andere bleibt, denn man muss sich ja immer selbst neu erfinden. Wenn man damit aufhört, dann wird man faul und uninteressant. Insofern war mir das eigentlich nie ein Problem.

Seit 1992 lebe ich nun in Nymphenburg. Hier bin ich sehr eng mit meiner Familiengeschichte verbunden. Aber am nächsten ist sie mir eigentlich im Alten Hof in München: Das ist ein ganz stiller Platz mit der alten Burg drumherum. Da ist plötzlich Kaiser Ludwig der Bayer sehr präsent. Dort wurde die deutsche Büro- und Schriftsprache geformt, dort wirkte ein William von Occam. Der Alte Hof ist gleichsam eine Brücke in eine frühere, für Bayern sehr wichtige Zeit. Da fange ich an, mich zu Hause zu fühlen.

Mein Leben änderte sich dann noch einmal grundlegend 1996,

Abschied vom Vater. Die Aufbahrung Herzog Albrechts von Bayern in der Theatinerkirche, München 1996, Foto Wolfgang Kirkam

als mein Vater starb. Das war eine Zäsur. Danach handelte ich nicht mehr im Namen und im Auftrag von jemand anderem, sondern nun war ich wirklich selbst verantwortlich. Das machte noch einmal einen Unterschied; es erhöhte und intensivierte die Verpflichtung. Es gab nur ganz wenige Situationen, in denen ich allein für mich grundlegende Entschlüsse fassen musste, bei denen ich wusste: Wenn ich mich dazu entschließe, dann werde ich das mein Leben lang auch so einhalten müssen. Wenn ich Entschlüsse fasste oder Pläne machte, waren fast immer – so möchte ich das nennen – Weggefährten dabei, die ähnliche Interessen hatten, ähnlich dachten, oft auch viel mehr wussten und verstanden als ich selbst und die mich gut berieten. Ich muss als Familienchef aber durchaus einiges selbst entscheiden oder sagen, wie ich es haben will; aber einsame Entschlüsse sind Gott sei Dank im Leben dann doch eher selten.

In meinem Leben gab es sehr viel Zufälliges auf der einen und sehr viel Vorgeprägtes auf der anderen Seite. Trotzdem musste ich wie jeder andere auch vieles immer wieder neu durchdenken, hinterfragen. Einiges wollte ich bewusst gestalten – vor allem im Bereich der Verantwortung für die Familie. Ich habe sehr viel gewissermaßen «von der Hand in den Mund» gelebt, und ich denke, das war auch das Richtige. Es wäre falsch gewesen, sich ein großes Schema aufzustellen und zu sagen: Und so lebe ich in dieser und so arbeite ich in jener und so entscheide ich in einer dritten Situation. Ich weiß nicht, wo ich dann gelandet wäre, wahrscheinlich hätte ich sehr bald einiges vor die Wand gefahren. Man kann ja dem Leben nicht vorschreiben, wie es zu verlaufen hat. In dieser ganzen Zeit war es richtig, elastisch zu bleiben und einfach zu schauen, was es braucht. Nötig ist dafür aber eine solide Basis von festen Grundsätzen.

Interessant waren die 1960er und 1970er Jahre. Damals war ich noch nicht so in die Routine eingebunden, weil die Eltern noch lebten und ich eigene Interessen entwickeln konnte. Da fiel mir alles Mögliche ein, was aufregend war, und es ging etliches voran: Ich konnte das öffentliche kulturelle Leben mittragen und mitgestalten, reisen, interessante Kontakte knüpfen. Die internationalen Tätigkeiten in New York blieben noch bis in die 2000er Jahre. Doch gleichzeitig hatte ich nicht mehr die Zeit und die Freiheit, vielleicht auch nicht mehr die Energie, ständig selbst Projekte anzufangen. Man geht von einem Termin zum anderen, ist bei diesem Jubiläum, bei dem Empfang beim Ministerpräsidenten, dann wieder ist es ein Gottesdienst, dann eine Jagd in Stammham – und dann kommen die Salzburger Festspiele, Opern und Konzerte in München. Ein Vorteil: Nach dem Tod meines Vaters hatte ich als Familienchef auch die Möglichkeit zu sagen: Diesen Gedanken verfolge ich und den nehme ich wahr, aber in dieser Sache brauche ich mich nicht wichtig zu machen. Doch die Freiheit, selbstbestimmt zu handeln, wird durch viele, lang im Voraus festgelegte Termine beschränkt. Einzig selbstbestimmt ist die Überzeugung, dass man das alles machen will, weil es zur öffentlichen Präsenz der Familie gehört. Würde ich allzu viele Einladungen zu wichtigen Anlässen nicht annehmen, müsste ich befürchten, dass die Familie nicht mehr wahrgenommen wird. Aber ich will es auch gar nicht so darstellen, als sei das alles nur Verpflichtung. Vielmehr möchte ich zu diesen Ereignissen auch hingehen, weil man dort interessanten Menschen begegnet. Das ist die Grundlage für so viele kleine Informationen, die ich bekomme. Ich war vor Corona ständig auf irgendwelchen Empfängen, redete mit zahllosen Leuten, saß bei Diners, sprach mit meinen Tischnachbarn oder den Gästen gegenüber. Ich wusste immer ein bisschen, auch in der Politik, was im Land gespielt wird, welche Probleme da sind, worüber nachgedacht wird, was sich zusammenbraut. Während des Corona-Lockdowns hatte ich das Gefühl, die Dinge geschehen irgendwo anders, und ich weiß es nicht einmal. Aber so ging es nicht nur mir allein, sondern auch vielen anderen.

Ich habe für mich nur eine echte Zukunftsangst: Entweder sehr gebrechlich zu werden und plötzlich nur noch eine Belastung für alle anderen zu sein. Vor dem Entwürdigenden an einer solchen Situation habe ich Angst. Oder dement zu werden und zehn Jahre lang nicht mehr zu wissen, wo ich bin und was ich tue. Das ist ein schrecklicher Gedanke, sogar wenn ich es selbst nicht merken würde. Aber das sind Überlegungen, mit denen muss sich jeder in meinem Alter befassen.

Jüngere Leute treffe ich insgesamt zu wenig, und das bedaure ich sehr – Neffen und Nichten schon, aber viel zu wenig Studierende, junge Wissenschaftlerinnen und Wissenschaftler, junge Künstler und Künstlerinnen, halt den Nachwuchs. Das sollten mehr sein, aber zu jungen Leuten habe ich im Moment wenig Zugang, außer aus dem persönlichen Bekanntenkreis. Ich bringe in meinen Plänen natürlich auch weniger Aktivitäten unter. Früher konnte ich mittags Gäste haben und abends noch einmal Gäste und zwischendrin noch drei verschiedene Termine. Das geht jetzt kräftemäßig nicht mehr so leicht. Im Ganzen hätte ich sehr gern mehr Kontakt, nicht nur mit den ganz Jungen, aber mit der jüngeren Generation. Früher kannte ich viele der jungen Politiker, hatte sie schon irgendwo gesehen und mit ihnen gesprochen, wenn sie an wichtige Posten kamen. In der

Wirtschaft war es immer anders, da waren die Jungen so in ihre Geschäfte eingebunden, dass sie nie zu gesellschaftlichen Anlässen kamen. Sie wurden überhaupt erst sichtbar, wenn sie nahe an der Pensionsgrenze waren, vorher hatten sie keine Zeit. Aber ich freue mich wieder auf mehr Kontakte zu jungen Wissenschaftlern und Wissenschaftlerinnen, da sind sicher faszinierende Leute dabei. Wenn man irgendetwas weitergeben will, muss man einfach Kontakt mit der Generation halten, die man erreichen will. Bewegt man sich nur noch in der eigenen Generation, fehlt einem diese Verbindung. In der Familie funktioniert das ganz gut, da sitzen die Jungen alle mit um den Tisch. Ihnen kann ich immer wieder klarmachen, dass sie Mitglied dieser Familie sind und was das heißt, und das akzeptieren sie auch. Es sind nicht alle gleichermaßen engagiert, aber keiner weist das zurück oder will nichts davon wissen. Von sich aus melden sie sich allerdings kaum bei mir. Aber das kenne ich nur zu gut aus meiner eigenen Jugend und verstehe es auch: Wieso soll ein Mitte zwanzigjähriger Bub sich einfach so bei mir melden? Da kann ich ihm dreimal sagen: «Telefonieren wir uns zusammen, komm zum Essen vorbei, ruf einfach an!» – kaum einer von ihnen wird je den Hörer in die Hand nehmen und mich anrufen. Es gibt doch auch so eine gewisse Scheu vor dem Familienchef vor allem dieses Alters. Wenn ich sie aber von mir aus einlade, dann kommen sie auch, und es werden schöne Begegnungen.

Wenn ich von jungen Leuten gefragt werde, was sie studieren sollen, kann ich ihnen immer nur empfehlen, das zu machen, was sie am meisten fasziniert. Denn je größer das Interesse junger Menschen für die Sache ist, desto besser werden sie in dem Fach. Und sie sollen sich ja an ihrem Leben freuen. Es gibt so viel Positives und Schönes. Sie sollen auch immer über die Grenzen hinausschauen. Es darf nie eine bayerische Nabelschau werden. Es war für mich ein bestimmendes Erlebnis, dass ich ins Ausland kam, nach New York, damals auf der Höhe seines Glanzes. Erst als ich das erlebte, konnte ich zurückschauen und wusste dann genau, warum ich Bayern großartig finde und was mir daran gefällt. Es geht also nicht um die

Größe des eigenen Landes oder um die Schönheit, die man sich selber konstruiert, sondern um das, was sich durch den Blick von außen bestätigt. Das kann ich allen jungen Leuten nur empfehlen. Und sie sollen nie vergessen, dass wir Europäer sind. Das ist auch für die Zukunft ganz wichtig.

Für mich war es großartig, den stetigen Aufstieg des Landes über die letzten 70 Jahre hinweg zu begleiten, die politische Festigung der Demokratie zu erleben, die für mich sehr bald die einzig denkbare Staatsform war, den stetig wachsenden wirtschaftlichen Wohlstand, das Annehmen der bereichernden Einflüsse von außen. Wenn ich zurückdenke an die Zeit nach Kriegsende, als die Flüchtlinge aus dem östlichen Europa kamen – die Sudetendeutschen, die Schlesier – und zunächst Fremde waren, die aufgenommen wurden und die doch so viele Impulse für uns mitbrachten! Ohne sie wäre unser Wirtschaftswunder nicht denkbar gewesen. All diese Entwicklungen waren für mich großartig und haben am Ende auch mein Leben mitbestimmt. Denn in diesem Land lebe ich.

Privatheit

Bei einer Lebensaufgabe wie meiner kann man Aufgabe und Privatperson nicht ganz klar voneinander trennen. Vielfach steht die Verpflichtung für die Familie wirklich an erster Stelle. Anfangs meinte ich auch, jemand in meiner Position hätte eigentlich kein Recht auf viel Privatleben. Ursprünglich dachte ich, diese Vorsicht gehöre zu meinem Auftrag, aber da habe ich meine Meinung gründlich geändert.

Es stimmt schon: Sehr viele Leute erkennen mich auch auf der Straße. Aber das steht einer Privatheit eigentlich nur wenig im Weg. Privat zu sein bedeutet für mich, neben den bekannten Aufgaben einen Freiraum zu haben, einen Teil meines Lebens, in den sich andere nicht einmischen, in dem ich meine eigenen Interessensgebiete finden und mit Menschen meiner Wahl verkehren kann, ohne dabei ständig beobachtet zu werden; nicht mit Erwartungen konfrontiert zu sein und tun zu können, worauf ich gerade Lust habe: meine Sammlungen zu ordnen oder mich um die Pflanzen in meinem Garten zu kümmern.

Vor nun über 40 Jahren lernte ich meinen Lebenspartner Thomas Greinwald kennen. Er ist vielseitig interessiert und engagiert; nach dem Abschluss seines Jurastudiums machte er noch eine Ausbildung zum Heilpraktiker und praktiziert hier in München. Eine solch stabile Lebensgemeinschaft, in der man sich so gut kennt und durch viele gemeinsame Interessen verbunden ist, ist ein Geschenk und ein gutes Gegengewicht. Gerade in meiner Situation ist es wichtig, jemanden zu haben, der mir auch unter Umständen unbequeme Wahrheiten sagt. Uns verbindet die Passion für Musik, und wir genießen sehr die gemeinsamen Theaterbesuche in München, Salzburg oder Bayreuth. Wir setzen uns auch beide für die Unterstützung junger Künstler ein, und da Thomas aufgrund seines eigenen musikalischen Engagements viele junge Musiker persönlich kennt, erreichen wir damit auch die Richtigen. In den ersten Jahrzehnten unserer Partnerschaft reisten wir viel und genossen dabei die Freiheit, die Anonymität gewährt; in den letzten Jahren wurde Reisen für mich jedoch aus gesundheitlichen Gründen beschwerlicher. Wir finden nach wie vor großes Vergnügen daran, gemeinsam Häuser und Gärten zu gestalten und ergänzen uns dabei gut. In meiner Familie und auch in der Gesellschaft ist Thomas inzwischen selbstverständlich akzeptiert, und es sind hier viele Freundschaften entstanden. Darüber freue ich mich sehr. Auch nach nun 42 Jahren können wir immer noch über die gleichen Dinge lachen; ein gemeinsamer Sinn für Humor ist eine wichtige Basis einer guten Partnerschaft. Thomas rasche Intelligenz, sein Charme und sein schneller Witz entspannen viele Alltagssituationen.

Wir kamen aus zwei ganz verschiedenen Welten, und die Erwartungen, die an mich gestellt waren, bedeuteten, dass von Thomas häufig Verzicht und Rücksichtnahme gefordert waren – von seiner Seite viel mehr als von meiner. Vor allem in früheren Jahren war dies für ihn oft mit Demütigungen verbunden, wenn er nicht angemessen als mein Partner behandelt wurde. Ohne die Bereitschaft seinerseits, damit zurechtzukommen, wäre mein Leben und die Erfüllung meiner Verpflichtung so nicht möglich gewesen. In vielen Bereichen, auch in Fragen des sozialen Engagements, weiß ich ihn immer als engagierten Mitdenker und Mitstreiter an meiner Seite. Er ist voller Empathie und ein sehr zugewandter Beobachter meiner Gesundheit: Bei einigen schweren Erkrankungen hat mir sein rasches Erkennen und Eingreifen zweifellos das Leben gerettet.

Wir verbrachten viele Jahre lang fast jedes Wochenende in seinem Haus in Garmisch. Wir hatten dort völlige Ruhe, und das ermöglichte einen anderen Tagesablauf, eine andere Privatheit, andere Freundschaften. Damit wurde etwas möglich, das sich in meinem Umfeld so nicht verwirklichen ließ. Es gab einen kleinen Tante-Emma-Laden, der heute leider nicht mehr existiert. Da ging ich gerne am Samstag zum Einkaufen, alles, was wir für das Wochenende brauchten. Da ich dort ständig Geld ausgab, bekam ich immer ein «Eistörtchen» oder ein anderes Gutti geschenkt. Doch irgendwann sprach mich ein anderer Kunde im Laden an: «Königliche Hoheit, Sie hier in Garmisch?» Die Besitzerin des Ladens verschwand im Hinterzimmer, um sich zu frisieren, und in der nächsten Woche verbeugten sich die Ladenbesitzer, aber ein Eistörtchen habe ich nie mehr bekommen.

Ich lebe sehr gerne in Nymphenburg. Ein Schloss hat sicher auch seine Tücken: So zieht es, wenn Sturm von der Parkseite her kommt, und das ist oft der Fall. Dann wird es sehr schnell sehr kühl im Haus. Auch sind die Wege lang, man muss viel laufen. Aber das alles bin ich so gewöhnt, dass ich es nicht als unangenehm empfinde. Ich genieße das Leben hier: Dazu gehören die Helligkeit, der schöne Garten, die hohen Räume, die großen Wände – das passt mir sehr gut wegen meiner Bilder. Gerade junge Künstler malen gerne sehr großformatige Bilder. Wenige Leute haben Wände wie ich, an die sie so große Bilder hängen können.

Ich kann hier auch ganz privat sein, die Mitarbeiter sind alle ver-

Freunde der Musik. Herzog Franz mit seinem Lebensgefährten Thomas Greinwald in einer Pause von «Tristan und Isolde», Bayreuth 2019, Foto Daniel Kermann

Lebensfreude. In der Bibliothek der Privatwohnung von Herzog Franz in Nymphenburg mit den Hunden Wastl und Poldi, München 2002, Privatfoto

Gute Musik braucht Pausen. Thomas Greinwald an seinem Flügel, der einst Annette Kolb gehörte, München 2019, Privatfoto

Jährliches Geburtstagsritual. Herzog Franz und Thomas Greinwald in Venedig 2006, Privatfoto

Als Touristen unterwegs. Herzog Franz von Bayern und Thomas Greinwald bei einem Besuch in Mecklenburg-Vorpommern, 2018, Privatfoto

Entspannung im Garten. Herzog Franz von Bayern und Thomas Greinwald bei ihrem Sommeraufenthalt in Schloss Berchtesgaden, 2008, Privatfoto

Tierfreunde. Herzog Franz von Bayern und Thomas Greinwald mit Liesl, Nymphenburg 2015, Privatfoto

Zweimal Herr und Hund. Im Nymphenburger Schlossgarten mit den Hunden Liesl und Rasso, um 2010, Privatfoto

Lagebesprechung. Dackelhündin Beppi, Herzog Franz von Bayern und Thomas Greinwald im Garten in Nymphenburg, 2020, Privatfoto

lässlich und mir vertraut. Sorge wegen möglicher Indiskretion kenne ich nicht. Und wenn ich meine Ruhe haben will, respektieren sie das. Mein Schreibtisch ist für jedermann tabu. Wenn der Hund um 7 Uhr in der Früh zu seinem Frühstück abgeholt wird, so geschieht das an der Tür des Ganges, und am Abend nach dem Abendessen heißt es «Gute Nacht» und damit basta. Das hat sich mühelos eingespielt, wie ich es haben will. Ich habe gute Mitarbeiter, auch in der Verwaltung; von dort wird vieles wahrscheinlich gar nicht an mich herangetragen, und das ist wohl gut so.

Ich habe gute Erfahrungen mit den Menschen. Auch in schwierigen Situationen muss man versuchen zu verstehen, um was es geht. Manchmal handeln die Menschen aus ihrem Temperament heraus, und die Sachen sind gar nicht als Beleidigung gegen mich gemeint, die tun mir nicht weh. Aber wenn ich erkenne, dass jemand etwas tut, um mich zu kränken, dann habe ich Grund zu reagieren.

Ich musste mich oft wehren. Nicht gegen Ungehörigkeiten, aber dagegen, instrumentalisiert oder vereinnahmt zu werden. Das begleitet mich mein Leben lang. Ich brauche oft Rat und bin dankbar, wenn ich ihn bekomme. Aber ich muss zugleich oft ungebetene, wenn auch gut gemeinte Ratschläge über mich ergehen lassen. Schon als Kind bekam ich nach Kriegsende zu hören: «Wir möchten alle eine Monarchie, aber nur wenn Du als König dann das tust, was wir vorschlagen!» So etwas gibt es in allen Spielarten, nicht nur in politischen: den Versuch, mich zu instrumentalisieren oder an ein Gängelband zu nehmen vor lauter Wohlwollen. Da habe ich sehr früh gelernt, mich zur Wehr zu setzen.

Ein Foto von Erwin Olaf

Der Direktor der Münchner Kunsthalle fragte 2021 an, ob es möglich wäre, für die Ausstellung des Fotografen Erwin Olaf ein Foto zu machen. Wir trafen uns mit ihm und führten ein sehr gutes Gespräch. Olaf kam dann mit einem Riesentrupp nach Nymphenburg.

Das Private wird politisch. Herzog Franz und Thomas Greinwald mit Dackel Beppi, Nymphenburg 2021, Foto Erwin Olaf

Ich ließ das meiste über mich ergehen, aber Thomas war mit vielen guten Ideen beteiligt und fragte Erwin Olaf, nachdem die Aufnahmen abgeschlossen waren, ob er am Schluss noch als Erinnerung ein Privatfoto von Thomas und mir machen könnte: Ich sitze in einem Sessel und Thomas steht in Tracht neben mir. Zwei Wochen später kamen wir zur Probehängung. Da meinte Olaf, die Fotos seien alle gut, aber besonders gut finde er das Foto von uns beiden und er möchte das auch in der Ausstellung haben. Selbst in unserer Zeit sende das Foto noch eine wichtige Botschaft.

Meine Genehmigung für die öffentliche Präsentation dieses Fotos von Thomas und mir habe ich mir genau überlegt und sie schließlich sehr bewusst gegeben. Es war der richtige Moment. Hier konnte ich mich in Verbindung mit dem Werk eines sehr guten Künstlers äußern. So war es möglich, unsere Beziehung auf hohem Niveau als Selbstverständlichkeit zu thematisieren. Man muss heute Position beziehen, und mir sind Toleranz und Verständnis nicht mehr genug. Sie würden bedeuten, dass man etwas, was doch nicht so ganz in

Ordnung ist, aus Freundschaft oder Großzügigkeit in Kauf nimmt. Heute kann man Selbstverständlichkeit fordern. Das sollte auf diesem Weg angestrebt werden. Mich hätte es aber gestört, wenn zu viel gesellschaftlich darüber geredet würde, denn es ging doch auch um die Ausstellung von Erwin Olaf. Natürlich ist das Ganze auch ein Zeichen, aber es sollte nicht überbetont werden. Ich bekomme viele positive Rückmeldungen aus der Öffentlichkeit, ganz international, aber auch aus meinem engeren Kreis. Im Moment würde es sowieso niemand wagen, etwas dagegen zu sagen.

Ich glaube auch heute noch, dass es bis zu diesem Zeitpunkt richtig war, den Leuten zu zeigen, dass man in Diskretion und in Würde so leben kann wie wir, ohne zu polarisieren. Ich wollte die Menschen im Land nicht in Pro- oder Kontra-Positionen treiben. Wenn man sich im Land umschaut, so gab es noch weite Bereiche, die sich mit solchen Partnerschaften einfach schwertaten. Ich fand, dass ich darauf Rücksicht nehmen musste, sehe aber, dass sich in den letzten zehn Jahren die Welt wirklich so verändert hat, dass man von allen fordern und erwarten kann, dass sie ihre Scheuklappen ablegen und die Liebe in ihrer Vielfalt akzeptieren. Daher glaube ich, jetzt ist die Zeit dafür reif. Nach jahrelangen Schwierigkeiten und Demütigungen für beide Seiten schließt sich damit ein Kreis: Es zeigt sich, dass man auch in einer Situation, die nicht adeligen Gepflogenheiten entspricht, mit einer Mischung aus Menschlichkeit und Klugheit einen solchen Weg gehen kann.

Zu Erwin Olaf möchte ich noch etwas ergänzen: Er fotografierte bisher sehr viele Menschen, aber seine Figuren erzählen eine Geschichte, die nicht ihre eigene ist – es war nie das Du und Ich eines Porträts. Doch dann beauftragte ihn die holländische Königin, ihre Familie zu fotografieren, und schenkte die Bilder ihrem Mann zum Geburtstag. Danach vergab der Staat an Olaf den Auftrag, das Staatsporträt der beiden zu fotografieren. Das war das erste Mal, dass er versuchte, eine Persönlichkeit darzustellen und nicht eine Idee im Bild mit Hilfe einer Figur. Das eine Foto, bei dem ich im weißen Salon zwischen den Porträts von König Ludwig I. und

Königin Therese stehe, war das Schwierigste. Olaf suchte den staatstragenden Blick, das wollte ich aber nicht. Die Unterschiede zeigt der Vergleich mit dem holländischen Staatsporträt. Mit mir sieht man einen Privatmann, der nicht König ist, der aber in der traditionellen Kleidung und mit der ganzen Geschichte im Hintergrund, wenn auch ohne den politischen Anspruch, in einem Raum mit den Porträts von König und Königin steht. Und der Dackel sitzt dabei – das bricht das Foto dann nochmal zusätzlich. Bei einem Staatsporträt wäre das nicht möglich; aber ohne den Dackel fände ich das Bild von mir etwas fragwürdig.

Von Mäusen, Fischen und Hunden

Natur ist für mich wie ein Zuhause und ein Teil meines Lebens. Früher war sie für mich noch selbstverständlicher – sie war da, und ich dachte nicht darüber nach, wie gefährdet und wie verletzlich sie ist. Heute muss man wirklich aktiv nachdenken und handeln, um sie zu schützen. Ich erlebte die Natur aber schon immer sehr intensiv. Wenn ich auf die Jagd ging, war ich oft tagelang ganz oben am Berg unterwegs von einer Hütte zur anderen, da sah man ständig, wie die Tiere leben, bei jedem Wetter. Das war ein untrennbarer Teil meines Lebens. Später hatte ich weniger Zeit dafür, und irgendwann machten auch die Füße nicht mehr alles so mit wie früher; ich war einfach nicht mehr so elastisch.

Ein reiner Spaziergang in den Bergen war für mich nie eine Alternative. Dazu war ich zu sehr zur Jagd erzogen: Ich gehe nicht irgendwohin gegen den Wind, denn ich weiß, wenn ich jetzt dorthin gehe und der Wind steht falsch, dann ist das ganze Revier leer. Ich kann auch nicht vorbeigehen, wenn ich eine interessante Pflanze am Wegrand sehe. Da muss ich stehenbleiben und schauen. Oder ich sehe eine Wildspur. Da kann ich nicht einfach weitergehen.

Zur Verantwortung für die Natur gehört die ganze Tierwelt. Man fragt und staunt: Warum sind woanders in München sechzehn Distelfinken an der Futterstelle und bei mir war noch nie einer – was ist da los? Was bedeutet es, dass bei mir im Garten eine bestimmte Insektenwelt lebt, die wieder gewisse Vogelarten anzieht, die es woanders nicht gibt? Es kommen viele solcher Fragen. Ich schaue, ob Igel da sind. Hier wohnte auch einmal ein Kauz, dann brach beim Sturm der Ast ab, der die Höhle schützte, seitdem gibt es bei mir keinen Kauz mehr. Wir hatten Siebenschläfer. Oder jetzt vier Arten von Wildbienen, für die ich Wohnkästen aufhänge, die dicht besiedelt sind. Das sind alles Dinge, die ich sehe und die mich interessieren.

Meine Haltung zu Nutztieren ist allerdings nicht konsequent genug. Massentierhaltung ist ein Albtraum, aber in meinem ganzen Leben habe ich ein gutes Stück Fleisch gern gegessen. Letztlich ist das eine gewisse Gedankenlosigkeit: Wenn ein gutes Hähnchen auf dem Tisch steht, esse ich das mit Vergnügen und denke nicht darüber nach, wo es herkommt. Allerdings esse ich nicht mehr so viel Fleisch wie früher. Das war für unsere alte Köchin eine große Umstellung. Als Thomas sie bat, ein Ratatouille zu machen mit verschiedenen Gemüsen und Knoblauch, stützte sie die Hände in die Hüften und sagte: «Was? Nur a Gmüs? Das ist doch kein Essen für zwei erwachsene Mannsbilder!» Sie war entsetzt. Aber wir haben sie dann langsam auf den neuen Kurs gebracht.

Ich hatte seit meiner Jugend immer Haustiere aller Art, auch Mäuse. Vor dreißig Jahren schenkte mir Thomas eine Maus, sie hieß Herkules. Wir bauten aus Legosteinen ein sehr schönes Schloss, einen Wohnturm mit einer Fahne, auf der stand: «Schloss Bummelwitz». Sie lebte frei auf meinem riesengroßen Schreibtisch, der einst Napoleon gehört hatte. Es gibt noch mit Tinte geschriebene Weihnachtskarten von mir, da sieht man neben der Unterschrift ganz zarte Pfotentapperl, weil die Maus drüber lief. Sie kam heraus, wenn man ein paar Mal mit dem Finger klopfte. Sie war sehr zahm, und einmal in der Woche wurde ihr Legoschloss in der Badewanne mit heißem Wasser durchgeschrubbt, weil es stark roch. Herkules liebte nur harten Käse. Als ich ihr einen weichen Camembert hinlegte, nahm sie ihn, verschwand im Schloss, kam nach zwei Minuten wieder und brachte den Käse zurück.

Wir saßen oft im alten Hotel Continental beim Essen, da führten drei große Türen in den Garten hinaus. Einmal kam eine Maus herein, lief an der Wand entlang und kontrollierte, ob irgendwo was zum Essen wäre. Alle Leute sahen das und betrachteten es wohlwollend, bis eine Dame zu kreischen begann, auf den Tisch sprang und zu ihrem Mann schrie: «Männe, tu doch was!» Und als der Oberkellner kam, schrie sie den an, und als der Kellner sagte, «regen Sie sich ab, das ist unsere Hausmaus», hatte das disziplinarische Folgen: Das Ehepaar verlangte, er müsse entlassen werden. Ich kannte den Besitzer des Hotel Continental und schrieb ihm einen Brief; der Oberkellner wurde nicht entlassen. Thomas erzählte ihm, dass auch bei uns eine Maus lebt. Darauf sagte Herr Kneitl: Früher gab es einen königlichen Marstall, jetzt gibt es einen königlichen Mausstall. Immer, wenn Thomas und ich ins Conti zum Essen gingen, gab es am Schluss ein kleines Packerl mit ausgewählten Hartkäsestücken für die königliche Hausmaus. Die Verbindung blieb, und als das Conti zumachte, kam Herr Kneitl zu mir als Butler.

Herkules starb auf dramatische Weise. Wir waren an Silvester in London und quartierten die Maus bei einer tierlieben Bekannten ein. Als wir zurückkamen, sahen wir schon, dass etwas nicht stimmte: Am Silvestertag war Herkules ernsthaft erkrankt. Tiernotarzt war keiner zu bekommen, und in ihrer Verzweiflung rief sie den regulären Notarzt. Am Silvesterabend irgendwann zwischen zehn und elf kam er, und als er sah, um was für einen Patienten es sich handelte, war er stocksauer. Er gab Herkules eine Spritze, die war größer als die ganze Maus, und das war sein Ende.

Ich hatte in meiner Wohnung in der Schackstraße auch wunderbare Fische in einem Seewasseraquarium. Es fasste 2000 Liter. Als ich einmal am Schreibtisch saß, hörte ich ein komisches Rauschen, drehte mich um und sah eine Bugwelle kommen: Das Aquarium war auseinandergegangen. Ich erwischte zwei Kübel, konnte noch genug Wasser auffangen, klaubte die Fische zusammen und setzte sie in die Kübel. Dazu gehörte ein großer gelber Kugelfisch, der erbost grunzte. Das Wasser lief durch zwei Stockwerke hinunter. Im Erdgeschoss wohnte Hubert Burda. Er saß an seinem Schreibtisch und schaute erstaunt zur Decke hinauf, als die so etwas wie einen Hängebauch bekam – da platzte der auch schon, und der ganze Dreck ergoss sich über ihn und seinen Schreibtisch. Es war grauenhaft: Es war Juli, es war heiß, und die Wohnungen waren zwei Monate nicht bewohnbar.

Es kam heraus, dass die Fabrik dem Aquariumbauer den falschen Kitt geliefert hatte; er war falsch verpackt: Der Kitt für Aquarien wurde mit dem Kitt für Dachrinnen verwechselt. In dieser Zeit brachen acht Aquarien auseinander. Gleichzeitig fielen an etlichen Häusern die Dachrinnen herunter, und dadurch konnte man die Ursache feststellen: Es war ein gewaltiger Schaden. Hier in Nymphenburg darf ich kein Aquarium aufstellen, weil sich unter meiner Wohnung museale Räume befinden, das wäre zu gefährlich. Dafür habe ich jetzt in meinem Garten ein festes Wasserbecken mit wunderschönen großen Koi-Karpfen, die sind völlig zahm.

Außerdem sind da natürlich Beppi, meine kleine schwarze Dackelhündin, und Bella, Thomas' Mischlingshündin aus Griechenland. Ich hatte lange keinen eigenen Hund, weil ich ohne Garten in der Stadt lebte. Bei meinen Eltern in Berg aber gab es immer Hunde, und ich kannte die auch alle gut, hatte jedoch selber keinen. Als die verstorbene Prinzessin Hella vor vielen Jahren ein Buch herausbrachte: «Die Wittelsbacher und ihre Hunde», sollte auch ich in diesem Buch erscheinen. Daher bin ich dort nun mit einem Leihhund zu sehen – Poldi, dem Labrador von Thomas. Der erste eigene Hund war dann schon ein Dackel, Wastl. Er war ein Preis beim Scheibenschießen, drei Monate alt, ein Winzling. Er kam schon zwei Tage vor der Preisverleihung zu mir her, blieb bei mir und ging nicht mehr weg. Es war unverstellbar, dass der Hund dann irgendwo anders hinmüsste. Ein Neffe von mir hat ihn gewonnen und ihn mir geschenkt. Seitdem lebe ich mit Hunden; Garten und Park sind ja für sie vorhanden.

XI.
Das Spektrum des Lebens von Älterwerden bis Zukunft

Älterwerden. Älterwerden ist nicht ganz einfach, hat aber auch Vorteile: Man regt sich nicht mehr so leicht auf, weil man die Erfahrung hat, dass sich sehr vieles von selbst regelt. Wenn die Weichenstellungen stimmen, braucht man sich nicht ununterbrochen selbst darum kümmern, dass alles so läuft, wie es laufen soll. Überdies wird einem Respekt entgegengebracht, auch wenn er oft nur mit den Jahresringen zusammenhängt. Prioritäten verschieben sich und man wird viel nachdenklicher. Man muss sich immer wieder klar machen, dass eigene Pläne für die Zukunft, auch bei Themen, die man fördern will, oft weniger zielführend sind und man auf eine richtige Weichenstellung vertrauen muss. Man sieht Fehler und Versäumnisse der Vergangenheit ebenso wie oft unverdiente Glücksfälle, aber allzu viel Nachgrübeln hilft da nichts. Die Dinge sind jetzt so, wie sie sind. Das Lebenselixier aber bleibt die Neugier.

Anerkennung. Anerkennung habe ich viel bekommen. Mit Blick auf meine Familie ist es Teil meiner Aufgabe, mir zu überlegen, wie sie in unserer Zeit und in unserem Land noch einen Sinn macht. Ich muss sie als Familienchef auch zusammenhalten. Wenn das über die Jahre einigermaßen gelungen ist, kann man das als Anerkennung verstehen. In meinem Interesse für Kultur und Kunst ist vieles gelungen. Oft werde ich gelobt für alles, was ich gesammelt und gefördert habe; Gott sei Dank untersucht kaum jemand, was ich nicht erkannt und nicht gesammelt habe. Aber in fast allen Dingen war ich kaum jemals allein unterwegs; es waren viele beteiligt, bis etwas gelungen ist. Die Anerkennung bekam ich dann dafür, dass ich auf der richtigen Seite mit angeschoben hatte.

Immer häufiger denke ich darüber nach, dass ich wohl viel zu wenig Anerkennung für andere ausgesprochen habe. Das wäre sicher noch oft ganz wichtig gewesen, aber ich verfüge nicht über sehr viel Talent im Aussprechen von Lob und habe da wohl viel versäumt.

Bayerns Perspektiven. Bayern sollte sich nicht nur seine Selbständigkeit, sondern auch eine gewisse Selbstsicherheit erhalten. Das heißt nicht Selbstüberschätzung! Aber man sollte die Dinge in Ruhe auf sich zukommen lassen, sie durchdenken und prüfen, was man davon akzeptieren oder erhalten will und was nicht. Traditionsbewusstsein im richtigen Sinn ist dabei ganz wichtig und schafft die Basis, auf der man dann völlig frei, offen und neugierig sein kann für alles, was sich auf der Welt entwickelt. Bayern hatte immer die Kraft, Neuerungen aufzunehmen. Es gab Ängste, es gab Widerstände, und es gab eine Überbetonung der Tradition. Aber im Ganzen war immer die Aufgeschlossenheit gegenüber der wissenschaftlichen Forschung und der kulturellen Entwicklung da. Das hat uns groß gemacht. Im 19. Jahrhundert entwickelte sich in Bayern schon eine bemerkenswerte Industrie. Nach dem Krieg hatte die Regierung die Weisheit, Forschung und Wissenschaft massiv zu unterstützen. So entstand das starke und reiche Bayern, das wir heute erleben. Ich bin sicher, diese Aufgeschlossenheit bleibt auch weiterhin erhalten, aber man muss sich ständig darum bemühen.

Diskretion. Die Diskretion verlangt, dass man niemandem Theater vorspielt, aber auch niemandem Dinge aufdrängt, die der andere gar nicht wissen will. Dass man jedem die Freiheit lässt, Information zu bekommen, wenn er sie haben will, aber nicht ständig sich selbst oder irgendwelche Wahrheiten auf der Zunge trägt und allen Leuten vorträgt, was sie gar nicht hören wollen. Das ist die eine Seite. Diskretion ist aber auch eine Haltung, die mit Respekt zu tun hat. Berufliche Diskretion ist, wie ich meine, etwas ganz anderes als menschliche Diskretion: Jeder Bankier, jeder Rechtsanwalt, jeder

Arzt hat Diskretionsverpflichtungen. Diese sind eingrenzbar und beschreibbar, Teil eines Berufsethos, sogar eines Berufsgebots. Ich kenne viele Formen von Diskretion. So gibt es eine Diskretion, mit der ich meinen eigenen Freiraum schütze. Oft bekam ich aber auch Informationen – ob über andere Personen oder über Situationen oder Gefahren –, und ich wusste, es sollte niemand auf die Idee kommen, dass ich etwas davon weiß. Diskretion ist eben auch geboten als Bereitschaft, anderen Menschen ihren Freiraum zu erhalten, ihre Schwächen zu respektieren, sie nicht zu bedrängen und ihnen ihre eigene Würde zu belassen.

Ehre. Die Ehre erfordert ein Verhalten, durch das man nicht den Respekt vor sich selbst verliert. Zur Ehre gereichen Sachverhalte, auch Taten, von denen kein anderer Mensch etwas weiß, die man sich selbst jedoch schuldig war. Es kann aber auch sein, dass man etwas für die anderen geleistet oder bewegt hat, was dann anerkannt wird; dafür kann man dann Anerkennung akzeptieren, ohne eitel zu sein. Die Ehre anderer zu verteidigen, hat nicht zuletzt mit Respekt und Fairness zu tun: Man täte es nicht, wenn man den anderen nicht respektieren würde oder wenn man nicht das Recht eines anderen respektieren würde, seine Ehre zu behalten. Diese Ehre darf nicht beschädigt werden, und man sollte immer anderen Ehre zuteilwerden lassen, wenn sie es verdienen.

Ehrgeiz. Ich habe den Ehrgeiz, meine Familie da zu positionieren, wo ich denke, dass sie hingehört; das ist eine Überlebensfrage. Auch entwickle ich Ehrgeiz dafür, dass hier in Bayern das Niveau erhalten bleibt, das Bayern gut ansteht. Das ist ein Ehrgeiz, den eigentlich jeder haben sollte. Mein Ehrgeiz ist vielleicht durch den Einfluss unserer Familiengeschichte etwas größer ausgefallen. Man möchte eben ein Bayern haben, auf das man stolz sein kann.

Einsamkeit. Einsamkeit kenne ich eigentlich nicht. Vielleicht sind Menschen einsam, wenn sie wenig oder keine Hoffnung haben, wieder in Kontakt mit anderen Menschen zu kommen. Wenn ich einmal allein bin, stört mich das gar nicht. Ich fühle mich immer mit so vielen Menschen verbunden – durch eine gleiche Meinung, gleiche Wünsche und gleiche Zielsetzungen. Es passierte mir allerdings auch öfter, dass ich mich für Positionen entschieden hatte, die zunächst niemand teilte, bei deren Umsetzung niemand mitmachte oder gar alle dagegen waren. Da stand ich allein, aber das sitze ich dann aus. Am Ende war ich meist am längeren Hebel, und letztlich hat vieles ein gutes Ende gefunden. Freilich musste ich nicht selten auch einsehen, dass ich falsch liege; aber ich hatte eigentlich immer die Geduld abzuwarten, wie sich etwas entwickelte.

Eitelkeit. Es gibt viele Spielarten von Eitelkeit. Mir wäre es beispielsweise schrecklich peinlich, wenn ich bei Kunstwerken eine erste Auswahl hätte und nicht das beste ausgewählt hätte – sei es durch ungenaues Hinschauen oder weil ich etwas nicht erkannt habe. Ich glaube, wir alle sind uns nicht im Klaren darüber, wie viele unserer Handlungsweisen von Eitelkeit mit bestimmt werden.

Mit Vergnügen beobachte ich an mir neue Eitelkeiten, die das Alter mit sich bringt: An erster Stelle die Weigerung, einen Spazierstock zu gebrauchen.

Familienchef. Als Familienchef anzutreten ist ein Entschluss, den jeder, der so eine Aufgabe übernehmen soll, zunächst einmal für sich durchdenken muss. Mache ich es oder mache ich es nicht? Und wenn man diese Position dann übernimmt, fasst man solch einen Entschluss mit allen Konsequenzen. Allerdings war ich, als mein Vater starb, in dem Alter, in dem alle meine Altersgenossen in den Ruhestand gingen: Ich war 63 Jahre. Aber ich trat an. Es ist dann wie in jedem Beruf: Man schaut, was man machen will und was eigentlich das Richtige wäre. Jedem, der ein Unternehmen führt, geht es genauso wie mir. Ich habe mir die Leute angesehen, mit denen ich es zu tun hatte: Was kann ich von dem erwarten, was muss ich bei dem berücksichtigen, wie bringe ich die zusammen, damit ich weiterbauen kann? Das gehört dazu. Es ging auch darum, in der Familie den Frieden zu erhalten und eine Familienpolitik mit Augenmaß zu betreiben. Ich musste immer wieder abwägen und auf eine gewisse Gerechtigkeit achten. Das Wichtigste aber ist, Wert und Ansehen der Familie im ganzen Land über alle Entwicklungen hinweg zu erhalten. Und ein wenig Spaß und Humor gehören dann auch dazu.

Freiheit. Freiheit ist die Möglichkeit zu einem nicht eingeschränkten Denken und Handeln. Man muss aber akzeptieren, dass die eigene Freiheit dort aufhört, wo das Recht des Nächsten anfängt. Es gibt keine Überlappung, durch die meine Freiheit die Freiheit eines anderen beschränken dürfte. Da muss ich mich zurücknehmen. Alles andere ergibt sich daraus: in Fragen der Politik, in Fragen unseres Rechtscodex, unserer Phantasie, unseres Geschmacks. Wir haben auch eine Verpflichtung, uns selbst nicht zu beschädigen durch ein unbedachtes Maß der Ausübung von Freiheit. Diese Grenze, dass Freiheit nicht in Zügellosigkeit ausartet, muss man sich selbst setzen. Um das zu erkennen, helfen viele moralische Traditionen als Erfahrungsschatz, ohne den wir sehr viel mehr Dummheiten machen würden. Dabei bin ich vielleicht auch selbst an vielem vorbeigelaufen, weil ich in meiner Freiheit einfach irgendwo hingerannt bin, ohne rechts und links zu schauen: auf die Erkenntnisse, auf die Gescheitheit anderer, auf große Gedanken und große Kunst. Nicht nur das Vermeiden des Missbrauchs von Freiheiten, sondern vielmehr noch das Durchdenken von dem, was man in aller Freiheit tun könnte und dann umsetzt, bewundere und achte ich hoch.

Freundschaft. Es gibt viele Arten von Freundschaft – nicht zuletzt die zwischenmenschliche Freundschaft in all ihren Spielarten und Abstufungen. Es gibt aber auch etwas wie eine Freundschaft mit Gestalten der Vergangenheit, mit denen uns irgendetwas Besonderes verbindet. Darüber hinaus empfinde ich eine andere Art von Freundschaft für viele, die ich kaum oder gar nicht persönlich kenne, die ich aber zu verstehen meine oder mit denen ich mich auf einer gemeinsamen Wellenlänge weiß oder empfinde. Schließlich gibt es Persönlichkeiten, die mich faszinieren, weil sie in irgendetwas außerordentlich sind oder außerordentlich gut sind, und bei denen man oft gar nicht fragt, was für einen Charakter der oder die Betreffende hat oder wie jemand als Mensch ist. Das kann ein Staatsmann, ein

Künstler sein, ein Philosoph oder Wissenschaftler, das kann auch ein Sportler sein, den man für seine Exzellenz bewundert; an diese Menschen legt man dann nicht den zwischenmenschlichen Maßstab an. So etwas stelle ich bei mir gelegentlich fest. Da gibt es Leute, die mir auf diese Weise nahestehen, auch wenn ich weiß, dass sie menschlich fragwürdig sind. Ich kann nur ein Beispiel nennen: So wäre es mir wohl mit Picasso gegangen, der privat mehr als nur schwierig war, aber in jeder Hinsicht der größte Künstler seiner Zeit. Was er uns allen mit seiner Lebensleistung gegeben hat, ist ein enormes Geschenk; das kann ich anerkennen und annehmen. Freundschaft gibt es also in ganz verschiedenen Schattierungen und Bereichen. Jenseits dieser Ausnahmen sollten aber gewisse Grundwerte bei einem Freund übereinstimmen. Sonst wird es sehr schwer: Wenn man sich in zentralen Bereichen nicht aufeinander verlassen oder man jemand nicht «lesen» kann, wird es schwer, eine Freundschaft zu leben. Religiöse Ansichten können zum Beispiel sehr verschieden sein, aber die Achtung bleibt dennoch bestehen, und so kommt es, dass mir ein guter Moslem lieber ist als ein schlechter Christ.

Ich pflege viele meiner Freundschaften eigentlich nicht sehr aktiv, dennoch habe ich dadurch kaum eine verloren. Leute, mit denen ich mich gut verstanden habe, treffe ich nach 15 Jahren wieder – und es ist oft, als wenn wir erst gestern miteinander gesprochen hätten. Nur wenige meiner Jugendfreunde standen ständig mit mir in nahem Kontakt, weil unsere Leben unterschiedlich verlaufen sind. Ich erinnere mich an viele Jugendfreunde, bei denen ich keine Ahnung habe, ob wir noch eine gemeinsame Sprache sprechen würden, wenn wir uns heute wieder begegneten. Aber das kennt jeder Erwachsene, der einen Schulfreund wieder trifft, den er 30 Jahre nicht gesehen hat und dann eigentlich nicht mehr weiß, was er mit ihm reden soll. Mit anderen wiederum geht es sofort auf gleicher Wellenlänge weiter wie vor Jahrzehnten. So viele Leute, mit denen ich irgendwann einmal engen Kontakt hatte, sind in andere Weltteile gezogen, wir bewegten uns auseinander. Die Verbindung ist geblieben, aber man sieht sich nicht mehr oft. Ich habe jedoch noch sehr viele sehr gute Freunde zum Beispiel aus dem International Council in New York. Wenn da jemand anruft, freue ich mich wahnsinnig, obwohl ich ihn oder sie zwanzig Jahre nicht mehr gesehen habe, und ich hoffe, den Anrufenden geht es genauso.

Generationenübergabe. Ich kann mich nur bemühen, dass ich meinen Nachfolgern so viele Chancen erhalte wie nur irgend möglich. Ich würde mich schuldig fühlen, wenn ich Chancen unnötig verspielen oder vergeben würde, die ihnen dann nicht mehr offenstehen. Was sie daraus machen, ist ihre eigene Sache, ist dann ihr Leben. Die jüngeren Generationen in unserem Land haben nicht die geringste Erinnerung mehr an eine Zeit, in der unsere Familie noch eine Rolle gespielt hat. Vielleicht gibt es noch die Kenntnis über einzelne Persönlichkeiten. Aber auch das wird weiter verblassen, und natürlich werden dann immer mehr Fragen gestellt. Folglich müssen wir immer wieder darüber nachdenken, wie wir präsent bleiben, denn sonst können wir im Land nicht mehr mithelfen. Das ist eine Aufgabe – das ist meine Aufgabe, und schließlich ist man ja dafür da, dass man seine Aufgaben angeht.

Glaube. Das ist für mich die Akzeptanz eines Gottesbildes, auch da, wo es wissenschaftlich nicht mehr beweisbar oder verortbar ist. Das ist für mich die Akzeptanz, dass wir Menschen nicht aufgrund einer zufälligen Unregelmäßigkeit in der Evolution oder etwas Ähnlichem existieren, sondern aus dem Willen eines erschaffenden Gottes. Das gibt am Ende der gesamten Moral ihren Sinn. In menschlichem Denken und mit Sprache ist das nicht mehr auszudrücken, weil es in jeder Weise weit über unsere grauen Zellen hinausgeht. Wenn man das akzeptiert, muss man sich immer darüber im Klaren sein, dass wir nur in Bildern reden können und diesem Gottesbild ständig unsere menschlichen Maße überstülpen, weil wir es gar nicht anders denken können. Aber wir dürfen nie vergessen, dass es nur Bilder sind. Darin liegt für mich der Begriff des Glaubens. Ein Beispiel, das ich oft höre, ist das vom Richterstuhl, vor den wir treten müssen. Wie soll man sich einen allwissenden allmächtigen Gott vorstellen, der da sitzt und sagt: «Du mein Geschöpf bist mir gut gelungen, Dich behalte ich. Du bist mir missraten, Dich schmeiße ich weg» – seine eigene Schöpfung? Das geht doch nicht. Das ist ein ganz und gar menschliches und am Ende für mich grundfalsches, inakzeptables Bild. Ich glaube, wenn wir die Liebenswürdigkeit Gottes erkennen, ist unser Bedauern über das, was wir in unserem Leben versäumt und verfehlt und falsch gemacht haben, so arg, dass es keine Strafe braucht. Das ist ein kleines Beispiel dafür, wie man mit dem Glauben umgehen kann. So ist das jedenfalls für mich.

Grenzen. Manche Grenzen sind uns gesetzt durch Schicksal oder auch in unserer Begabung. Man soll sich nicht einbilden, dass man alles kann; denn damit würde man den Bogen überspannen und absurd werden. Man ist wohl öfter in einer solchen Gefahr, als man denkt, aber mit dem Älterwerden wird auch diese Erkenntnis leichter. Andere Grenzen sind jene, die uns durch die Achtung und den Respekt für unsere Mitmenschen gesetzt sind. Auch wenn sie anders sind oder anders denken. Schwierig einzuhalten sind oft Grenzen zwischen Mitleid und Notwendigkeit. Wir alle erinnern uns an die Flüchtlingskrise 2015. Die Bundeskanzlerin Angela Merkel sprach den Satz «Wir schaffen das», und ich stimmte ihr spontan zu. Ich bin irgendwie sogar ein wenig stolz auf diese menschliche Einstellung unserer früheren Bundeskanzlerin, aber vielleicht hätte man ergänzen müssen: «Aber wir müssen Ordnung einhalten.» Wenn man da Grenzen außer Acht lässt, kann Schaden entstehen. Ratlos bin ich in vielen Fällen, wenn die Wissenschaft und technische Erfindungen Möglichkeiten schaffen, denen in der Anwendung wohl Grenzen gesetzt werden müssen. Aber darf man der wissenschaftlichen Forschung Grenzen setzen? Überschreitet man beim Klonen eines Schafs Grenzen, weil das dann auch am Menschen versucht werden kann – der Eingriff in menschliche Gene? Mit gutem Grund wurde die wertvolle Instanz des Ethikrats eingerichtet.

Humor. Für Humor braucht man einen gewissen Abstand von sich selbst, Offenheit für das Absurde und für das Überraschende. Sinn für Komik hat jeder mehr oder weniger. Aber das kann erst zu

Humor werden, wenn man in der Lage ist, sich etwas von sich selbst zu distanzieren. Es geht doch immer auch darum, dass man selbst betroffen ist und über sich selbst lachen kann. Schadenfreude allein ist noch kein Humor. Humor setzt aber auch voraus, dass man die Komik schnell erkennt. Ohne Humor werden wir jedenfalls bald Gegenstand des Humors der anderen.

Konflikte. Möglichkeiten zu Konflikten bieten sich ständig. Zur Konfliktbewältigung gibt es ebenso ein breites Repertoire von Möglichkeiten. Wenn man in einen Konflikt kommt, muss man ihn zuerst einmal durchdenken und dann schauen, wie man ihn am besten lösen kann, ob man sich ihm stellt oder ob man ihn einfach aussitzt. Diese Lösung hat sich schon oft bewährt. Aber Konfliktsituationen bergen häufig mehr Gefahren, als zunächst sichtbar wird. Ich weiß sehr wohl, warum das Aussitzen am Ende besser ist als Scherben, die nicht mehr zu kitten sind. Ich bemühe mich immer darum, möglichst weit vorauszudenken, um Konflikte, die kommen könnten, rechtzeitig so in den Griff zu bekommen, dass sie gar nicht zum Konflikt werden. Wenn mir das gelungen ist, dann war das sicher immer der beste Weg.

Kreativität. Kreativ sein bedingt wohl zunächst die Bereitschaft, eine gestellte Frage zu beantworten oder etwas Gewolltes oder Geplantes zu gestalten. Dabei wird in hohem Maße die Phantasie miteinbezogen und eine gewisse Gestaltungskraft, auch im Denken. Es ist wichtig, das Vorhandene einigermaßen zu beherrschen und dann frei und neugierig genug zu sein, genug Phantasie zu haben, um über das Bekannte und Mögliche hinaus zu gehen. Kreativität bedeutet auch, Dinge zu tun oder zu schaffen, die es noch nie gegeben hat oder auf eine Art, die niemand schon vorgedacht hätte. Ich sagte einmal einem Künstler: «Für Sie muss doch das wunderbar sein, Sie beherrschen alle Möglichkeiten und können allem Form geben, was Sie sich denken.» Er antwortete darauf: «Nein, es ist andersherum. Ich stehe jeden Morgen vor einer leeren Leinwand. Und habe keine Ahnung, was daraus wird oder ganz selten einen präzisen Plan davon, was ich machen will.» Solche Bemerkungen gaben mir einen

Begriff davon, wie sehr gerade ein Künstler Grenzen überschreiten muss, um wirklich etwas Neues zustande zu bringen: Mit jedem Schritt begleitet ihn die Möglichkeit des Scheiterns. Er nimmt sie auch in Kauf. Kreativität heißt aber nicht nur, dass jeder Kreative etwas für die ganze Menschheit Neues machen muss. Sehr viele Leute sind kreativ, wenn sie sich ihre eigene Welt bauen müssen, obwohl sie genau das tun, was alle anderen auch machen. Ich selbst habe eine Zeitlang gerne Comics gezeichnet: Das war einfach eine kleine Ausdrucksmöglichkeit. Ich bin Donald-Duck-geprägt und inzwischen das älteste Mitglied im Micky-Maus-Klub. Sonst war ich nicht sehr kreativ.

Krisen. Ich empfand ganz selten etwas als Krise. Es waren ständig Fragezeichen da: Was ist falsch, was ist richtig, wie gehe ich mit irgendeiner Situation um, wie bringe ich es dazu, dass am Ende das geschieht, was ich möchte, agiere ich direkt oder indirekt, oder wie löse ich einen Konflikt? Aber es war sehr selten, dass ich etwas wirklich als Krise empfand. Es gibt Krisen in der Außenwelt: Corona ist zum Beispiel eine Krise für alle. Auch die Kirche steckt in einer tiefen Krise; ich meine zwar, sie ist auf dem besten Weg heraus, aber noch ist sie drin. Andere Bereiche werden noch tief in Krisen hineingeraten, wie ich meine. Aber ich selbst? Vielleicht gesundheitlich das eine oder andere Mal, aber da hatte ich mehr das Gefühl: «Jetzt bin ich gespannt, wie das nun ausgeht.» Angst vor Krisen kenne ich eigentlich nicht. In mancher Hinsicht hilft mir da auch mein Gottvertrauen, das gibt Stabilität. Ich nehme vieles, wie es eben ist, weil zu viel Aufregung gar nichts bringt, wenn man nicht selber zur Lösung beitragen kann. Es gibt immer Sorgen, aber die müssen einen nicht beängstigen; das wäre falsch. Die Konsequenz aus Sorgen muss sein, dass es eine verstärkte Anstrengung braucht, um aus einer Situation wieder unbeschadet herauszukommen. Gegen Krisen und Sorgen hilft eine gesunde Mischung von Vorsicht und Leichtsinn.

Schwierig ist es, wenn man von anderen, die in Krisen stecken, um Rat und Hilfe gebeten wird bei Problemen, die eigentlich in der

Eigenart der anderen liegen und deswegen von außen gar nicht zu lösen sind. Solche Hilfsanfragen erhalte ich immer wieder. Da sind Leute, die sich plötzlich über Kleinigkeiten zerkriegen. Dahinter steckt am Ende oft sehr viel mehr: Das ist so langsam herangewachsen, und schließlich hat ein kleiner Funke genügt. Die Situation ist aber durch die Bauart der Persönlichkeiten bedingt. Dann ist es sehr schwer, beide Konfliktparteien zur Geduld miteinander zu mahnen. Sehr oft sind das Krisen, bei denen man auch selbst unter Druck gerät. Dazu kommt es, wenn meine Interessen oder die Interessen der Familie durch ein Zerwürfnis zwischen zwei oder drei Außenstehenden schwer gefährdet werden. Am Ende war bei allem fast immer Standfestigkeit, aber auch Zähigkeit gefragt.

Leistung. Leistung ist eine schwierige Sache. Es gibt sehr viele Leute, die sich ihr ganzes Leben elend angestrengt haben und durch Pech oder auch durch ihr eigenes Unvermögen nie das bewirkt haben, was sie bewirken wollten, oder nicht erreicht haben, was sie erreichen wollten. Es ist dann sehr schwer für mich zu sagen, worin nun ihre Leistung besteht. Andere haben sich angestrengt, etwas zu Wege gebracht und eine tolle Leistung vorzuweisen. Am Ende ist die Bereitschaft, sich einzusetzen und zu bemühen, sich anzustrengen, an und für sich wertvoll; daher bin ich der Auffassung, dass es eine Leistung gibt, die nicht abhängig ist vom Erfolg. Erfolgsbilanzen sind oft völlig unzulänglich. Ich will ein Beispiel nennen: Die Leute, die sich in den 1960er, 1970er Jahren in Deutschland mit der jungen Kunst beschäftigten, wurden alle nicht anerkannt, sondern abgelehnt, fielen von einem Skandal in den anderen. Ich hatte das Glück, zu denen zu gehören, die Bilder erwerben konnten, auch wenn alle anderen den Kopf schüttelten, und erhielt am Ende dafür Anerkennung. Wir waren keine sehr große Gruppe, aber da gab es auch viele, die keinen Knopf Geld hatten und die es sich ihr Leben lang nie leisten konnten, auch nur eine Zeichnung von Baselitz oder von jemand anderem zu erwerben. Und die haben mindestens die gleiche Wichtigkeit für die ganze Entwicklung wie die, die das Glück und das Geld hatten, solche Bilder zu kaufen. Ob in der Kunst, der

Wissenschaft oder auf anderen Gebieten – es ist am Ende stets das Gleiche: Es gibt die, die sich einsetzen, und von ihnen bleibt etwas Sichtbares oder Messbares übrig, und es gibt die, die das mittragen und mitentwickeln, aber aus irgendwelchen Gründen keinen eigenen Ertrag vorweisen können. Ich hatte beim Erleben von Kunst und beim Sammeln – aber das sind auch noch zwei verschiedene Dinge – Glück bei dem, was gelungen ist; aber niemand weiß, was ich versäumt habe. Wäre das bekannt, würde das meine Leistung gewaltig relativieren. Es gibt für mich Dinge, die ich ehrlich versucht habe und die nicht gelungen sind. Aber ich bin froh, dass ich es versucht habe. Und es gibt anderes, was gelungen ist, manches sogar, ohne dass ich viel getan habe und was mir in den Schoß gefallen ist. Und dann gibt es Dinge, die durch die Mitwirkung anderer viel besser gelungen sind, als ich es für mich geplant hatte. Das alles gehört zusammen. Trotz einer gewissen Ehrerbietung der anderen für mein hohes Alter bleibt mein Blick auf die eigene Leistung und Qualität sehr nüchtern, ja, er wird eher noch klarer. Wie sehr man sich angestrengt hat zu erfüllen, was man sich selber schuldig ist, das gehört in den Leistungskodex hinein. Ich bin zwar in eine gewisse Position hineingeboren worden, aber es lag an mir, etwas daraus zu machen. Vielleicht bin ich ja auch steckengeblieben, aber Gott sei Dank weiß es keiner.

Maßstäbe. Man sagt ja immer «Adel verpflichtet!» Zu was denn? Dazu, sich selbst Maßstäbe zu setzen! Zu sagen, die «richtigen» Maßstäbe, wäre schon ein bisschen gewagt, aber man sollte es anstreben, solche Maßstäbe zu entwickeln und anzulegen. Man legt im Leben eigentlich dauernd Maßstäbe an: Beim eigenen Einsatz genauso wie im eigenen Ausweichen. Hier die jeweils richtigen Größenordnungen zu finden bleibt eine ständige Aufgabe.

Position. Position ist das Bestimmen der eigenen Stellung und Einstellung zu den Mitmenschen, den Mitbürgern. Die Beziehungen beider Seiten zueinander können dabei ziemlich unterschiedlich sein. Viele Leute begegnen mir mit Vorbehalten oder auch mit Angst und Lampenfieber, und man entwickelt eine gewisse Routine, sie zu entspannen. Früher machte ich bei diesen Menschen Fehler, wurde zu burschikos und am Ende lächerlich. Aber wenn ich offen auf Menschen zugehe, versuche herauszufinden, was sie wirklich von mir erwarten, und wenn ich das ernst nehme, löst sich die Anspannung fast immer auf. Auch etwas Humor, aber nicht zu viel, hilft meistens. Meine Position gibt mir dabei einen Freiraum, der es mir letztendlich erlaubt, den Besuchern auf gleicher Augenhöhe zu begegnen.

Ein anderer, noch wichtigerer Aspekt von Positionen ist der Gedanke des Amtes. Diesbezüglich hat sich das Denken in den letzten Jahrzehnten radikal gewandelt. Man begegnet dem Amtsinhaber immer freier, auch kritischer und fordernder. Dieser soll natürlich das ihm anvertraute Amt gewissenhaft ausfüllen, und er darf es nicht durch Unbedachtheit oder zu viele Fehler und persönliche Schwächen beschädigen. Aber man muss dem Amt an sich auch einen berechtigten Respekt bewahren. Eine gewisse Hierarchie gehört zur Ordnung und vor allem auch zur Sicherheit jeden Gemeinwesens. Die Aufgabe, das ganze Wesen des Amtsbegriffs, wird heute leicht einmal durch die kritische Beurteilung des Amtsinhabers überdeckt.

Selbstwertgefühl. Selbstwertgefühl ist fast identisch mit dem Selbstbewusstsein. Man muss es aus sich selbst heraus schöpfen und dabei auch eigene Fehler und Schwächen akzeptieren. Es hat wenig oder nichts mit dem Gegenüber zu tun. Bei Angriffen braucht es Widerstandskraft. Aber wenn man sich nichts vorzuwerfen hat, ist es nicht so schwer, Angriffe auszuhalten. Diese innere Sicherheit, die nichts mit Überheblichkeit zu tun hat, wird vielleicht auch mit Erfahrung und Alter fester. Einerseits weiß man um die eigene, auch die gesellschaftliche Position und dass es nicht so leicht ist, diese auszuheben; man kennt aber auch die eigenen Fehler und weiß, was man alles versäumt hat zu leisten. Wenn man sich selbst gegenüber ehrlich ist, kann man die eigene Position gut verteidigen und kann auch die eigene Würde behaupten, wie sie ja auch dem Gegenüber zusteht.

Spielregeln in der Demokratie. In der modernen Demokratie kommt dem Umgang miteinander eine wohl noch stärkere Bedeutung zu als in vorangegangenen Staatsformen. Die Abläufe und Kompetenzen sind genau geregelt. Darüber hinaus müssen aber auch Grundregeln des Miteinanders eingehalten werden, die man kaum schriftlich erfassen kann. Das Gebot der Fairness, die Achtung vor der Meinung des anderen, das Akzeptieren von Mehrheiten und das Respektieren von Minderheiten, den politischen Gegner nicht als Feind zu sehen und vieles andere. Nur so kann man sich gegenseitig zuhören und Themen in Ruhe durchsprechen. Gingen die Spielregeln verloren, könnte sich auch eine Demokratie in ein Schlachtfeld verwandeln, und es stünde um die politische Entwicklung nicht gut.

Stress. Es löst bei mir Stress aus, wenn zu viel zu schnell und plötzlich gleich geschehen oder entschieden werden soll. Es ist Stress für mich, wenn die Leute sagen: Du musst sofort etwas machen oder sofort etwas entscheiden, von dem ich weiß, das darf man nicht ad hoc und ohne nachzudenken entscheiden. Ich habe daher gelernt, dass ich mich nicht in etwas hetzen lasse, das nicht vernünftig und durchdacht wäre. Ich rette mich dann in eine gewisse Bockigkeit. Manchmal frage ich um Rat oder lasse mir die Sache noch einmal erklären, um zu durchschauen, was wirklich vor sich geht. Stress kann für mich auch entstehen, wenn ich von etwas wirklich überzeugt bin und merke, dass alle anderen es nicht einsehen wollen, wenn ich gegen eine Gummiwand kämpfe.

Die Idee, öffentlich sprechen zu müssen, eine Rede zu halten, sei es auch nur eine kurze, setzt mich sehr unter Stress. Das ist eine Schwäche von mir und steckt schon in den Genen: Außer meinem Vetter Konstantin war in der Familie niemand ein guter Redner. Mein Großvater hielt hier vom Balkon herunter anlässlich seiner Geburtstage Dankesreden, aber die waren mehr gebellt als geredet. Mein Vater redete nie öffentlich. Ich selbst litt darunter, wenn ich reden musste und war auch nicht gut. Ich fühle mich jedenfalls erbärmlich dabei, auch wenn mir versichert wird, es sei sehr charmant und witzig gewesen. Natürlich weiß ich, wann ich eigentlich aufstehen und öffentlich etwas sagen sollte, aber wenn ich es vermeiden kann, vermeide ich es. Sichtbar zu sein macht mir hingegen nichts aus. Das ist vielleicht auch Gewohnheitssache und kein Stress.

Toleranz. Zunächst einmal geht es darum, Verständnis für Menschen in anderen Lebenssituationen zu entwickeln – und dann die Entscheidung zu treffen, wieviel davon man zulassen, akzeptieren und mittragen kann und wo die Grenze verläuft, ab der man etwas nicht mehr mittragen kann. Das ist dann der Raum der Toleranz. Ich bin aber gegen eine inflationäre Beanspruchung von Toleranz; beschreibt doch schon der Begriff (*tolerare*, also ertragen, erdulden, aushalten) im Grunde immer, dass es um etwas geht, was nicht wirklich ganz in Ordnung ist, und man es trotzdem noch aus Caritas akzeptiert, erträgt. Toleranz deckt damit grundsätzlich eine Gegebenheit ab, mit der man nicht ganz einverstanden ist. Die Grenzen der Toleranz sind in jedem Fall ganz verschieden. So ist es zum Beispiel Glückssache, wie Künstler als Privatleute sind. Trotzdem muss man akzeptieren, dass sie uns enorm viel geben. Es gibt Musiker, mit denen man eigentlich privat lieber nichts zu tun gehabt hätte, obwohl ihre Musik für uns unendlich viel bedeutet. Ist nicht auch das ein Fall von Toleranz? Sonst ist Toleranz einfach das Verständnis dafür, dass andere Leute anders sind als man selbst und manchmal auch einen anderen Moralkodex haben. Man darf sich nicht zum Richter aufschwingen, aber man muss doch für sich selbst die Grenzen abstecken. Da kann es auch einen Toleranzbereich geben, den man gern zugesteht. Diese Grenzen lotet man mit eigenen Werten aus. Die Jungen sind manchmal sehr streng bei solchen Themen, weil sie nicht ahnen, dass sie selbst sehr bald auch in eine solche Situation kommen können, und dann schaut die Welt anders aus. Am Ende kann man seine Mitmenschen nur gernhaben, wenn man bereit ist, die Toleranzgrenzen relativ weit zu stecken.

Träume. Der Raum für Träume ist unendlich groß. Meine Träume haben sich immer wieder geändert. Die Verwirklichung großer Träume konnte ich mir ohnehin nicht leisten. Ich habe relativ früh in Griechenland auf einer einsamen Insel ein kleines Haus gebaut, das ich auch selbst gestalten konnte, bei dem nichts vorgegeben war. Das war der Traum von einer gewissen Möglichkeit der Freiheit und der Traum vom Leben auf einer einsamen Insel. Aber zumeist waren meine Aufgaben vorbestimmt. Und die einzige Entscheidung war: Akzeptiere ich sie oder sage ich Nein und mache etwas ganz anderes? Aber wenn man etwas akzeptiert hatte, waren die Grundaufgaben definiert. Träume habe ich mir da nicht viele geleistet. Darüber hinaus fällt mir eigentlich nur die Kunst ein: Der Traum von einem Musée imaginaire mit großartiger Kunst für Bayern ist ein für mich typischer Traum – ein Traum, so wie andere von Autos träumen, die sie gerne hätten. Reisen habe ich mir einfach herausgenommen. Da träumte ich nicht vorher, sondern schaute, wie ich hinkomme und wo ich hinkommen will, und fuhr los. Einzelne Traumziele gibt es aber schon: So war zum Beispiel Ravenna immer ein Traumziel, das ich aus irgendwelchen Gründen nie erreicht hatte; diese Reise ist jetzt endlich auch gelungen. Indien wäre auch noch so ein Traum. Aber meine Ärzte haben mir gesagt, für die Zukunft seien nur noch solche Reiseziele erlaubt, von denen ich innerhalb von drei Stunden mit dem Flugzeug wieder in der Heimat sein kann, um die nötige ärztliche Versorgung zu bekommen. Die Gartenschere zu den Träumen!

Tratsch. Was ich nie mochte, was mich auch nie erreichte, war Tratsch. Das habe ich immer abgewürgt, und das ist dann auch fast nie mehr an mich herangekommen. Daher weiß ich über viele Dinge nichts, weil man sie mir ja gar nicht erst brühwarm erzählt, und das ist mir sehr recht so. Trotzdem bekomme ich viele Informationen, die ich auch brauche, um nicht zu oft aus Unwissenheit andere zu verletzen oder zu beschämen. Klatsch ist ja ein Gemisch aus Neugier, Schadenfreude und überheblicher Selbstgerechtigkeit und hat nichts mit gemeinsamen Werten zu tun

Verantwortung. Die eigene Entscheidung hat immer Konsequenzen für andere. Diese sind manchmal schwerer und manchmal leichter zu erkennen – damit geht es schon los. Manchmal muss man schnell entscheiden, sollte dabei aber nicht ängstlich und auch nicht schlampig oder oberflächlich sein. Denn damit verletzt man eigentlich fast immer irgendeine Verantwortung. Man muss sich für eine Sache interessieren, in die Materie einsteigen und dann erkennen, dass man mitsorgen, mithandeln oder auch schützen muss, weil man sich schuldig macht, wenn man es nicht tut.

Bei Verantwortung geht es vor allem um andere Menschen, aber auch um soziale Belange und um die ganze Natur. Wir tragen alle Verantwortung bis in den Bereich der Menschenrechte hinein; es gibt da eine Grunderklärung, die besagt: Wenn man akzeptiert, dass die Schöpfung von Gott gemacht ist wie der Mensch auch, dann versündigt man sich, wenn man sie schlecht behandelt. Denn man versündigt sich an der Schöpfung Gottes. Ich meine, da liegt der eigentliche Urgrund der Menschenrechte. Aus dieser Quelle kommt im Grunde auch die Verantwortung für die Natur. Es geht nicht nur darum, Schäden in der Zukunft zu vermeiden, um die Menschen der Zukunft zu schonen, sondern es geht weit darüber hinaus um eine Verantwortung, die man hat, weil man Teil dieser Schöpfung ist. Mit dieser Erklärung kommt man schon in den Bereich der Transzendenz, aber ohne die kann man am Ende ohnehin nichts erklären. Wenn ich die eigene Verantwortung am eigenen Zaun enden lasse, kann ich auch von meinem Nachbarn nicht erwarten, dass er sich für mich verantwortlich fühlt. Und das wäre doch eine recht magere Basis für unser Leben.

Versäumte Chancen. Man macht im Leben ständig Fehler, aber noch schwerer wiegt, dass man sehr vieles versäumt. Oft ist eine nicht gefällte Entscheidung eine Fehlentscheidung: Man dachte zu klein und hätte eigentlich viel größer denken müssen, man hätte sich in etwas einmischen oder etwas bewirken sollen und hat gar nichts getan, und es ist dann auch nichts geschehen, aber eigentlich hätte etwas geschehen müssen. Wenn mir etwas nachgeht, dann so ein Versagen. Nach einem längeren Leben geht das wohl jedem so, wenn man zurückschaut: Man sieht, was man bewirkt hat oder bewirken konnte und was gut gelungen ist. Aber es überwiegen doch die Dinge, die man eigentlich noch hätte bewirken oder machen sollen und die man nicht gemacht hat – infolge von Nichtverstehen, Zaghaftigkeit, einfach wegen Faulheit oder Phantasielosigkeit. Wie oft hätte man in irgendwelchen Diskussionen oder Gesprächen oder bei Entscheidungen eigentlich aufstehen müssen und hätte etwas sagen müssen und ist sitzen geblieben! Sehr oft auch, weil man gar nicht kapiert hat, was jetzt eigentlich angesagt gewesen wäre. Denn das setzt Wachheit voraus, dieses Hellhörig-Sein für das, was jetzt geschieht, was sich da anbahnt. Und wie oft hätte man viel mehr loben müssen. Das sind die verpassten Chancen. Wenn man zurückschaut, sagt man sich immer: «Was hätte man nicht noch alles machen können, wenn es einem rechtzeitig eingefallen oder wenn man energischer gewesen wäre!» Die eigene Lebensaufgabe und das Pflichtbewusstsein dienen dabei als Messlatte der Prioritäten und als Einordnung der möglichen Chancen. Das ist ein Ganzes im Leben; dazu gehört, was getan werden muss, aber retrospektiv auch, was noch alles hätte getan werden können. Vielleicht hat man gar nicht so vieles falsch gemacht, aber was man alles hätte machen können und hat es nicht gemacht, das ist ein Rucksack, der ganz schön drückt.

Vertrauen. Vertrauen ist absolut notwendig, es ist unentbehrlich. Es gibt das Vertrauen zu Menschen, denen man sehr viele Dinge anvertrauen und darauf vertrauen kann, dass sie nicht missbraucht werden. Es gibt das Vertrauen, dass man sich auf Mithilfe verlassen kann. Oder darauf, dass die eigenen, begründeten Rechte auch erfüllt werden. Das ist die eine Seite. Aber es gibt auch das Vertrauen darauf, dass eine ganze Welt ihre Spielregeln einhält. Dass Grundregeln überall in der Welt nicht verletzt werden. Nennen wir es einmal so. Nur so hat man überhaupt die Freiheit zu handeln, sonst wird man zu einem Gehetzten. In der Politik, in der Geschichte gab es sehr oft das Phänomen, dass zwischen Ländern Misstrauen entstand, und das hatte immer schlimme Folgen. Auch gab es in der Geschichte oft Figuren, die am Ende niemandem mehr vertrauten und sich nur an der Macht halten konnten, solange sie gegen alle anderen irgendeinen Hebel in der Hand hatten, um sie zu bedrohen, wenn sie nicht mitspielten oder angegriffen haben. So ist das oft bei Diktatoren: Stalin scheint mir ein sehr gutes Beispiel dafür, der durch viele seiner letzten Jahre nur noch ein panisch Gehetzter war, weil er von jedem Menschen bis in die eigene Familie hinein annehmen musste, dass er ihm nach dem Leben trachtete. Das ist das Gegenbeispiel, um zu erklären, worauf man vertrauen können muss. Auch das Vertrauen auf den *Contrat Sociale* ist ein ganz wesentlicher Faktor, auf den Rechtsstaat sowieso. Bei uns spielt auch das Vertrauen auf den Bestand der Freiheit, nicht zuletzt der Gedankenfreiheit eine wichtige gesellschaftliche Rolle. Das sind alles Werte, die es nur deshalb geben kann, weil man darauf vertrauen darf, dass sie einem zugestanden werden. An dem Tag, da das freie Denken für den Einzelnen gefährlich wird, ist dieses Vertrauen schon weg.

Vorbilder. Vorbilder können viel bewirken und sind unverzichtbar. Man muss sein eigenes Leben an ihnen ausrichten können, wenn sie wirksam werden sollen. Man ist aber immer in Gefahr, seine Vorbilder nach den eigenen Bedürfnissen umzudeuten und sich zurechtzuschnitzen. Es gibt viele große Vorbilder, Personen, die man bewundert, die aber auf das eigene Leben keinen Einfluss haben. Man kann zum Beispiel eine Kaiserin Maria Theresia bewundern, wie sie Privatleben, Familie, härteste Maßnahmen und kluge finanzielle Politik unter einen Hut gebracht hat, ohne dass das einen direkten Einfluss auf unser eigenes Leben hätte. Aber es gibt auch Erinnerungen an Situationen, in denen jemand in einer Weise agierte oder auch reagierte, aus der man viel lernen konnte. Das habe ich zum Beispiel mit Blanchette Rockefeller in einem Ausschuss des Museum of Modern Art erlebt, der es gelang, eine Zurückweisung so zu erteilen, dass der Betreffende weder verletzt noch düpiert wurde.

Werte. Das ist für mich ein schrecklich vager Begriff. Es wird heute sehr viel darüber gesprochen, aber sehr selten klar und präzise formuliert, was das eigentlich heißt. Es sind am Ende doch Grundeinstellungen, meistens moralischer Art, die man anerkennt und von denen man nicht abweichen will. Doch wenn es vorgestanzte Werte sind, die man einfach so mitbekommen hat, sollte man sich auch das Recht nehmen, sie zu hinterfragen und darüber nachzudenken, ob sie eigentlich wirklich so steinern und beständig anwendbar sind, wie man meint. Trotzdem bleiben Grundeinstellungen innere Positionen, ohne die wir nicht auskommen, vor allem dann, wenn wir in komplizierte Situationen geraten. Andernfalls kommt man ins Rutschen, wenn man nicht gewisse Pfeiler hat, die fest verankert sind und an denen man sich orientiert. Gerade wenn man eine große Zeitspanne an Jahren überblicken kann, sieht man, wie wichtig sie am Ende doch sind. Es bleibt die Frage: Ist man etwa durch Schlamperei oder aus irgendwelchen dunklen Gründen davon abgewichen? In meiner Erfahrung sehe ich solche Abweichungen als schwere Fehler, als Schuld – und meistens war es dann auch in den praktischen Auswirkungen ein schwerer Fehler. Es geht also nicht nur um das eigene Gewissen, sondern es ist am Ende genauso eine Frage der Klugheit, die manchmal über schnelle Intelligenz siegen muss. Viele Entscheidungen sind für sich genommen durchaus schlau, aber am Ende nicht klug. Und in solchen zwiespältigen Situationen kommt der Frage nach den Werten besondere Bedeutung zu.

Würde. Würde ist etwas noch Grundlegenderes als Ehre. Ich glaube, es ist wirklich so: Das Recht auf Würde hat jeder Mensch bis zum Säugling, sogar wenn er noch kein Bewusstsein hat. Ehre kann man verteidigen, verlieren, gefährden, selbst verletzen. Aber eine letzte Würde gehört jedem, auch im tiefsten Unglück. Das ist ein Menschenrecht.

Zufriedenheit. Zufriedenheit ist mit Neugier und Ehrgeiz in gewisser Weise unvereinbar, denn wer der Zufriedenheit einen zu großen Stellenwert einräumt, riskiert den Stillstand und mithin das Gegenteil von Neugier. Neugier als Lebenseinstellung kann eigentlich nie ganz befriedigt werden. Man kann im Hinblick auf einen bestimmten Punkt seine Neugier befriedigen, aber dann kommt gleich die nächste Neugier. Ich finde die Neugier interessanter. Aber als Momentaufnahme gibt es die Zufriedenheit durchaus. Selbstzufriedenheit hingegen ist etwas Gefährliches. Aber wenn man sich sehr lange angestrengt hat, ein bestimmtes Ziel zu erreichen, und es ist dann gelungen, dann gibt es natürlich den Moment der Befriedigung. Beschreiben kann ich es auch nicht, aber ich glaube, es liegt sehr viel an einem selbst, wo man die Grenze für Zufriedenheit setzt. Wobei Unzufriedenheit ein äußerst kreativer Impuls sein kann. Trotzdem sehnt sich jeder Mensch nach Zufriedenheit und hat auch das Recht darauf.

Zukunft. Jede nächste Minute ist für mich Zukunft und Hoffnung. Die Neugier darauf bleibt. Natürlich weiß ich, dass meine Zeit beschränkt ist; mit diesem Bewusstsein lebe ich. Aber das Interesse auf alles, was auf uns zukommt, bleibt unverändert lebendig. Das betrifft die Chancen wie auch die Sorgen. Es besteht durchaus die Aussicht, dass wir bald auf einigen gewohnten Luxus und einige Bequemlichkeiten verzichten müssen, die wir uns, ohne an ihre Auswirkungen in der Zukunft zu denken, erlaubt haben. Wir haben einfach nicht das Recht, alle Folgelasten unseres Lebensstils der nächsten Generation aufzubürden. Wir müssen schon selbst anfangen umzudenken. Das gehört ganz wesentlich zum Bild der Zukunft.

Die letzten beiden Jahre haben in dieser Hinsicht vieles wieder sichtbar gemacht. Das Bild des ständigen Aufstiegs, der stetigen Verbesserung, hat sich als Trugbild herausgestellt. Die Pandemie war in dieser Hinsicht eine wirksame Warnung. Aber wer konnte sich vorstellen, dass in unserem freien, friedlichen Europa plötzlich ein verbrecherischer Angriffskrieg vom Zaun gebrochen werden könnte! In diesem Angriff, aber auch in manchen Hassreden und in Tendenzen zu Ausgrenzungen tauchen alte, verschwunden geglaubte Gespenster wieder auf. Geht das Bewusstsein verloren, dass das Zusammenleben neben geschriebenen Gesetzen auch das Einhalten von Spielregeln braucht?

Ich werde immer wieder gefragt, was ich von der heranwachsenden Generation halte. Ich sehe da sehr viel positives Potential für eine gute Zukunft, einen wunderbaren Einsatz für große Themen, die für die ganze Menschheit wichtig sind und nicht so sehr für die eigenen persönlichen Interessen. Und das durchaus auch verbunden mit der Bereitschaft zu persönlichem Verzicht. Gewaltige technische Entwicklungen eröffnen neue Welten und neue Chancen. Die Gefahren, die damit verbunden sind, werden diesen jungen Menschen aber auch eine ständige, anstrengende Selbstdisziplin abverlangen. Ich habe als Kind oft zu hören bekommen: «Ihr armen Kinder, in was für eine Zeit kommt ihr hinein!» Aber das ist eine müßige Frage. Wir haben in unserer Zeit gelebt, und es war eine wunderbare Zeit. Man muss allerdings immer darauf vorbereitet sein, dass sich ganz neue, unvorhersehbare Dinge ergeben. Aber diese junge Generation wird in einem neuen Bewusstsein mit sehr viel mehr Menschen auf der Welt und mit größeren Verpflichtungen für alle Menschen über alle Erdteile hinweg ihre eigene neue Zeit gestalten.

Man kann nur hoffen, dass keine weiteren großen Katastrophen eintreten. Die Pandemie kann in dieser Hinsicht ein ganz unerwarteter wirksamer Schreckschuss gewesen sein. Er hat uns allen klar gemacht, dass wirklich Schlimmes passieren kann. Als Kind habe ich ja schon Szenarien der totalen Auflösung erlebt. Wir sehen heute nur die, die damals überlebt haben – jene aber, die ohne eigene Schuld entkräftet auf der Strecke geblieben sind, sehen wir nicht mehr. Es ist stets viel Glück und Schicksal mit im Spiel, aber schließlich ist jeder für sich selbst gefordert. Das Unvorhergesehene sollte dabei stets in Rechnung gestellt werden – und, soweit es mich betrifft, hat es sich im Rückblick betrachtet oft als ein Glück herausgestellt. Die Zukunft kann gelingen, wenn wir Solidarität wieder zu einem zentralen Leitbegriff unserer Gesellschaft machen. Darauf setze ich meine Hoffnung.

Personenregister/Glossar

Adlon, Percy (geb. 1935), Film- und Fernsehregisseur, Produzent und Publizist 237

Aretin, Karl Michael, Freiherr von (1924–2021), fungierte in den 1950er Jahren als eine Art zweiter Adjutant bei Kronprinz Rupprecht von Bayern. Danach blieb er für die Familie tätig 44

Auersperg, Henriette (Hetty) Prinzessin von (1933–2019), Diplomatentochter, seit 1969 verheiratet mit Arnd von Bohlen und Halbach 224

Bacon, Francis (1909–1992), britischer Maler 113

Bareiss, Walter (1919–2007), deutsch-amerikanischer Geschäftsmann und Kunstsammler, Mitbegründer des Münchner Galerie-Vereins 95, 106, 113

Barr, Alfred (1902–1981) Gründungsdirektor des Museums of Modern Art, New York 89, 93

Barr (Scolari-Barr), Margaret (1901–1987), italienisch-irische Kunsthistorikerin, Kunstkritikerin, Übersetzerin und Kuratorin, Ehefrau von Alfred Barr 93

Barros, Adhemar de (1901–1969), brasilianischer Politiker, Bürgermeister und Gouverneur von São Paulo 137

Baselitz, Georg (geb. 1938), deutscher Maler, Bildhauer und Grafiker 95, 105 f., 108, 110 f., 115, 268

Baudouin (1930–1993), 1951–1993 König der Belgier und seine Frau, Königin Fabiola (1928–2017) XIII, 231

Baumeister, Willi (Friedrich Wilhelm) (1889–1955), deutscher Maler, Grafiker, Bühnenbildner und Autor, wichtiger Künstler der Klassischen Moderne 86

Bayern, von, Familie, s. a. Karl Theodor, Ludwig IV. der Bayer, Ludwig I., Ludwig II., Ludwig III., Luitpold, Maria Amalia, Maximilian I. Joseph, Maximilian II., Maximilian II. Emanuel

Bayern, Albrecht Herzog von (1905–1996), Sohn von Kronprinz Rupprecht von Bayern, bis 1955 Erbprinz von Bayern, Vater von Herzog Franz von Bayern IX–XIII, 1 f., 4–8, 10–19, 21, 24–28, 30–35, 42–57, 60, 70, 73 f., 78 f., 84, 112 f., 127, 134, 136, 151–153, 157–159, 174, 178, 185, 192, 199, 201–203, 209 f., 222–224, 233, 235, 239–242, 261, 271

Bayern, Antonia Kronprinzessin von, geb. Prinzessin von Luxemburg (1899–1954), seit 1921 zweite Ehefrau von Kronprinz Rupprecht 13, 15, 57–60, 65

Bayern, Carl Theodor Herzog in (1839–1909), Augenarzt, Sohn von Max Herzog in Bayern und seiner Frau Ludovika. Seine Tochter Marie Gabriele war mit Kronprinz Rupprecht von Bayern verheiratet. Er ist der Urgroßvater von Herzog Franz von Bayern 1

Bayern, Franz Maria Luitpold Prinz von (1875–1957), Sohn von König Ludwig III. und seiner Frau Marie Therese von Österreich-Este, Großonkel von Herzog Franz von Bayern 7, 11, 22, 29 f.

Bayern, Gabrielle Prinzessin von (1927–2019) Tochter von Kronprinz Rupprecht, seit 1953 verheiratet mit Carl Herzog von Croÿ 59

Bayern, Heinrich Prinz von (1922–1958), Sohn von Kronprinz Rupprecht und seiner zweiten Ehefrau Antonia von Luxemburg IX, 33, 46, 57

Bayern, Hella Prinzessin von, geb. Gräfin von Khevenhüller-Metsch (1921–2017), 1953–1969 verheiratet mit Prinz Konstantin von Bayern, seit 1970 mit Prinz Eugen von Bayern 138, 257

Bayern, Irmingard Prinzessin von (1923–2010), Tochter von Kronprinz Rupprecht und seiner zweiten Ehefrau Antonia von Luxemburg, seit 1950 verheiratet mit Ludwig Prinz von Bayern (1913–2008) 14, 20–22, 24, 59

Bayern, Konrad Prinz von (1883–1969), Sohn des Prinzen Leopold von Bayern und von Erzherzogin Gisela von Österreich, verheiratet mit Prinzessin Maria Bona Margherita von Savoyen 224

Bayern, Konstantin Prinz von (1920–1969), Jurist, Journalist und Politiker, 1962–1965 Landtagsabgeordneter, 1965–1969 Bundestagsabgeordneter der CSU 150, 271

Bayern, Ludwig Heinrich Prinz von (geb. 1982), Unternehmer und Entwicklungshelfer 189

Bayern, Ludwig Wilhelm Herzog in (1884–1968), Sohn von Carl Theodor Herzog in Bayern, Enkel von Herzog Max in Bayern und seiner Frau Ludovika 47, 55

Bayern, Maria del Pilar Prinzessin von (1891–1987), Tochter von Prinz Ludwig Ferdinand von Bayern 69

Bayern, Marie Charlotte Prinzessin von (1931–2018), verheiratete Fürstin zu Quadt und Wykradt und Isny, Schwester von Herzog Franz von Bayern X, 3, 6, 14, 18, 30, 41, 51 f., 55, 94, 133, 176

Bayern, Marie Gabriele Kronprinzessin von, geb. Herzogin in Bayern (1878–1912), seit 1900 verheiratet mit Kronprinz Rupprecht von Bayern, Großmutter von Herzog Franz von Bayern 45

Bayern, Marie Gabrielle Prinzessin von (geb. 1931), verheiratete Fürstin von Waldburg zu Zeil und Trauchburg, Schwester von Herzog Franz von Bayern X, 3, 6, 10, 14, 18, 26, 30, 41, 51 f., 55 f, 94, 133, 176

Bayern, Marie-Jenke Herzogin von, geb. Gräfin Keglevich von Buzin (1921–1983), seit 1971 zweite Ehefrau von Herzog Albrecht von Bayern 203
Bayern, Marie José Herzogin in, geb. Prinzessin von Bragança (1857–1943), Infantin von Portugal, Ehefrau von Herzog Carl Theodor in Bayern, Urgroßmutter von Herzog Franz von Bayern 1, 3, 5
Bayern, Marie Therese von, geb. Erzherzogin von Österreich-Este (1849–1919), Ehefrau von König Ludwig III., 1913–1918 Königin von Bayern 254
Bayern, Marita Herzogin von, geb. Gräfin Drašković von Trakošćan (1904–1969), seit 1930 Ehefrau von Erbprinz Albrecht von Bayern, Mutter von Herzog Franz von Bayern IX, XI, 1, 6, 9–12, 14–19, 22, 25–27, 31, 43, 51–53, 67, 134, 140, 142, 145, 151 f., 162, 185 f., 202, 220
Bayern, Max Emanuel Herzog in (geb. 1937), Sohn von Herzog Albrecht von Bayern, Bruder von Herzog Franz von Bayern. Verheiratet mit Elizabeth Gräfin Douglas. Er wurde 1965 von seinem Großonkel Ludwig Wilhelm Herzog in Bayern adoptiert X, 8, 28, 41 f., 55 f., 146, 162, 176, 200
Bayern, Rasso Prinz von (1926–2011), Sohn von Prinz Franz von Bayern, verheiratet mit Theresa, Erzherzogin von Österreich 22 f., 29, 250
Bayern, Rupprecht Kronprinz von (1869–1955), Sohn König Ludwigs III., Großvater von Herzog Franz IX, XI, XII, 13, 32–34, 43–45, 49, 52 f., 55, 57–69, 84, 90, 127, 150, 159, 162, 174, 178, 191, 193, 199, 209 f., 222, 271
Bayern, Sophie Prinzessin von (geb. 1935), Tochter von Kronprinz Rupprecht, seit 1955 verheiratet mit Jean Engelbert von Arenberg 12 f., 59
Bayern, Prinzessin Therese von (1850–1925), Ethnologin und Reiseschriftstellerin, 1897 Ehrendoktorin der LMU München. Sie war Tochter von Prinzregent Luitpold 162
Bea, Augustin S. J. (1881–1968), deutscher Kurienkardinal 217
Beatrix (geb. 1938), 1980–2013 Königin der Niederlande 141
Becker, Rolf (1920–2014), deutscher Verleger. 1955 war Becker Mitgründer des Verlags Wort und Bild, seit 1996 Herausgeber der «Apotheken Umschau». 1994 gründete Becker die Stiftung Pinakothek der Moderne mit 117
Beckmann, Max (1884–1950), deutscher Maler, Grafiker, Bildhauer, Autor und Hochschullehrer 86 f.
Bedford-Strohm, Heinrich (geb. 1960), Theologe, Landesbischof der evangelisch-lutherischen Kirche in Bayern, 2014–2021 auch Vorsitzender des Rats der evangelisch-lutherischen Kirche Deutschlands 215 f.
Begley, Louis (geb. 1933), amerikanischer Rechtsanwalt und Schriftsteller polnisch-jüdischer Herkunft, 1993–1995 Präsident des PEN American Center 94
Behrens, Arnold, Pilot und Deserteur in Ammerwald 25
Bellegarde, Paula Gräfin von (geb. 1914), Gesellschafterin der bayerischen Kronprinzessin Antonia von Luxemburg, war mit den Töchtern des Kronprinzenpaares im KZ 15, 59

Bellini, Giovanni (1430–1516), venezianischer Maler 63 f.
Bellotto, Bernardo, gen. Canaletto (1722–1780), venezianischer Maler 104
Berghofer-Weichner, Mathilde (1931–2008), Dr., Juristin und Politikerin der CSU, seit 1974 Staatssekretärin im bayerischen Kultusministerium, 1986–1993 bayerische Justizministerin 162
Bernheimer, Otto (1877–1960), Münchner Kunstsammler und Antiquitätenhändler. Er kehrte nach Arisierung seines Besitzes und Exil 1945 nach München zurück 64
Beuys, Eva (geb. 1933), Fotografin, Ehefrau von Joseph Beuys 115
Beuys, Joseph (1921–1986), deutscher Aktionskünstler, Bildhauer und Kunsttheoretiker 88, 95–97, 106 f., 115, 120
Biedermann, Margret (geb. 1943), Dr., Kunsthistorikerin, Galeristin, Gründerin der Galerie Biedermann, früher Maximilianstraße, heute Kunstareal. Frau Biedermann war 1977 Teilnehmerin der dreiwöchigen Amerikareise des Vorstands des Galerie-Vereins München, an der auch der damalige Prinz Franz teilnahm 97, 108, 115
Bienert, Ida (1870–1965), Kunstsammlerin und Mäzenatin aus Dresden, sie wohnte seit 1945 in München 87, 119
Bin Laden, Osama (1957–2011), saudiarabischer Terrorist, Gründer der Terrorgruppe al-Qaida und verantwortlich für den Terroranschlag vom 11. September 2011 235 f.
Bliss Parkinson Cobb, Elizabeth (Eliza) (1907–2001), US-amerikanische Kunstförderin. Eliza Parkinson war eine Nichte der Kunstsammlerin und Mäzenin Lilli Bliss, der Mitgründerin des Museum of Modern Art in New York, und Stieftochter des ersten Präsidenten des Museums, A. Conger Goodyear. Seit 1939 bis zu ihrem Tod war sie fast ununterbrochen in verschiedenen Gremien des Museums tätig. 1995–1998 wurde sie auch dessen Präsidentin 89
Boff, Pater Leonardo (geb. 1838), brasilianischer Befreiungstheologe 217
Böhm, Karl (1894–1981), österreichisch-deutscher Dirigent 74
Böhm-Amtmann, Edeltraud, Ministerialdirektorin a. D., 2001–2006 Leiterin der bayerischen Vertretung bei der Europäischen Union in Brüssel 161 f.
Bosl, Karl (1908–1993), Prof. Dr., bayerischer Historiker, Universitätsprofessor an der LMU München 205
Botticelli, Sandro (1445–1510), italienischer Maler und Zeichner der frühen Renaissance 90
Bourbón, Maria del Pilár von (1936–2020), Infantin von Spanien, Herzogin von Badajoz, Schwester von König Juan Carlos 128 f.
Boulez, Pierre (1925–2016), französischer Komponist, Dirigent und Musiktheoretiker 80
Brandt, Willy (1913–1992), sozialdemokratischer Politiker und 1964–1987

SPD-Parteivorsitzender, 1957–1966 Regierender Bürgermeister von Berlin, 1969–1974 deutscher Bundeskanzler 227
Braque, Georges (1882–1963), französischer Maler, Grafiker und Bildhauer 55
Braun, Helena (1903–1990), Opernsängerin 78
Braun, Frhr. Wernher von (1912–1977), erst deutscher, dann US-amerikanischer Raketentechniker 229
Braunfels, Stephan (geb. 1950), deutscher Architekt 121
Britten, Benjamin (1913–1976), britischer Komponist, Dirigent und Pianist des 20. Jahrhunderts 79
Burda, Hubert Dietrich (geb. 1940), Dr., deutscher Verleger. Die Hubert Burda Media GmbH gibt u. a. die Zeitschriften Bunte, Focus und Superillu heraus. Burda promovierte in Kunstgeschichte. 1987 übernahm er nach dem Tod seines Vaters als alleiniger Gesellschafter und Vorstandsvorsitzender die Burda Holding. Er ist vielfach mäzenatisch tätig und engagierte sich auch für den Bau der Pinakothek der Moderne 257
Burkert, Gertraud, Kommunalpolitikerin der SPD, 1993–2005 zweite Bürgermeisterin der Stadt München 161 f.
Crăciun, Irina (geb. 1944), seit 1990 Kontaktperson, Ansprechpartnerin, Anlaufstelle und Koordinationspunkt der Projekte des Hilfsvereins Nymphenburg in Rumänien. Sie organisierte etwa 20 Jahre lang im Raum Peris ein Sozialprojekt mit Hilfsgütern für bedürftige Familien und Schulkinder 186
Castelli, Leo (1907–1999), US-amerikanischer Kunsthändler, Kunstsammler und Galerist. Er war der Sohn eines ungarisch-jüdischen Bankiers und einer italienischen Erbin, wuchs in Triest, Wien und Bukarest auf und eröffnete 1939 seine erste Galerie in Paris. 1941 emigrierte er nach New York. In seiner New Yorker Galerie stellten zeitweilig die wichtigsten zeitgenössischen Künstler aus 91
Ceaușescu, Nicolae (1918–1989), 1965–1989 Diktator der Sozialistischen Republik Rumänien 135, 186
Cézanne, Paul (1839–1906), französischer Maler 55
Chagall, Marc (1887–1985), französischer Maler 87, 105
Charles III. (geb. 1948), König von Großbritannien 128, 146 f.
Cilli, Haushälterin des Malers Alfred Kubin 86
Cohn-Bendit, Daniel (geb. 1945), deutsch-französischer Publizist und Politiker, 1968 Sprecher der revoltierenden französischen Studierenden in Paris 227
Curtius, Ludwig (1874–1954), Prof. Dr., Klassischer Archäologe, Universitätsprofessor in Heidelberg 63
d'Harnoncourt, René (1901–1968), in Österreich geborener Kunstkurator, 1949–1967 Direktor des Museum of Modern Art, New York 89
Dahlem, Franz (geb. 1938), seit 1963 Galerist in München, seit 1967 in Darmstadt 88, 107, 114 f.

de Gaulle, Charles (1890–1970), französischer General und Politiker, 1959–1969 französischer Staatspräsident 75–77

de Kooning, Willem (1904–1997), niederländischer und US-amerikanischer Maler, einer der bedeutendsten Vertreter des Abstrakten Expressionismus 88, 105, 120

de la Tour, Georges (1593–1652), lothringischer Barockmaler 89

de Margerie, Roland (1899–1990), französischer Diplomat, 1962–1965 französischer Botschafter in Bonn 75 f.

de Maria, Walter (1935–2013), amerikanischer Konzeptkünstler 117

della Casa, Lisa (1919–2012), Schweizer Opernsängerin 72 f.

Deta siehe Kellner, Maria Elisabeth

Diana (1961–1997), Princess of Wales 147

Dietrich, Marlene (1901–1992), deutsch-amerikanische Schauspielerin und Sängerin 83

Döpfner, Julius (1913–1976), 1957–1961 Bischof von Berlin, seit 1958 Kardinal und seit 1959 eng in die Vorbereitung des zweiten Vatikanischen Konzils und in dessen Durchführung eingebunden. Seit 1961 war Kardinal Döpfner Erzbischof von München und Freising 203, 212 f.

Dschugaschwili, Jakow (1907–1943), Ingenieur, Sohn des sowjetischen Diktators Stalin. Er starb im KZ Sachsenhausen 15

Dürer, Albrecht (1471–1528), Nürnberger Maler, Grafiker, Holzschneider und Zeichner 62, 104, 197 f.

Ehard, Hans (1887–1980), Dr., Politiker der CSU, 1946–1954 sowie 1960–1962 bayerischer Ministerpräsident 36, 151, 202

Eisenhower, Dwight D. (1890–1961), amerikanischer General und im Zweiten Weltkrieg Oberbefehlshaber der alliierten Truppen in Europa, 1953–1961 US-Präsident 225

Eisner, Kurt (1867–1919), Journalist. Politiker der Unabhängigen Sozialdemokratischen Partei, 1918 Anführer der Revolution in Bayern, 1918–1919 bayerischer Ministerpräsident 190

Elisabeth (1837–1898), 1854–1898 Kaiserin von Österreich, 1867–1898 Königin von Ungarn 3

Elisabeth II. (1926–2022), 1952–2022 Königin von Großbritannien 145

Eltz, Grafen von, Familie 6

Engelbrecht, Gustav, Diener in Nymphenburg 224

Engelhorn, Christof (1926–2010), Kunstsammler und Mäzen 114

Engen, Kieth (1925–2004), amerikanischer Opernsänger 74

Erdődy, Graf Ferenc (Fery) (1901–1983) und sein Sohn Graf László 7–9

Erdődy, Graf Peter (1902–1998), jüngerer Bruder von Graf Fery 9

Esterházy, ungarische Adelsfamilie, fürstliche Linie: Prinz László Esterházy, Fürst Paul V. Esterházy (1901–1989) 7

Esterházy, ungarische Adelsfamilie, gräfliche Linie: Esterházy, Graf Tamás Esterházy (1901–1964) 9

Everding, August (1928–1999), Regisseur, Manager, Intendant, 1982–1993 Generalintendant der Bayerischen Staatstheater 80, 154

Farrago, Frl., Hauslehrerin bei der Familie von Erbprinz Albrecht von Bayern in Budapest 7

Faulhaber, Michael von (1869–1952), seit 1921 Kardinal von München und Freising 28, 32, 209, 212

Feldmeier, Gustl sen. (1900–1970), 1938 bis 1970 Geschäftsführer und persönlich haftender Gesellschafter des Kaufhauses Ludwig Beck am Rathauseck in München 72–74

Fischer-Dieskau, Dietrich (1925–2012), Lied- und Opernsänger, Dirigent 72 f.

Fitzgerald, Ella (1917–1996), US-amerikanische Jazzsängerin 82

Flavin, Dan (1933–1996), US-amerikanischer Lichtkünstler 116, 118

Flick, deutsche Unternehmerfamilie 112

Frank, Ernst (geb. 1935), war 33 Jahre im Präsidium des Bayerischen Roten Kreuzes tätig, davon zehn Jahre als Finanzvorstand. Er war Gründungsmitglied des Nymphenburger Hilfsvereins und bis 2013 Zweiter Vorstand des Vereins 186

Franke, Günther (1900–1976), Galerist und Kunstsammler in München 84, 86 f.

Franz II. (1786–1835), als Franz II. 1792–1806 Kaiser des Heiligen Römischen Reichs Deutscher Nation, als Franz I. 1806–1835 österreichischer Kaiser 103 f.

Frederike von Hannover (1917–1981), 1947–1964 Königin von Griechenland 128–130, 132, 140 f.

Friedmann, Anneliese (1927–2020), deutsche Journalistin, Herausgeberin der Münchner Abendzeitung und Gesellschafterin der Süddeutschen Zeitung 73

Friedrich, Heiner (geb. 1938), deutscher Kunsthändler und Galerist, Partner der Galerie Friedrich & Dahlem, Gründer der Dia Art Foundation New York 88, 105–107, 114

Fuchs, Rudi (geb. 1942), niederländischer Kunsthistoriker und Kurator 106

Fugger, Augsburger Kaufmannsfamilie, der es seit dem Ende des 14. Jahrhunderts gelang, als Reichsgrafen und Fürsten zu höchsten adeligen Würden aufzusteigen und wichtige Positionen in Kirche und Reich einzunehmen. Der Name Fugger wurde zu einem Synonym für Reichtum. Eine ihrer Stiftungen, die Fuggerei in Augsburg, besteht noch heute als älteste Sozialsiedlung der Welt 104

Fürstenberg, Joachim (Joki) Fürst zu (1923–2002), Unternehmer, seit 1973 Chef des Hauses Fürstenberg, Förderer der Donaueschinger Musiktage 80

Furtwängler, Wilhelm (1886–1954), deutscher Dirigent 75

Gauss, Otto Wilhelm, deutscher Kunstsammler und Kunsthändler 85
Gehlen, Reinhard (1902–1979), Generalmajor der Wehrmacht, 1956–1968 Leiter des von ihm als «Organisation Gehlen» aufgebauten Bundesnachrichtendienstes 56
Geiger, Hans (1927–2013), 1956 bis zu seiner Pensionierung Leiter der Bildhauerwerkstatt im Restaurierungszentrum der Bayerischen Schlösserverwaltung 71
Georgiades, Thrasybulos (1907–1977), Prof. Dr., griechischer Musikwissenschaftler, Musiktheoretiker und Bauingenieur 166
Goedl, Monika (geb. 1938), Dr., Kunsthistorikerin, Kunstsammlerin und Mäzenin, 1972–1980 Chefredakteurin der Kunstzeitschrift Pantheon, seit 1976 Mitglied im Kuratorium des Galerie-Vereins München, 1988–2000 Vorstandsmitglied 118
Goedl, Rainer (geb. 1941), Dr., Vertriebswirt, Kunstsammler und Mäzen, 1990–2005 Vorstandsmitglied der Linde AG, 1988–2000 Vorstandsmitglied des Galerie-Vereins München 118
Goppel, Alfons (1905–1991), CSU-Politiker, seit 1954 bayerischer Landtagsabgeordneter, 1958–1962 Innenminister, 1962–1978 bayerischer Ministerpräsident 112–114, 146, 151 f., 231
Gorbatschow, Michail (1931–2022), 1985–1991 Generalsekretär der KPdSU, 1990–1991 Staatspräsident der Sowjetunion; er erhielt 1990 den Friedensnobelpreis 231 f.
Goulart, João (1919–1976), brasilianischer Politiker, 1961–1964 Präsident Brasiliens 137
Graf, Herr, Weinhändler aus Budapest 30 f.
Greinwald, Thomas (geb. 1960), Jurist und Heilpraktiker, Lebensgefährte von Herzog Franz von Bayern X, XIV, 78, 110, 163, 246, 248–250, 252
Guardini, Romano (1885–1968), Prof. Dr., katholischer Priester, Jugendseelsorger, Religionsphilosoph, 1948–1964 Universitätsprofessor an der LMU München 166
Gumppenberg, Levin Freiherr von (1907–1989), 1958–1974 Präsident der Bayerischen Verwaltung der staatlichen Schlösser, Gärten und Seen 73
Guttenberg, Elisabeth Freifrau von und zu (1900–1998), Gründerin etlicher karitativer Unternehmungen 217
Guttenberg, Enoch Freiherr von und zu (1946–2018), deutscher Dirigent, engagierter Umweltschützer 234
Habermas, Jürgen (geb. 1929), Prof. Dr., deutscher Philosoph und Soziologe, seit 1964 Universitätsprofessor an der Universität Frankfurt a. M., 1971–1981 Forschungsdirektor des Max Planck-Instituts zur Erforschung der Lebensbedingungen der wissenschaftlich-technischen Welt in Starnberg, bis 1994 Lehrstuhlinhaber für Philosophie in Frankfurt a. M. 217 f.

Habsburg, Anna Gabriele (Angie) von, Erzherzogin von Österreich (geb. 1940), Ehefrau von Erzherzog Rudolf von Österreich 135, 186
Habsburg, Franziska von, Erzherzogin von Österreich (1897–1989), Ehefrau von Erzherzog Max, Schwägerin von Kaiser Karl I. 134, 185
Habsburg, Michael von, Erzherzog von Österreich (geb. 1949) 135, 186
Habsburg, Otto von (1912–2011), ältester Sohn des letzten österreichischen Kaisers Karl I., 1916–1918 Kronprinz von Österreich- Ungarn, 1973–2004 Präsident der Internationalen Paneuropa-Union, 1979–1999 Europapolitiker der CSU 33, 149
Habsburg, Rudolf Erzherzog von Österreich (1919–2010), Sohn von Kaiser Karl I., Finanzwirtschaftler, Ehemann von Erzherzogin Angie 135, 186
Haenlein Carl (geb. 1933), Dr., Kunsthistoriker, 1974–2002 Leiter der Kestnergesellschaft Hannover, Vorsitzender des Münchner Kunstvereins 116
Hallstein, Ingeborg (geb. 1936), deutsche Opernsängerin 74
Hanfstaengl, Egon (1921–2007), deutscher Kunstverleger 113
Harnier, Adolf Freiherr von (1903–1945), Dr., deutscher Jurist. Er war als überzeugter Monarchist Widerstandskämpfer gegen den Nationalsozialismus. Als Leiter des nach ihm benannten «Harnier-Kreises» wurde er verhaftet und starb kurz nach der Befreiung im Zuchthaus Straubing an Entkräftung 60
Hartmann, Rudolf (1900–1988), deutscher Opernregisseur, 1952–1967 Intendant der Bayerischen Staatsoper München 74
Hase-Schmundt, Ulrike von (geb. 1939), Dr., Kunsthistorikerin 114 f.
Hausenstein, Margot (1890–1997), Ehefrau von Wilhelm Hausenstein 77 f.
Hausenstein, Wilhelm (1882–1957), Dr., deutscher Kunsthistoriker, Schriftsteller und Diplomat 75, 77 f., 166
Hay, Diana (Puffin), Countess of Erroll (1926–1978), Chief High Constable of Scotland, Ehefrau von Sir Ian Moncreiffe 125
Haydn, Joseph (1732–1809), österreichischer Komponist 31, 203
Heinemann, Rudolf (1901–1975), deutschstämmiger amerikanischer Kunsthändler und Sammler 93, 104
Heisenberg, Werner (1901–1976), Prof. Dr., deutscher Physiker, Nobelpreisträger 166
Held, Heinrich (1868–1938), Journalist und Politiker der Bayerischen Volkspartei, 1924–1933 bayerischer Ministerpräsident 60
Heller, Ben (1925–2019), Kunstsammler in New York 90
Henkel, Gabriele (1931–2017), Kunstsammlerin, Mäzenin und Autorin 93, 112
Herkules (1989–1990), Hausmaus bei Prinz Franz 255 f.
Herrmann, Joachim (geb. 1956), seit 1994 Mitglied des bayerischen Landtags, seit 2008 bayerischer Staatsminister des Inneren 184
Hessen und bei Rhein, Ludwig Prinz von (1908–1968), Dr., Kunsthistoriker

und Diplomat, engagierte sich für Kunst, Museen und karitative Einrichtungen 79
Heubl, Franz (1924–2001), Jurist, CSU-Politiker, seit 1953 bayerischer Landtagsabgeordneter, 1978–1990 Landtagspräsident 203
Heuss, Theodor (1884–1963), Dr., Journalist und liberaler Politiker, 1949–1959 erster Bundespräsident der Bundesrepublik Deutschland 199 f.
Hoegner, Wilhelm (1887–1980), Dr., deutscher Jurist und SPD-Politiker, 1945–1946 und 1954–1957 bayerischer Ministerpräsident 34–36, 44, 61, 67, 151, 233
Hoffmann, Erika (geb. 1938), führte zunächst zusammen mit ihrem Mann Rolf (gest. 2001) ein Unternehmen; seit 1968 sammelten sie zeitgenössische Kunst, die sie 2018 den Staatlichen Kunstsammlungen Dresden schenkten 112
Hofmann, Thomas (geb. 1968), Prof. Dr., Lebensmittelchemiker, seit 2007 Lehrstuhlinhaber an der Technischen Universität München, seit 2019 ihr Präsident 171 f.
Hofmeir, Johanna, Dipl.-Sozialpädagogin, Initiatorin des Projekts Lichtblick Hasenbergl 179
Holnstein, Graf Ludwig von (1873–1950), Chef der Hof- und Vermögensverwaltung von Kronprinz Rupprecht 44
Huber, Kurt (1893–1943), Prof. Dr., deutscher Musikwissenschaftler, Volksmusikforscher, Philosoph und Psychologe. Huber wirkte nach seiner Habilitation seit 1926 an der LMU München als außerordentlicher Professor, wurde 1937 nach Berlin berufen und erhielt 1938 eine Professur an der Münchner Universität. Er galt der NSDAP durch all die Jahre als «unzuverlässig». 1943 wurde er als führendes Mitglied der Widerstandsgruppe «Weiße Rose» gegen das nationalsozialistische Regime hingerichtet 55
Hume, Caroline Howard (Betty) (1909–2008), amerikanische Kunstsammlerin und Philantropin 127
Hume, Edgar Erskine (1889–1952), amerikanischer Arzt, Generalmajor des US Army Medical Corps 33, 127
Hussein I. (1935–1999), 1952–1999 König von Jordanien XIII, 230
Ibach, Familie, seit 1794 Hersteller wertvoller Klaviere und Flügel in Wuppertal 87 f.
Jäger, Albert, Dr., Finanzdirektor des Wittelsbacher Ausgleichsfonds 196
Jagger, Bianca (geb. 1945), Schauspielerin, Menschenrechtsaktivistin 97
Jagger, Mick (geb. 1943), britischer Musiker, Sänger, Songwriter, Frontmann der Rockgruppe The Rolling Stones 97
Jahn, Fred, Galerist, seit Anfang der 1960er Jahre Mitarbeiter bei Heiner Friedrich, 1968 zusammen mit Gernot von Pape Mitgründer der «Edition X» für zeitgenössische Grafik, seit 1978 verantwortlich für die Galerie Fred Jahn für internationale zeitgenössische Kunst in München, unterstützt von seiner

Frau Gisela Jahn, seinem Bruder Jens Jahn und seit 2017 als Galerie Jahn und Jahn zusammen mit seinem Sohn Matthias Jahn 107 f.
Johannes Paul II. (1920–2005), seit 1978 Papst 214
Johns, Jasper (geb. 1930), US-amerikanischer Maler und Grafiker, gilt als Wegbereiter der Pop Art 91 f.
Johnson, Claudia Alta (Lady Bird) (1912–2007), 1963–1969 First Lady der USA XIII, 230
Juan Carlos I. (geb. 1938), 1975–2014 König von Spanien 128
Juliana (1909–2004), 1948–1980 Königin der Niederlande 129, 131
Juncker, Jean-Claude (geb. 1954), luxemburgischer Politiker der Christlich Sozialen Volkspartei, 1995–2013 Premierminister des Großherzogtums, 2014–2019 Vorsitzender der Europäischen Kommission, Gründungsmitglied der Europäischen Stiftung Kaiserdom zu Speyer 200
Jungermann, Jimmy (1914–1987), Radio-Moderator 31
Kaindl, Anton (1902–1948), deutscher SS-Führer, 1942–1945 Lagerkommandant im Konzentrationslager Sachsenhausen. Er wurde 1947 von einem sowjetischen Militärtribunal zu lebenslanger Haft verurteilt und starb in einem Gulag 13–15
Kandinsky, Wassily (1866–1954), russischer Maler und Grafiker, Mitbegründer der Künstlergruppe «Der blaue Reiter» 87, 102, 119
Karajan, Herbert von (1908–1989), österreichischer Dirigent 78
Karl der Große, 768–814 König des Frankenreiches, 800–814 Kaiser 204
Karl I. (1887–1922), 1916–1918 Kaiser von Österreich-Ungarn 61, 186
Karl IV. (1316–1378), 1355–1378 Kaiser des Heiligen Römischen Reichs Deutscher Nation 204
Karl V. (1500–1558), seit 1519 römisch-deutscher König und bis 1556 Kaiser des Heiligen Römischen Reichs Deutscher Nation 104
Karl Theodor (1724–1799), 1742–1777 Kurfürst von der Pfalz, 1777–1799 Kurfürst von Pfalz-Bayern 143, 205
Karlstadt (Wellano), Liesl (1892–1960), Schauspielerin und Soubrette, Partnerin von Karl Valentin 74
Kaske, Karl-Heinz (1928–1998), Dr., Physiker und Manager, 1981–1992 Vorstandsvorsitzender der Siemens AG 165
Keglevich von Buzin, Marie-Jenke (1921–1983), zweite Ehefrau von Herzog Albrecht von Bayern 203
Kellen, Stephen M. (ursprünglich Katzenellenbogen) (1914–2004), aus Deutschland stammender US-amerikanischer Bankier und Mäzen. Er heiratete in New York Anna-Maria Arnhold und war 1955–1995 Präsident des Bankhauses Arnhold & Bleichröder in New York. Er blieb seiner alten Heimat verbunden und unterstützte nach dem Krieg Anleihen deutscher Firmen für den Wiederaufbau der Wirtschaft. 1996 spendete er drei Millionen Dollar für

den Aufbau der American Academy im ehemaligen Elternhaus seiner Frau in Berlin 93
Kellner, Maria Elisabeth (Deta), Kindermädchen in der Familie des Erbprinzen Albrecht von Bayern 3, 8, 15
Kennedy, John F. (1917–1963), US-amerikanischer Politiker der Demokraten, 1961–1963 Präsident der Vereinigten Staaten von Amerika. Er wurde 1963 in Dallas ermordet 224 f., 231
Kennedy-Onassis, Jacqueline (Jackie) (1929–1994), US-amerikanische Journalistin und Verlagslektorin, 1961–1963 amerikanische First Lady 225
Kersten, Anne (1895–1882), deutsche Schauspielerin, seit 1934 festes Ensemblemitglied des Bayerischen Staatsschauspiels München 73
Kiefer, Anselm (geb. 1945), deutscher und österreichischer Maler und Bildhauer 106 f., 115
Kiem Pauli (1882–1960), bayerischer Musikant und Volksliedsammler 1, 3, 55 f.
Kirchner, Ernst Ludwig (1880–1938), deutscher expressionistischer Maler und Grafiker, Gründungsmitglied der Künstlergruppe «Brücke» 86
Klee, Paul (1879–1940), deutscher Maler und Grafiker. Klee stand der Künstlergruppe «Der Blaue Reiter» nahe. Er lehrte am Bauhaus in Weimar, später in Dessau und war bis zu seiner Entlassung 1933 Professor an der Kunstakademie Düsseldorf 86 f., 105
Kleiber, Carlos (1930–2004), Dirigent österreichischer Abstammung 74
Kneitl, Georg, Butler bei Herzog Franz von Bayern 256
Knobloch, Charlotte (geb. 1932), seit 1985 Präsidentin der Israelitischen Kultusgemeinde München und Oberbayern. Von 2005 bis 2013 war sie Vizepräsidentin des Jüdischen Weltkongresses 163 f., 209
Kohl, Helmut (1930–2017), Dr., deutscher Politiker der CDU, von 1969 bis 1976 Ministerpräsident von Rheinland-Pfalz, 1982–1998 deutscher Bundeskanzler 159 f., 200, 232
Kolb, Annette (1870–1967), deutsch-französische Schriftstellerin und Pazifistin. Sie emigrierte im Ersten Weltkrieg in die Schweiz, nach der Machtergreifung der Nationalsozialisten 1933 nach Frankreich und 1941 in die USA. Nach dem Krieg lebte sie in Paris, Badenweiler sowie München und engagierte sich für die deutsch-französische Verständigung 75–77, 248
König, Fritz (1924–2017), international bedeutender deutscher Bildhauer 236 f.
Körner, Hans-Michael (geb. 1947), Prof. Dr., Bayerischer Landeshistoriker und Geschichtsdidaktiker, 1995–2012 Professor an der LMU München 181
Koschnick, Hans (1929–2016), SPD-Politiker, 1967–1985 erster Bürgermeister Bremens 165
Köth, Erika (1925–1989), deutsche Opernsängerin 72–74

Kotter, Ludwig (1920–2012), Prof. Dr., Universitätsprofessor für Hygiene und Technologie der Lebensmittel tierischen Ursprungs an der LMU München, von 1965 bis 1967 Rektor der Ludwigs-Maximilians-Universität München 226

Kraushar, Leon (1813–1967), New Yorker Versicherungsmakler und Kunstsammler 118

Kreß von Kressenstein, Friedrich Baron (1886–1958), Hofmarschall von Kronprinz Rupprecht 44

Krupp, deutsche Unternehmerfamilie 111

Kubin, Alfred (1877–1959), österreichischer Maler, Schriftsteller und Buchillustrator, Mitglied der Künstlergruppe «Der blaue Reiter» 84–86

Lang, Hugo (1892–1967), Dr., Theologe und Benediktinerpater, 1951–1967 Abt des Klosters Sankt Bonifaz und des Klosters Andechs 44, 210 f.

Lauder, Ronald (geb. 1944), US-amerikanischer Kosmetikkonzernerbe und Medienunternehmer, republikanischer Politiker, Diplomat, Kunstsammler und Mäzen. Er war 1983–1986 im amerikanischen Verteidigungsministerium für Europa- und Nato-Angelegenheiten tätig und wurde 1986–1987 Botschafter in Wien. Lauder ist Ehrenvorsitzender im Kuratorium des Museum of Modern Art und seit 2007 Präsident des Jüdischen Weltkongresses 94

Lausen, Uwe (1941–1970), deutscher Maler 83

Lebsche, Max (1886–1957), Prof. Dr., Chirurg, seit 1926 außerordentlicher Professor an der LMU München, 1936 im Rahmen des Gesetzes zur Wiederherstellung des Berufsbeamtentums als NS-Gegner emeritiert, leitete er weiterhin seine Privatklinik und später die chirurgische Abteilung des Münchner Standortlazaretts. 1947–1954 wurde er als ordentlicher Universitätsprofessor an der LMU München und als Leiter der Chirurgischen Universitätsklinik berufen. Er war 1946 und nach dem Verbot durch die Besatzungsmacht auch bei der Neugründung 1950 Mitgründer und Vorsitzender der Bayerischen Heimat- und Königspartei 34

Lechner, Odilo (1931–2017), Benediktinerpater, 1967–2003 Abt des Klosters Sankt Bonifaz und des Klosters Andechs 210

Lehman, Robert (1891–1969), US-amerikanischer Bankier deutsch-jüdischer Herkunft, Teilhaber von Lehman Brothers, Kunstsammler und Mäzen, in den 1960er Jahren Vorstandsvorsitzender des Metropolitan Museum of Art in New York 89 f.

Leonardo da Vinci (1452–1519), italienischer Maler, Bildhauer, Architekt, Anatom, Mechaniker, Ingenieur und Naturphilosoph 103

Lichtenstein, Roy (1923–1997), US-amerikanischer Pop-Art-Maler 116

Lieberman, William S. (Bill) (1924–2005), Museumskurator. Lieberman war seit 1945 Assistent des Gründungsdirektors des Museum of Modern Art und seit 1966 Direktor der Abteilung für Zeichnungen und Drucke. 1969 wurde er Direktor der Abteilung für Malerei und Skulptur, 1971–1979 erster Direktor der neu geschaffenen Abteilung für Zeichnungen des MoMA. 1979 wurde er Chairman der Abteilung für das Zwanzigste Jahrhundert im Metropolitan Museum of Art 89, 95, 101 f.

Liechtenstein, Georgine (Gina) Fürstin von und zu (1921–1989), 1943–1989 Landesfürstin von Liechtenstein 140 f.

Lobkowicz, Nikolaus von (1931–2019), Prof. Dr., tschechoslowakisch-deutscher Universitätsprofessor, seit 1967 Lehrstuhlinhaber für politische Theorie und Philosophie an der LMU München, 1971–1982 Rektor der LMU, 1984–1996 Präsident der Katholischen Universität Eichstätt 166

Loeb, John Langeloth jr. (geb. 1930), US-amerikanischer Unternehmer und Diplomat. Er war 1981–1983 US-Botschafter in Dänemark, danach Delegierter bei den Vereinten Nationen 90

Loeb, John Langeloth sr. (1902–1996), US-amerikanischer Unternehmer und Philantrop, seit 1955 Partner der Firma Loeb, Rhoades & Co. 90

Lohmeier, Georg (1926–2015), Schriftsteller und Regisseur. Er studierte Theaterwissenschaft und Kunstgeschichte und wurde Mitarbeiter des Bayerischen Rundfunks, für den er u. a. die Serie «Königlich Bayerisches Amtsgericht» schrieb. Lohmeier gründete den «Bund bayerischer Patrioten» sowie etliche «König-Ludwig-Vereine» und forderte 1974 eine Rückkehr zur bayerischen Monarchie 61

Loo, Otto van de (1924–2015), deutscher Galerist, führte 1955–1997/98 die Galerie van de Loo in der Münchner Maximilianstraße 87

Ludwig IV. der Bayer (1282–1347), seit 1314 römisch-deutscher König, seit 1328 Kaiser des Heiligen Römischen Reichs Deutscher Nation 240

Ludwig I. (1786–1868), 1825–1848 König von Bayern XI, 65, 191, 199, 206, 208, 210, 253

Ludwig II. (1845–1886), 1864–1886 König von Bayern 200 f., 204

Ludwig III. (1845–1921), 1913–1918 König von Bayern IX, 60 f., 191

Ludwig, Peter (1925–1996), deutscher Unternehmer, Kunstmäzen, Museumsgründer und Stifter 93, 112

Luitpold (1821–1912), 1886–1912 Prinzregent von Bayern 19

Lutz, Alois (geb. 1887), Forstwart in Linderhof 27

Maggiolini, Alessandro (1931–2008), Professor für Philosophie an der Katholischen Universität Mailand, seit 1983 Bischof von Carpi, seit 1989 Bischof von Como, 166

Maier, Hans (geb. 1931), Prof. Dr., seit 1962 Universitätsprofessor für politische Wissenschaften an der LMU München, CSU-Politiker, 1970–1986 bayerischer Kultusminister 151, 155 f., 217

Maria Amalia von Österreich (1701–1756), als Ehefrau von Karl Albrecht Kurfürstin von Bayern, Kaiserin des Heiligen Römischen Reichs Deutscher Nation 196

Maria Theresia von Österreich (1717–1780), Ehefrau von Franz I. Stephan von Österreich, Kaiserin des Heiligen Römischen Reiches Deutscher Nation 276

Marie Antoinette von Österreich (1755–1793), Ehefrau von Ludwig XVI., Königin von Frankreich 89

Marx, Reinhard (geb. 1953), Dr., Kardinal, seit 2008 Erzbischof von München und Freising, 2014–2020 Vorsitzender der deutschen Bischofskonferenz 214–216, 218

Matisse, Henri (1869–1954), französischer Maler, Grafiker und Bildhauer, Künstler der Klassischen Moderne 55, 95, 102, 121

Maximilian I. (1459–1519), seit 1486 römisch-deutscher König, 1508–1519 Kaiser des Heiligen Römischen Reiches Deutscher Nation 104

Maximilian I. Joseph (1756–1825), 1799–1805 Kurfürst, 1806–1825 König von Bayern 190, 208

Maximilian II. (1811–1864), 1848–1864 König von Bayern 181, 185, 206, 208

Maximilian II. Emanuel (1662–1726), seit 1679 bayerischer Kurfürst 203 f., 212

Medici, Familie von Bankiers, Politikern und Kunstsammlern in Florenz 103, 121

Mellon, Gertrude A. (1909–2005), US-amerikanische Kunstsammlerin, Mitglied einer einflussreichen Familie von Bankiers, Ölunternehmern und Kunstsammlern 89

Mennacher, Hubert (1934–2019), Dr., Jurist, Ministerialdirigent im bayerischen Finanzministerium, 1977–1981 für das Finanzministerium Staatskommissar beim Wittelsbacher Ausgleichsfonds, später Generalbevollmächtigter der von Finck'schen Hauptverwaltung 154

Merkel, Angela (geb. 1954), Dr., 2005–2021 deutsche Bundeskanzlerin 265

Michalke, Markus, Dr., deutscher Unternehmer und Kunstsammler. Michalke war 2009–2013 und ist wieder seit 2016 Stiftungsratsvorsitzender der Stiftung Pinakothek der Moderne 93, 121

Mikes von Zabola, Johann Graf von, Bischof 6

Mikes, Gräfin von, ungarische Adelige 135 f.

Mindszenty, József (1892–1975), Kardinal, Erzbischof von Esztergom, letzter Fürstprimas von Ungarn, nach 1945 Symbolfigur des Widerstands gegen den Kommunismus in Ungarn 152

Mitterrand, François (1916–1996), französischer Politiker der Sozialistischen Partei, 1981–1995 französischer Staatspräsident 159 f.

Monaco, Fürstin Grace von (1929–1982), US-amerikanische Filmschauspielerin, 1955 Oscarpreisträgerin. 1956–1982 Fürstin von Monaco 117

Monaco, Fürst Rainier III. von (1923–2005), 1949–2005 regierender Fürst von Monaco 117

Moncreiffe of that Ilk, Sir Iain (1919–1985), britischer Offizier und Genealoge, Chef des schottischen Clans Moncreiffe 125–127

Montgelas, Maximilian Graf von (1759–1838), 1799–1817 wichtigster Minister von König Max I. von Bayern und durch grundlegende Reformen im Geiste der Aufklärung Konstrukteur des «Neuen Bayern» 190, 206

Mozart, Wolfgang Amadeus (1756–1791), österreichischer Komponist 74, 77 f.

Müller, Theodor (1905–1996), Prof. Dr., Kunsthistoriker, Universitätsprofessor an der LMU München, 1948–1968 Direktor des Bayerischen Nationalmuseums 88, 196

Napoleon Bonaparte (1769–1821), 1804–1814/15 als Napoleon I. Kaiser der Franzosen 190, 205 f., 255

Nasser, Gamal Abdel (1918–1970), ägyptischer Politiker, 1954–1970 ägyptischer Staatspräsident 132

Nay, Ernst Wilhelm (1902–1968), deutscher Maler und Grafiker der Klassischen Moderne 86, 88

Newman, Barnett (1905–1970), amerikanischer Maler und Bildhauer, Vertreter des Abstrakten Expressionismus 90 f., 228

Nierburg, Gestapomann und Bewacher der Familie von Bayern in Ammerwald 24

Nilsson, Bo (1937–2018), schwedischer Komponist 81

Nomikos, Evangelos (1902–1985), griechischer Reeder, Schwiegersohn des Reeders Eugene Eugenides (1882–1954), der als Organisator der «Kreuzfahrt der Könige» auf dem Schiff «Agamemnon» gilt 128

Nono, Luigi (1924–1990), italienischer Komponist 122

Occam, William von (1285–1347), franziskanischer Philosoph und Theologe 240

Oetker, deutsche Unternehmerfamilie, verbunden mit der August Oetker KG. Einige Familienmitglieder engagieren sich auch kunstmäzenatisch 93

Oettingen-Wallerstein, Julie Fürstin von (geb. Prinzessin Montenuovo) (1880–1961), Großmutter mütterlicherseits von Herzog Franz 15, 32 f.

Olaf, Erwin (geb. 1959), niederländischer Fotograf 251–254

Oppel, Max (geb. 1933), Jurist und Historiker, bis 2000 Leiter der Kunst- und Inventarabteilung des Wittelsbacher Ausgleichsfonds 72

Österreich siehe Habsburg

Panholzer, Josef (1895–1973), Dr., deutscher Jurist und Politiker, vor und nach dem Krieg Generalbevollmächtigter der Benediktinerabtei Ettal, wurde 1937 im KZ Dachau inhaftiert. Er emigrierte 1939 in die Schweiz und dann nach Frankreich. 1946 kam er aus dem Exil zurück, wurde erst Mitglied der CSU, dann der Bayernpartei. 1954–1957 war er Staatssekretär im Finanzministerium, 1958–1966 Abgeordneter der Bayernpartei im Bayerischen Landtag, 1967 Mitbegründer der Bayerischen Staatspartei 70

Patton, George (1885–1945), US-General im Zweiten Weltkrieg, 1945 Militärgouverneur von Bayern 33
Paul I. (1901–1964), 1947–1964 König von Griechenland 128, 130 f., 140 f.
Paul (1893–1976), 1934–1941 Prinzregent von Jugoslawien 5
Paulus, Friedrich (1890–1957), deutscher Oberbefehlshaber in der Schlacht bei Stalingrad. Seine Frau Constanze Paulus (1889–1949) war im KZ inhaftiert 22
Pears, Peter (1910–1986), britischer Opernsänger, Lebensgefährte des Komponisten Benjamin Britten 79
Penderecki, Krzysztof (1933–2020), polnischer Komponist 80, 217
Perfall, Katharina von, Kunsthistorikerin, Kunstkritikerin und Kunstberaterin, seit 1998 Vorstandsmitglied des Vereins der Freunde der Pinakothek der Moderne PIN, 2010–2016 Vorstandsvorsitzende, seit 2016 stellvertretende Vorsitzende 123
Petzet, Michael (1933–2019), Prof. Dr., deutscher Kunsthistoriker, 1974–1999 Generalkonservator im Bayerischen Landesamt für Denkmalpflege 83, 200
Pfefferle, Karl (1907–1960), deutscher Vergolder. Die Firma Pfefferle war für die Restaurierung der Fassungen der Innenausstattung des Cuvilliés-Theaters in München zuständig. Karl Pfefferle starb am Tag vor der Eröffnung im Theater durch einen Sturz von der Leiter 71
Philip, Duke of Edinburgh (1921–2021), Prinzgemahl der britischen Königin Elisabeth II. 146
Picasso, Pablo (1881–1973), spanischer Maler 55, 87, 102, 104, 119, 121, 263
Pius XII., Eugenio Pacelli (1876–1958), 1917–1929 päpstlicher Nuntius in Deutschland, seit 1939 Papst 42
Poliakoff, Serge (1900–1969), russischer Maler, wichtigster Vertreter der Nouvelle École de Paris 87 f.
Polk (eigentlich Berlin), Brigid (1939–1920), US-amerikanische Künstlerin, Andy-Warhol-Star 108 f.
Pollock, Jackson (1912–1956), US-amerikanischer Maler, Vertreter des Abstrakten Expressionismus 88, 91
Pörnbacher, Hans (geb. 1929), Prof. Dr., Literaturwissenschaftler, Universitätsprofessor an der niederländischen Universität Nijmegen 206
Preetorius, Emil (1883–1973), deutscher Grafiker, Illustrator und Bühnenbildner 166
Prey, Hermann (1929–1998), deutscher Opern- und Liedsänger 72 f.
Proust, Marcel (1871–1922), französischer Schriftsteller 78
Quandt, deutsche Unternehmerfamilie, verbunden mit dem Automobilkonzern BMW. Vor allem Susanne Klatten (geb. 1962) fördert in großem Umfang gemeinnützige Organisationen und soziale Projekte 112
Raffael da Urbino (1483–1520), italienischer Maler und Architekt 103
Rahner, Karl SJ (1904–1984), Prof. Dr., katholischer Theologe. Er wirkte mit

seiner Theologie bahnbrechend für eine Öffnung zum Denken des 20. Jahrhunderts und war als Sachverständiger an der Vorbereitung und Durchführung des Zweiten Vatikanischen Konzils beteiligt 166

Rangsit, Sanidh (1917–1995), Prinz von Thailand 138 f.

Ratzinger, Joseph (1927–2022), Prof. Dr., Theologe, 1958–1977 Universitätsprofessor an verschiedenen deutschen Universitäten, 1977 Erzbischof von München und Freising, 2005–2013 Papst Benedikt XVI., 2013 als Papst emeritiert 166, 214, 217 f.

Rauschenberg, Robert (1926–2008), US-amerikanischer Maler und Objektkünstler, Wegbereiter der Pop Art 91 f.

Rauscher, Hans Ritter und Edler von (1889–1957), Oberstleutnant d. R., 1923–1955 Generaldirektor des Wittelsbacher Ausgleichsfonds 192

Redwitz, Franz Baron von (1888–1963), Erzieher von Prinz Albrecht von Bayern, 1923–1950 Hofmarschall und Kabinettschef von Kronprinz Rupprecht, danach Chef der Hof- und Vermögensverwaltung des Hauses Wittelsbach und Vorsitzender des Verwaltungsrats des Wittelsbacher Ausgleichsfonds. Während der Zeit des Nationalsozialismus stand er dem Widerstandskreis um Franz Sperr nahe 44

Reimann, Aribert (geb. 1936), deutscher Komponist und Pianist 80

Rein, Friedrich Carl (geb. 1934), Dr., Rechtsanwalt und Wirtschaftsprüfer, Mitglied des Galerie-Vereins, seit 1988 dort Vorstandsmitglied. Rein ist Mit-Initiator und Vorstandsmitglied zahlreicher Stiftungen und seit 2005 Ehrenmitglied der Bayerischen Akademie der Schönen Künste. Seine Frau Dr. Ingrid Rein, Kunstkritikerin, war ebenfalls Mitglied des Galerie-Vereins und seit 1988 Vorstandsmitglied 113

Reining, Maria (1903–1991), österreichische Opernsängerin 78

Reitmeier, Raubmörder, Häftling im KZ Flossenbürg 18

Richter, Gerhard (geb. 1932), deutscher Maler und Bildhauer, 1971–1993 Professor für Malerei an der Kunstakademie Düsseldorf 95, 108 f., 115

Rilke, Rainer Maria (1875–1926), österreichischer Lyriker. Rilke schrieb in deutscher und französischer Sprache 77 f.

Rockefeller, Blanchette (1909–1992), US-amerikanische Kunstmäzenin, 1972–1985 Präsidentin des Museum of Modern Art, New York, Witwe von John D. III. Rockefeller 89, 98–101, 276

Rockefeller, David (1915–2017), US-amerikanischer Bankier, Präsident der Chase Manhattan Bank 100

Rockefeller, Jay, US-amerikanischer Politiker der Demokraten, 1977–1985 Gouverneur von West Virginia, 1985–2015 US-Senator. Er ist ein Sohn von Blanchette Rockefeller 99

Rockefeller, John D. III. (1906–1978), amerikanischer Philantrop, Ehemann von Blanchette Rockefeller 100

Rockefeller, Nelson (1908–1979), US-amerikanischer Politiker, 1959–1973 Gouverneur des Bundesstaates New York, 1974–1977 US-Vizepräsident 100

Rorimer, James (1905–1966), US-amerikanischer Kunsthistoriker, im Zweiten Weltkrieg Kunstschutzoffizier der «Monuments Men» in Europa. Nach dem Krieg war er Mitorganisator des Munich Art Collecting Point für deutsche Raubkunst, 1955–1966 Direktor des Metropolitan Museum of Art 88 f.

Rösch, Augustin (1893–1961), deutscher Jesuitenpater und Provinzial, war u. a. als Mitglied des Kreisauer Kreises aktiv im Widerstand gegen den Nationalsozialismus 133, 211 f.

Rothko, Mark (1903–1970), US-amerikanischer Maler des Abstrakten Expressionismus 91, 120

Russell, Heide, Kulturattaché der deutschen Botschaft in Washington 93

Salm, Christian Altgraf zu (1906–1973), Dr., deutscher Kunsthistoriker, 1954 Leiter der Fürstenbergischen Sammlungen in Donaueschingen, 1958 Oberkonservator der Bayerischen Staatsgemäldesammlungen, 1966 bis zum Eintritt in den Ruhestand 1968 Direktor der Museen der Bayerischen Verwaltung der staatlichen Schlösser und Seen 80, 113

Samhaber, Alois (1901–1964), österreichischer Geistlicher Rat, Berater des Malers Alfred Kubin 85

Sattler, Christoph (geb. 1938), deutscher Architekt und Mitbegründer des Münchner Galerie-Vereins 113, 118

Sattler, Katharina, geb. Tacke (geb. 1937), Architektin, Mitgründerin des Münchner Galerie-Vereins, Ehefrau von Christoph Sattler 113, 118

Saurma, Ruth Gräfin von (1921–2022), kam zusammen mit ihrem Mann, einem Mitarbeiter von Wernher von Braun, 1953 in die USA. Sie wurde 1958 Übersetzerin im Team von Braun. 1960 wurde sie in das NASA George C. Marshall Space Flight Center übernommen. Während Wernher von Brauns Zeit als Direktor des Center war sie für seine Auslandskorrespondenz, für seine fremdsprachigen Publikationen, seine Kontakte mit der ausländischen Presse und Besucheranfragen zuständig 229

Schaller, Stephan (1910–1994), Dr., Benediktinerpater, seit 1940 Lehrer und Präfekt in Kloster Ettal, 1945–1950 Direktor des Gymnasiums und des Internats Ettal, 1949–1979 Oberstudiendirektor des Gymnasiums, 1978–1984 Präsident der Benediktinerakademie 38

Scharf, Albert (1934–2021), deutscher Medienmanager, 1990–2002 Intendant des Bayerischen Rundfunks 181 f.

Schiewelbein, Max (geb. 1921), SS-Wachmann im KZ Flossenbürg; Irmingrad von Bayern erinnert sich an den Mann als «Heinz Handschuh», Herzog Franz und seine Schwester als Schiewelbein. Ein SS-Mann Max Schiewelbein findet sich auch im Bundesarchiv 21

Schimmer, Alois, Fahrer bei der Familie von Erbprinz Albrecht von Bayern 56 f.

Schmalenbach, Werner (1920–2010), Dr., deutsch-schweizerischer Kunsthistoriker, 1955–1962 Direktor der Kestner-Gesellschaft Hannover, Mitglied in den Arbeitsausschüssen der documenta in Kassel und Kommissar der Biennale in Venedig, 1962–1990 erster Direktor der Kunstsammlung Nordrhein-Westfalen in Düsseldorf 119

Schoenborn, Florene (1903–1995), US-amerikanische Kunstsammlerin und Mäzenin 89

Schulz-Hoffmann, Carla (geb. 1946), Prof. Dr., Kunsthistorikerin, 1991–2011 stellvertretende Generaldirektorin der Bayerischen Staatsgemäldesammlungen, seit 2002 Referentin für die Pinakothek der Moderne und das Museum Brandhorst 109

Schuschnigg, Kurt (1897–1977), österreichischer Politiker, 1934–1938 Bundeskanzler des diktatorischen austrofaschistischen Bundesstaats Österreich. Nach dem «Anschluss» Österreichs 1938 war er als Sonderhäftling in den Konzentrationslagern Dachau, Flossenbürg und ab 1941 in Sachsenhausen inhaftiert. Nach der Befreiung durch die Amerikaner in Südtirol übersiedelte die Familie Schuschnigg in die USA. Kurt Schuschnigg lehrte bis 1967 an der Jesuitenhochschule in St. Louis (Missouri) als Professor Staats- und Politikwissenschaft. 1968 kehrte er nach Österreich zurück 14

Schuschnigg, Vera, geb. Gräfin von Czernin-Chudenitz und Morzin, geschiedene Gräfin von Fugger-Babenhausen (1904–1959), wohnte, obwohl nicht inhaftiert, mit ihrem Mann Kurt, dem Stiefsohn und ihrer Tochter im KZ Sachsenhausen, von wo sie zu Einkäufen in die Stadt gehen durfte; der Sohn besuchte dort das Gymnasium. Sie waren im KZ Nachbarn der Familie Wittelsbach 14

Scull, Robert (1917–1986), US-amerikanischer Kunstsammler russischer Herkunft, bekannt für seine Sammlung von Pop- und Minimal-Kunst 90

Sédar Senghor, Léopold (1906–2001), senegalesischer Dichter und Politiker, 1960–1980 Präsident des Senegal 75

Seehofer, Horst (geb. 1949), deutscher Politiker, 1980–2008 Mitglied des Bundestages, Bundesminister in verschiedenen Kabinetten, 2008–2019 Parteivorsitzender der CSU, 2008–2018 bayerischer Ministerpräsident, 2018–2021 Bundesinnenminister. Verheiratet mit Karin, geb. Stark (geb. 1958) 155

Seidel, Hanns (1901–1961), deutscher Politiker, 1955–1991 Parteivorsitzender der CSU, 1957–1960 bayerischer Ministerpräsident 151, 202

Seidel, Ilse (1905–1997), Ehefrau von Hanns Seidel 202

Seydlitz-Kurzbach, Walther von (1888–1976), deutscher Artilleriegeneral im Zweiten Weltkrieg 22

Seydoux de Clausonne, François (1905–1981), französischer Diplomat, Botschafter in der Bundesrepublik 1958–1962 und 1965–1970 75

Siemens, Ernst von (1903–1990), deutscher Industrieller, Enkel des Unternehmensgründers der Firma Siemens, 1949–1956 Vorstandsmitglied der Siemens & Halske AG, 1956–1966 Aufsichtsratsvorsitzender der beiden Stammfirmen, 1966–1971 der Siemens AG. Er gründete mehrere große Stiftungen zur Förderung von Wissenschaft und Kunst 104

Silvia (geb. 1943), seit 1976 als Ehefrau von Carl XVI. Gustaf Königin von Schweden 141

Sirikit (geb. 1932), als Ehefrau von König Bhumibol 1950–2016 Königin von Thailand 147 f.

Skilton, John Davis (1909–1992), US-amerikanischer Kunstoffizier, Mitglied der «Monuments Men», rettete die Tiepolo-Fresken der Würzburger Residenz vor dem Verfall und bereitete ihre Restaurierung vor 71

Smith (Reinhardt Smith), Louise (1904–1995), US-amerikanische Kunstsammlerin, Mäzenin des Museum of Modern Art, New York 89

Söder, Markus (geb. 1967), Dr., deutscher Politiker, seit 1994 Abgeordneter im bayerischen Landtag, seit 2018 bayerischer Ministerpräsident, seit 2019 Parteivorsitzender der CSU 155, 164

Soehner, Halldor (1919–1968), Dr., deutscher Kunsthistoriker, Direktor der Bayerischen Staatsgemäldesammlungen 119

Sophia (geb. 1938), Prinzessin von Griechenland, 1975–2014 als Ehefrau von Juan Carlos I. Königin von Spanien 141

Soulages, Pierre (1919–2022), französischer Maler und Grafiker 87 f., 112

Spindler, Max (1894–1986), Prof. Dr., Historiker, 1946–1959 Universitätsprofessor für bayerische Landesgeschichte an der LMU München und Gründer des dortigen Instituts für bayerische Geschichte 205

Stalin, Josef (1878–1953), sowjetischer Diktator 15, 276

Stangl, Otto (1915–1990), deutscher Kunsthändler und Kunstsammler, 1947 zusammen mit seiner Frau Etta Gründer der Modernen Galerie Etta und Otto Stangl 87 f.

Stefan I. (975–1038), 1000–1038 erster König des von ihm begründeten Königreichs Ungarn 195

Stoffel, Eleonore (1929–2007), deutsche Kunsthistorikerin, Kunstsammlerin und Mäzenin, übergab ihre Privatsammlung der Pinakothek der Moderne 93

Stoiber, Edmund (geb. 1941), Dr., deutscher Politiker, 1974–2008 Abgeordneter im bayerischen Landtag, 1999–2007 Parteivorsitzender der CSU, 1993–2007 bayerischer Ministerpräsident 120, 151, 155, 197

Strauß, Franz Josef (1915–1988), deutscher Politiker, 1949–1978 Bundestagsabgeordneter, 1961–1988 Parteivorsitzender der CSU, 1978–1988 bayerischer Ministerpräsident 67, 114, 151–155, 166, 203, 222 f., 227

Strauß, Marianne (1930–1984), Ehefrau von Franz Josef Strauß 203
Strauss, Richard (1864–1949), deutscher Komponist 78, 80, 224
Streibl, Max (1932–1998), deutscher Politiker der CSU,1962–1994 Abgeordneter im bayerischen Landtag, 1967–1971 Generalsekretär, 1970 Umweltminister, 1977 Finanzminister, 1988–1993 bayerischer Ministerpräsident 40, 155
Strobel, Heinrich (1998–1970), Dr., deutscher Musikwissenschaftler und Journalist, Leiter der Musikabteilung des Südwestfunks Baden-Baden und seit 1949 Direktor der Donaueschinger Musiktage, 1956–1969 Präsident der internationalen Gesellschaft für Neue Musik 80 f.
Ströher, Karl (1890–1977), deutscher Unternehmer, Kunstsammler und Mäzen 115
Stuart, Douglas, 20. Earl of Moray (1928–2011), britischer Peer und Unternehmer 126
Stuart, Mary (Maria) (1542–1587), 1542–1567 Königin von Schottland 126
Széchény, ungarische Adelsfamilie 142
Tatlin, Wladimir (1885–1953), russischer Künstler 116 f.
Tattenbach, Franz Graf von (1910–1992), deutscher Jesuitenpater, in der NS-Zeit in Verbindung mit dem Widerstand, 1965 Rektor des Berchmannkollegs in Pullach, seit 1971 Hochschule für Philosophie. Er wirkte in den 1970er Jahren für seinen Orden in Mittelamerika und eröffnete dort katholische Radioschulen 139
Thierolf, Corinna (geb. 1961), Dr., Hauptkonservatorin in den Bayerischen Staatsgemäldesammlungen in München und 2000–2020 Referentin für die Kunst nach 1945. Frau Thierolf war eine der Gründungskuratorinnen der Pinakothek der Moderne 169
Tiepolo, Giovanni Battista (1696–1770), venezianischer Maler 71, 89
Tizian (Tiziano Vecellio) (um1488/90–1576), venezianischer Maler 104
Toerring-Jettenbach, Karl-Theodor (Toto) Graf zu (1900–1967), Unternehmer; sein Schwager war Prinzregent Paul von Jugoslawien. Er gründete 1952 zusammen mit Edmond Uher und dessen Frau die UHER Werke München GmbH neu 84
Trautvetter, Paul (1889–1983), protestantischer Pfarrer, Pazifist und Mitglied der religiösen Sozialisten in der Schweiz 41
Umberto II. von Savoyen (1904–1983), 1946 König von Italien, verheiratet mit Marie José von Belgien 130 f., 224
Varnay, Astrid (1918–2006), amerikanische Opernsängerin 73 f.
Waldstein, Pater Angelus (Karl Albrecht Graf von Waldstein-Wartenberg) (geb. 1931), Benediktinerpater, Schul- und Internatsleiter in Kloster Ettal 40
Walz, Tino (1913–2008), Schweizer Architekt. Er war seit 1942 leitender Architekt der Münchner Residenz bei der staatlichen Verwaltung der bayerischen Schlösser, Gärten und Seen, 1946 dort Leiter der Verwaltung und bis 1953

Bauleiter beim Wiederaufbau der Residenz; er rettete die bayerische Schatzkammer über das Kriegsende 196

Warhol, Andy (1928–1987), amerikanischer Künstler, Vertreter der Pop Art 96, 116

Watzdorf, Vollrath von, Direktor von Ferrostahl do Brasil 138

Weber, Ernst, Revierförster in Flossenbürg 19

Wendel, Joseph (1901–1960), deutscher Geistlicher, seit 1953 Kardinal, Erzbischof von München und Freising und seit 1956 der erste Militärbischof der Bundeswehr. 1960 organisierte er den Eucharistischen Weltkongress in München 212

Werner, Theodor (1886–1969), deutscher Maler 86

Wetter, Friedrich (geb. 1928), deutscher Geistlicher, 1982–2008 Erzbischof von München und Freising, seit 1985 Kardinal 152, 213, 218

Wichmann, Siegfried (1921–2015), Prof. Dr., Kunsthistoriker, seit 1958 Konservator an der Neuen Pinakothek, seit 1967 Professor an der Staatlichen Akademie der Bildenden Künste in Karlsruhe 113

Wilczek, Graf Ferdinand von (1893–1977), Dr., Jurist, Vater der Fürstin Gina von Liechtenstein. Seit 1943 war er liechtensteinischer Bürger und wurde 1945–1970 Auslandsdelegierter des Liechtensteinischen Roten Kreuzes 12

Wimmer, Thomas (1887–1964), deutscher Politiker der SPD, 1948–1960 Münchner Oberbürgermeister 36 f.

Winter, Fritz (1905–1976), deutscher Maler 86

Wittelsbach, Familie, s. Bayern

Wolters, Christian (1912–1998), Dr., deutscher Kunsthistoriker und Restaurator, 1964–1974 Direktor des Dörner-Instituts der Bayerischen Staatsgemäldesammlungen München 80, 113

Wouvermann, Philips (1616–1668), niederländischer Maler 62

Wrightsman, Charles Bierer (1895–1986), US-amerikanischer Chef einer Ölfirma und Kunstsammler 89

Wrightsman, Jayne (1919–2019), US-amerikanische Philanthropin und Kunstsammlerin 89

Zehetmair, Hans (1936–2022), Lehrer und Politiker der CSU, seit 1978 Landrat von Erding, 1986–2003 erst bayerischer Staatsminister für Unterricht und Kultus, dann für Wissenschaft und Kunst 119 f., 151, 155

Zichy, Imre Graf von (1909–1999), ungarischer Adeliger, Tennisspieler und Erfinder. Zichy war dreimaliger nationaler Meister im Doppel und gehörte 1933/34 dem ungarischen Davis-Cup-Team an. 1943 wanderte er nach Spanien aus. Er und seine Mutter, Gräfin Edina Zichy-Pallavicini, vermieteten an die Familie des Erbprinzen Albrecht von Bayern eine kleine möblierte Wohnung in Budapest 6

Bildnachweis

Sofern nicht anders angegeben, stammen die verwendeten Fotos aus privaten Quellen.

S. 35: Poehlmann/SZ Photo | *S. 53:* Alfred Strobel/SZ Photo | *S. 59:* © Christopher Lockett de Baviera | *S. 66:* Archiv Hans Schürer | *S. 68:* Stadtarchiv München/Erika Groth-Schmachtenberger (Sign. DE-1992-FS-NL-GRO-515-01) | *S. 73:* Stadtarchiv München/Georg Schödl (Sign. DE-1992-FS-ERG-C-0893) | *S. 76:* Monacensia Literaturarchiv/Nachlass Annette Kolb | *S. 82:* INTERFOTO/Al Herb | *S. 96, 97:* Margret Biedermann | *S. 98, 101:* Helaine Messer/International Council of the Museum of Modern Art | *S. 110:* Elke Baselitz | *S. 111:* © Bayerische Staatsgemäldesammlungen, Johannes Haslinger | *S. 114, 115:* Münchner Stadtmuseum, Sammlung Fotografie, archiv stefan moses | *S. 123:* Robert Haas/SZ Photo | *S. 129, 130:* getty images/Bettmann | *S. 146:* Stadtarchiv München/Rudi Dix (Sign. DE-1992-FS-NL-RD-2022-S-30) | *S. 148:* Catherina Hess/SZ Photo | *S. 156:* PIN. Freunde der Pinakothek der Moderne | *S. 160, 177, 241:* Wolfram Kirkam/© Verwaltung des Herzogs von Bayern | *S. 163:* Imago/Weißfuß | *S. 168 o.:* Klaus Haag/Münchner Merkur. TZ | *S. 168 u.:* Courtesy Die Neue Sammlung – The Design Museum. Foto: Die Neue Sammlung – The Design Museum (Alexander Laurenzo) | *S. 169 o.:* Daniel Grund | *S. 169 Mitte:* picture alliance/dpa/Felix Hörhager | *S. 169 u.:* Mark Wittkowski; www.marcwittkowski.com | *S. 170 o.:* Hans-Albert Treff | *S. 170 u.:* © Städel Museum, Frankfurt am Main | *S. 176:* Eleana Hegerich/© Verwaltung des Herzogs von Bayern | *S. 189:* Robert Haas/SZ Photo | *S. 202:* Max Scheler/SZ Photo | *S. 203:* Fritz Neuwirth/SZ Photo | *S. 211:* Stadtarchiv München/Willhelm Nortz (Sign. DE-1992-FN-WKII-STL-0368 | *S. 215:* Foto Modica/Fotografia Felici/L'Osservatore Romano AG | *S. 216:* Alessandra Schellnegger/SZ Photo | *S. 218:* IMAGO/Lindenthaler | *S. 248 o.:* picture alliance/dpa/Daniel Kermann, dpa | *S. 252:* Erwin Olaf

Dank

Für die mühselige Arbeit der Interviewtranskription ist Claudia Haase (Bremen), Gertraud Heptner (München) und Hayati Kasli (Augsburg) zu danken, für vielfältige Unterstützung und Kommunikation Corinna Peters und Carmen Schramka von der Verwaltung des Herzogs von Bayern, für kompetente Beratung Dr. Gerhard Immler, Leiter der Abt. III (Geheimes Hausarchiv) des Bayerischen Hauptstaatsarchivs, und für die Begleitung des Manuskripts im Verlag C.H.Beck Dr. Stefan von der Lahr und Andrea Morgan.